헌법을 수호하는 악마의 변호사

헌법을 수호하는 악마의 변호사

초판 1쇄 발행 2025년 6월 25일
지은이 손영현·박유영·이경민
펴낸이 안종만·안상준
편집 총괄 장혜원
디자인 정혜미
마케팅 조은선
제작 고철민·김원표
펴낸곳 (주)박영사
등록 1959년 3월 11일 제300-1959-1호(倫)
주소 서울시 금천구 가산디지털2로 53, 210호(가산동, 한라시그마밸리)
전화 02-733-6771   **팩스** 02-736-4818
이메일 inbook@pybook.co.kr   **홈페이지** www.pybook.co.kr
ISBN 979-11-303-2366-4 03300

* 파본은 구입하신 곳에서 교환해 드립니다. 본서의 무단복제행위를 금합니다.
* 책값은 뒤표지에 있습니다.
* **인폼**은 (주)박영사의 단행본 브랜드입니다.

국선전담변호사, 조용한 감시자

헌법을 수호하는

악마의 변호사

손영현
박유영
이경민

목차

1장
어김없이 아침이 온다
손영현

이 범죄자는 제가 아니에요　11
이슬이를 찾아주세요　27
그냥 감옥에 더 있고 싶어요　40
어느 발달장애인의 3일 천하　53
국선전담변호사에게 흘러온 전세 사기의 전모　67
그 청년은 정말 악인일까　81
장발장은 여전히 존재한다　95
고정관념은 눈을 흐리게 만든다　109
변호사의 역설, 피해자를 위한 진정　127
더 커질 메아리　139
에필로그　154

2장
한낮에 타들어 가는 사람들

박유영

수잔 엄마　159
술꾼 도시 피고인들　172
느닷없이, 피고인　191
일상의 법정　206
길고 긴 변명　218
이삭 줍는 사람들과 나　231
반딧불과 북극성　244
그곳에 가면 알게 되는 것들　255
국민참여재판 이야기　267
감옥의 안과 밖　280
달콤 쌉싸름한 에너지 뱀파이어　295
에필로그　309

3장

담장의 이슬이 마를 때

이경민

한쪽 눈이 없어도 살 수는 있으니까   315
님아, 그 돈을 보내지 마오   322
노인과 국선   331
선 넘는 이웃들   339
국선이라 그래요?   347
이 아이들을 어떻게 해야 할까   356
저 사실은 요원이에요   365
CCTV가 없는 곳에서   375
교도소의 담장 밖   383
다시는 만나는 일 없기를   393
에필로그   399

1장

어김없이 아침이 온다

이 범죄자는 제가 아니에요
이슬이를 찾아주세요
그냥 감옥에 더 있고 싶어요
어느 발달장애인의 3일 천하
국선전담변호사에게 흘러온 전세 사기의 전모
그 청년은 정말 악인일까
장발장은 여전히 존재한다
고정관념은 눈을 흐리게 만든다
변호사의 역설, 피해자를 위한 진정
더 커질 메아리

"이 범죄자는 제가 아니에요"

피의자신문조서에 찍힌 지장(指章)이
내 것이 아니라는 것을 입증하는 데 걸린 시간, 무려 3년!
그리고 형사보상금 66만 1,500원….

어느 날 갑자기 내 앞으로 벌금 통지서가 날아왔다. 내가 절도를 했다고 한다. 나는 전혀 모르는 일이다. 경찰 조사를 받았다고도 한다. 하지만 나는 그곳에 간 적조차 없다.

이런 일이 있을 수 있을까?

황당한 이야기 같지만 실제로 일어난 사건이다. 이런 경우, 대부분 신분증만 갖고 경찰서에 간다면 쉽게 해결할 수 있으리라 믿을 것이다. 왜? 나는 그런 적이 없으니까. 우리나라 시스템에서 그 정도는 쉽게 확인될 거라고 여길 것이다. 그런데 정말 그럴까?

이 믿기지 않는 일은 생각보다 빈번히 발생해 왔다. 다른 사람이 나인 척하고 수사를 받아, 재판을 받게 된 사건을 '성명모용(姓名冒用)' 사건이라고 한다. 형사소송법 교과서에는 '검사가 공소장에 적힌 피고인의 이름을 진범으로 바꿔주어야 하고, 공소기각 판결을 선고하라'고 명시되어 있다. 1990년대의 판례도 실려 있는 사건인데, 어떻게 진실을 규명할 수 있는지에 대한 방법은 전혀 나와 있지 않다.

21세기의 중턱에서, 나는 전임 국선전담변호사의 사건을 이어받아이 황당한 사건의 국선변호인이 되었다. IT 강국, 전 국민의 지문 정보가 관리 되는 지금의 우리나라에서 여전히 이런 일이 벌어지고 있다니 믿기지 않았다.

이 사건의 기록을 처음으로 확인하던 날, 나는 피고인의 주장을 도무지 믿을 수 없었다. 피고인은 경찰에서 조사를 받은 사람은 결코 자신이 아니라고 말하고 있었다. 국선전담변호사 사무실로 찾아오는 피고인 중에는 범죄 정황이 고스란히 담긴 CCTV 원본과 같은 명백한 증거가 있음에도 불구하고, 그 영상은 조작되었다며 무죄를 주장하는 사람들이 더러 있다. 그러다 보니 이 사건도 그런 사건 중 하나라고만 생각했다.

내가 그렇게 생각한 것에는 명확한 근거가 있었다. 경찰은 범죄 혐의를 받는 사람을 경찰서로 불러 수사하면서 피의자신문조서를 작성한다. 이때 신분증으로 그 사람의 신분을 확인하는 것은 기본 절차이고, 피의자신문조서 작성이 끝나면 조사받은 사람의 지장까지 날인하게 한다.

그런데 피고인은 경찰서에 간 적도, 자백한 적도 없거니와, 피의자신문조서에 지장을 찍은 일은 더더욱이 없다고 주장하는 상황이었다. 나는 피고인의 말을 그대로 믿기가 어려웠다. 피의자신문조서에 찍힌 지장의 지문과 피고인의 지문이 동일하다는 것만 확인된다면, 피고인이 경찰서에서 조사를 받은 것은 사실임이 확인된다. 피고인의 말이 거짓이라는 것도 쉽게 밝혀질 것이다.

이러한 까닭으로, 국립과학수사연구원(국과수)에 지문 일치 여부에 대한 감정이 의뢰된 상태였다. 국과수의 결과만 나오면 이 사건도 자연스레 끝날 것이라고 생각했다.

그런데 국립과학수사연구원의 회신은 예상과 달랐다. 일치 여부를 알 수 없다는 것이었다. 피고인의 사연을 다시 찬찬히 들여다보았다. 어쩌면 피고인의 변소가 사실일 수 있겠다는 생각이 들었다.

호의에서 비롯된 성명모용사건의 발단

피고인은 초등학생 딸을 키우는 40대 엄마였다. 이 사건의 성명모용은 피고인의 단순한 호의에서 비롯됐다.

피고인은 A씨와 평소 친하게 지내던 사이였다. B씨(절도사건의 진범)는 A씨의 지인으로, 장기간 해외에서 거주하다 한국에 들어온 지 얼마 안 된 상황이었다. 국내 은행에 계좌를 개설하는 데 어려움을 겪고 있었는데, 이를 지켜보던 A씨가 피고인에게 부탁을 해왔다. B씨가 한국에서 경제활동을 재개할 수 있을 때까지만, 피고인 명의의 은행 계좌를 잠시 빌려 쓸 수 있게 해달라는 것이었다.

피고인은 친한 지인인 A씨의 부탁을 그리 심각한 문제로 받아들이지 않고, 별 고민 없이 승낙해 줬다. 이것이 이 사건의 발단이었다.

B씨는 한 쇼핑몰에서 마음에 드는 고가의 신발 한 켤레를 발견했고, 이를 훔쳤다. 이후에 가까운 ATM기로 향해 자신이 사용하고 있던 피고인 명의의 계좌에서 현금을 인출했다. 그러곤 다른 곳으로 이동했다. 그 사이 신발이 사라진 걸 알아챈 신발 가게 주인은 경찰에 절도사건을 신고했다.

경찰이 매장 주변의 CCTV를 수사한 결과, B씨가 신발을 훔쳤다는 것을 확인했다. 그리고 B씨가 근처 ATM기에서 현금을 인출해 어디론가 이동한 사실도 밝혀냈다. 경찰은 압수영장을 통해 해당 ATM기 사용 기록과 현금을 인출한 계좌의 개설 정보를 은행으로부터 압수했다.

그 계좌의 예금주는 당연히 피고인이었다. 그런데 개설 정보에는 피고인이 아니라 B씨가 실제 사용하던 휴대전화번호가 기재되어 있었다. 아마도 B씨가 해당 계좌를 사용하면서 은행으로부터 오는 통지를 받아보기 위해 자신의 전화번호를 넣어둔 것이지 않을까 싶다.

경찰은 그 계좌의 개설정보에 기재된 휴대전화번호로 연락했다. 전화를 받은 B씨에게 계좌의 예금주인 피고인의 이름을 언급하며, 당사자가 맞는지 물었다. 이때 B씨는 그렇다고 답했다. 그러자 경찰은 쇼핑몰에서 발생한 신발 절도 건으로 연락했으니, 경찰서로 출석하라고 했다. B씨는 조사받으러 갈 때 자신이 훔친 신발을 가져갔고, 자신이 절도범이라며 해당 범죄 사실을 모두 인정하고 자백하였다.

이렇게 이 사건의 피의자신문조서는 B씨에 대한 수사로 작성되었다. 즉, 피고인에 대한 피의자신문조서이지만, B씨의 답변이 적힌 것이다.

조서에는 B씨가 오른손 엄지손가락으로 페이지마다 지장을 찍었고, 첫 페이지와 마지막 페이지에는 두세 개의 지장 날인을 남겼다. 여기까지는 여느 피의자신문 수사와 다를 바 없었다.

이제 경찰은 범죄 사실을 모두 진술한 B씨에게 신분증을 요청했다. 이는 B씨의 신분을 확인한 후 신분증 사본을 조서 말미에 첨부하기 위해서다. 그러고 나서 경찰서에 비치된 지문인식기에 지문을 입력하여 피고인의 지문과 동일한지 여부를 확인해야 한다. 그로써 모든 절차는 종료된다.

그런데 이 과정에서 B씨는 신분증을 미처 가져오지 못했다고 진술했다. 담당 경찰관은 자백 사건이고 하니 다음에 꼭 가져오라며, 신분증 확인 절차를 건너뛰었다.

그다음, 지문인식기에 지문을 읽혔더니 지문 정보가 일치한다는 표시가 나타나지 않았다. 30분가량 반복 시도했지만, 소용없었다. 주민등록이 되어 있는 피고인 본인의 지문이 아니라 B씨의 지문이 입력되니, 그 결과는 당연했다.

그런데 이때 담당 경찰관은 지문인식기에 오류가 있는 것 같다는 결론을 내고는, B씨를 귀가시켰다. 그 후, 경찰은 지문이 동일하다고 파악되면 자동으로 추출되는 지문인식번호를 임의로 수사기록에 적어 넣었다. 그러곤 B씨의 거주지를 피고인의 주소로 기재하여 검찰로 사건을 송치했다.

형사소송의 일반적인 절차에 따라, 검찰은 경찰로부터 받은 수사기록을 살펴보고 수사 결과에 문제점은 없었는지 검토하게 되어 있다. 하지만 본 사건의 담당 검사는 지문인식번호 생성 과정에서 벌어진 문제점을 발견하지 못했다. 신분증 사본이 첨부되지 않은 점도 대수롭지 않게 여겼다.

그 결과 벌금으로 약식 기소하였다. 그런데 법에 따라 법원도 검찰의 벌금 약식기소에 대해 서류만 살펴보고 결정을 내린다. 그렇게 피고인에게는 벌금 50만 원의 약식명령을 발부되었다.

사건 발생 후 넉 달이 지난 2018년 9월경, B씨가 경찰서에서 진술한 B씨의 거주지로 약식명령이 송달되었다. B씨는 자신이 피고인인 양 약식명령을 송달받았다. 벌금의 약식명령은 송달받은 날로부터 일주일 이내 이의를 제기하지 않으면 형이 확정되어, 검찰이 벌금형을 집행하게 된다.

B씨는 일주일간 피고인에게 알리지도, 이의를 제기하지도 않아 벌금은 그대로 확정되었다. 어차피 자신에게 발부된 벌금이 아니니, B씨는 검찰의 벌금 통지서를 신경 쓰지 않았던 것이다. 납부할 의사가 전혀 없었던 거다.

벌금 미납으로 인해 형이 집행되지 않으니, 검찰은 피고인의 주민등록 주소지를 조회하여 벌금 통지서를 발송했다. 그러고서야 피고인은 처음으로 벌금 통지서를 받아 보았다. 2019년 10월, 사건 발생 후 다섯 달이 지난 시기였다.

통지서를 받은 피고인은 이게 무슨 일인지 확인해 보았고, 그제서야 자신이 절도죄로 벌금형을 확정받은 것을 알게 되었다.

이후, 피고인은 법원 민원실의 안내에 따라 정식 재판청구권회복을 신청했다. 결국 법원의 약식명령을 송달받아본 적이 없다는 것이 받아들여져, 정식 재판을 청구할 수 있었다. 이런 과정을 거쳐, 2019년 11월에 정식 재판 절차를 시작할 수 있었다. 그렇게 청구된 재판은, 2020년 5월에서야 비로소 시작되었다.

재판이 시작되자마자 피의자신문조서의 지문과 피고인의 지문이 일치하는지를 확인하게 되었다. 이를 위해 국과수에 지문감정이 신청됐다. 그 결과는 2020년 11월에서야 받을 수 있었고, 그 내용은 앞서 말한 것과 같이 수사기록에 찍힌 지장의 지문과 피고인의 지문에 대하여, "동일성 판단 불가"였다. 그렇게 사건 발생 후 1년 지난 시점에서 이 사건은 내게 넘어왔다.

오리무중에 빠진 재판

검사는 실제 피의자신문조서를 작성했던 담당 경찰관을 증인으로 불렀다. 수사할 당시 경찰이 피고인을 불러 신분을 확인하고, 지문을 직접 찍게 했다는 증언을 듣기 위함이었다. 이는 피고인의 주장을 정면으로 반박하기 위해 꼭 필요한 증언이었다.

검사는 담당 경찰관이 지문인식기로 피고인의 지문을 확인하는, 아주 기본적인 절차쯤은 당연히 수행했을 것이라고 확신하며 질문을 시작했다.

"증인은 피의자신문조서 작성 이후 지문인식기로 지문을 인식하여 피고인의 지문이라는 것을 확인하고 지문인식번호를 받아 넣은 것이지요?"

"그게 조금 문제가 있었습니다. 당시 지문인식기가 계속 오류가 나고 당시 피고인도 손이 아프다, 지문이 뭉개졌다고 해서 하지 못하고, 그냥 수기번호로 넣었습니다."

"그럼 신분증은 확인했었지요?"

"아마 그때 신분증을 가져오지 않았다고 해서 신분증 사본을 첨부하지 못했었나 봅니다."

검사는 짐짓 당황하는 모습이었다. 담당 경찰관에 대한 증인신문은 검사의 의도와는 달리, 도리어 경찰의 신분 확인에 문제가 있었다는 점만 판사에게 확인시켜 준 셈이었다.

나는 그 경찰관이 피고인을 이 법정에서 처음 만난 것임을 더 확실하게 해두기 위해 이어서 질문했다.

"증인은 피의자신문조서 작성 당시 대면했던 피의자와 지금 법정에 있는 피고인이 동일 인물로 보이나요?"

"비슷한 것 같기도 하고 아닌 것 같기도 하고 명확하게 이분이 맞다고 말씀드리지는 못하겠습니다. 여자분들이 하도 얼굴이 변하기도 하니깐요."

차라리 경찰관이 자신의 실수를 인정하고, 수사했던 사람과 다른 사람이 지금 피고인으로 앉아 있다고 진술했더라면, 이 재판은 바로 끝났을지도 모른다. 하지만 결국 '알 수 없다'던 국과수의 감정결과와 경찰관의 모호한 답변으로, 이 재판은 오리무중에 빠지게 되었다. 증인신문은 그렇게 종료됐다.

나는 앞으로 이 재판을 어떻게 풀어나가는 것이 좋을지에 대해 피고인과 대화를 나눴다.

"국과수에서 지문 감정 결과가 나오고 오늘 증인신문까지… 벌써 1년이 지났네요."

"그러니깐요. 저는 그냥 재판에 가서 수사받은 사람이 제가 아니라고 말하면 간단하게 끝나는 줄 알았어요. 그런데 국과수 지문 감정에서 판정 불가라고 나오고 경찰관은 그때 수사한 사람이 저인지 아닌지 모르겠다는데… 재판이 끝나질 않네요."

"그러게요. 너무 오래 걸리는 것 같네요. 일단 국과수에서 나온 지문 감정 결과와 경찰관 증인 진술 모두 다 우리에게 유리하게 나온 것 같은데, 앞으로 뭘 더 해볼 수 있을지 고민입니다. 예상보다 재판이 더 길어질 것 같은데, 괜찮으시겠어요?"

"변호사님, 저는 절대 훔치지 않았어요. 그리고 제 딸에게 다른 사람의 물건을 훔치면 안 된다고 가르쳐 왔는데, 제가 절도범이라뇨. 저에게 절도범이라는 전과가 남는다면 앞으로 제 딸에게 무엇을 가르칠 수 있겠어요. 전 아무리 오래 걸린대도, 제가 훔치지 않았다는 걸 끝까지 밝히고 싶어요."

"…네, 알겠습니다. 제가 어떻게 해서든 방법을 찾아보겠습니다."

"감사합니다, 변호사님."

진범을 찾기 위한 몸부림, 그러다 불현듯 찾아온 기자

피고인과 여러 가지 입증 방법을 고민했다. 그러다 진범인 B씨를 소개해 준 A씨를 통해, B씨를 찾아보자고 했다. 그렇게 B씨를 증인으로 불러, 법정에서 지문을 채취하여 다시 감정을 맡겨보면 될 것이었다. 그런데 이 사건 재판이 있을 즈음 A씨가 이미 사망하였다. 참 난감했다. 그렇다고 이대로 포기할 수도 없었다.

B씨의 인적사항을 알아보고자, 백방으로 수소문해 보았다. 그러다 A씨가 사망하기 전에 B씨에게 돈을 빌려주면서 차용증을 받았던 것을 알아냈다. 그리고 그 차용증이 A씨의 부모님에게 있다는 것도 알게 되었다. 다행히 A씨 부모님의 도움으로 그 차용증의 사본을 받아, 드디어 B씨의 인적사항을 확인할 수 있었다.

판사도 지금까지의 진행 상황을 고려하여, B씨를 증인으로 소환하자는 신청을 받아들여 주었다. 그런데 알고 보니 B씨는 이미 다른 범죄로 구속영장이 떨어졌음에도 계속 도망 다니고 있는 수배자였다. 법원의 소환장도 B씨에게 송달되지 못했다.

B씨를 법정에 불러 B씨가 진범이라는 걸 입증해야 하는 일은 사실

상 피고인과 그 변호인인 나의 몫이었다. B씨는 수배자였지만, 검찰에서도 나서주는 것은 없었다.

고민 끝에 전 국민의 지문 정보를 보관하고 있는 경찰청에 B씨의 지문 정보를 요청해 보기로 했다. 다행히 예상한 것과 같이, B씨의 지문을 확보할 수 있었다. 나는 경찰청에서 받은 B씨의 지문과 피고인의 지문을, 수사기록에 날인된 지장의 지문과 비교하는 감정을 신청했다.

지난 국과수의 감정은 피고인의 지문만으로 비교했기에 '판정 불가'라고 나올 수 있었다고 보았다. 그러니 이번에는 두 개의 지문 중 어느 지문이 수사기록에 찍힌 지문과 더 동일한지를 물으면 '판정 불가' 같은 결과는 나올 수 없을 것이라고 생각했다.

예상했던 대로 수사기록의 지문은 B씨의 지문과 일치하고, 피고인의 지문과는 다르다는 결과를 받을 수 있었다. 그런데 이렇게까지 확인되었지만, 검사는 여전히 피고인에게 벌금을 선고해야 한다고 주장했다. 허탈했다. 그래도 판사는 공소기각을 선고해 주리라 믿으면서 그날의 재판을 마쳤다.

그러면서도 검찰이 여전히 유죄를 주장하고 있으니, 이 사건은 결국 대법원까지 가게 될 것으로 보였다. 도대체 피고인이 몇 년을 더 고생해야 하냐는 생각에 법조인의 한사람으로서 너무나 미안하고 답답했다.

그렇게 법정 문을 나서는데, 어떤 사람이 피고인과 내게 말을 걸어왔다.

"안녕하세요, 변호사님. 00신문사 기자인데요. 법정을 돌며 방청하고 있었는데 이 사건이 특이해서요. 궁금한 것들 좀 여쭤봐도 될까요?"

피고인과 나는 그 기자에게 지난 3년간의 일을 설명했다. 감정 결과에 대해서도 알려주었다. 그리고 다음 날, 이 사건은 신문에 보도되었다.

그로부터 일주일 뒤, 거짓말처럼 B씨가 체포되었다. 검찰은 B씨로부터 이 사건에서 피고인의 성명을 모용한 사실에 대한 자백을 받았다.

마지막 재판이 열리던 날, 검사는 이 사건의 진범이 B씨라는 사실이 밝혀졌다며, 피고인에 대해 공소기각을 선고해 달라고 구형했다. 끝으로 나는 국선변호인이자, 형사사법의 한 구성원으로서 이 사건이 지금까지 지나온 과정들을 종합하여 최후변론했다.

존경하는 재판장님!

피고인은 2018년경 지인을 통해 누군가를 돕는 과정에서 이 사건의 절도범으로 지목되어, 2022년 4월 이 자리에까지 이르렀습니다. 경찰서에서 절도범의 신분증을 한 번이라도 확인하였더라면, 경찰서에서 계좌 개설 정보에 기재된 전화번호의 명의자를 확인하였더라면, 경찰서에서 지문인식기에 '불일치'라고 나오는 것을 한 번이라도 더 유심히 살폈더라면, 본 피고인은 이 법정에 서지 않았을 것입니다. 물론, 피고인의 진술을 변호인이 더 신뢰하고 더 열심히 실체적 진실을 찾고자 했다면 무려 2년이 넘는 시간이 흐르지도 않았을 것입니다.

다행히, 검찰에서 이 사건의 절도범을 체포하고, 절도범으로부터 이 사건의 진범이 자신이라는 진술을 받아, 오늘 공소기각을 구형하여 주시어, 피고인이 더 편안히 이 사건에서 벗어날 수 있게 해

주신 점에 대해 검사님께 감사드립니다.

오늘 피고인에게 공소기각의 판결이 선고된다면, 변호인은 그 즉시 항소를 포기하고자 합니다. 이는 피고인이 하루라도 빨리, 일주일이라는 시간을 기다리지 않고서도, 그동안 피고인을 괴롭혀 왔던 피고인이라는 지위에서 더 빨리 내려올 수 있게 해주고자 하는 것입니다. 그것이, 피고인을 이렇게 긴 시간 동안 법정에 서게 하였던 형사사법체계의 일원으로서의 마지막 배려라고 생각합니다.

부디, 오늘의 판결로, 피고인이 우리 형사사법체계에 대해 더욱 신뢰하고, 조금이나마나 위로를 얻어갈 수 있기를 기원합니다.

오랜 시간 고생하신 피고인께 위로의 말을 전하고, 실체적 진실을 찾기 위해 고군분투해 주신 재판장님과 검사님 그리고 모든 형사사법 구성원들에게 감사의 말씀으로 최후변론을 마치고자 합니다.

이미 진범이 밝혀졌으니, 법원은 최후변론과 함께 피고인에 대해 공소기각을 선고하였다. 검사는 항소하지 않았고, 그로부터 일주일 뒤 그대로 판결이 확정되면서, 재판은 끝났다. 판사는 선고하면서 피고인이 진범이 아닌 이유를 상세하게 설명했다. 마치 피고인에게 위로를 건네는 것 같았다.

그날 방청석에는 이 사건을 담당하여 수사했고, 증인으로도 출석했던 경찰관도 앉아 있었다. 그러나 피고인에게 사과하는 사람은, 그 누구도 없었다.

3년의 재판에 대한 형사보상은 66만 1,500원

재판은 끝났지만, 나에게는 아직 할 일이 남아 있었다. 사과하는 사람도 책임지는 사람도 없다는 사실을 도저히 견딜 수가 없었다. 그 누구도 사과하거나 책임지지 않는다면, 이런 일은 얼마든지 다시 발생할 수 있다.

수사기관이 신분 확인을 게을리하여 이런 일이 발생한 것이니, 형사보상신청이라도 해서 금전적 보상이라도 받게 해드리는 것이 형사사법의 한 구성원으로서의 책무라고 생각했다.

형사보상신청을 대리해 드렸는데, 법원은 피고인이 무죄를 받은 것이 아니기 때문에 형사보상을 해줄 수 없다고 결정했다.[1] 이에 불복하여 항고한 결과, 겨우 66만 1,500원의 보상금을 지급받을 수 있었다.[2]

----

[1] 형사소송법에서 무죄 판결을 선고받은 피고인에 대한 형사보상에 대하여, 제194조의2 제1항에 "국가는 무죄 판결이 확정된 경우에는 당해 사건의 피고인이었던 자에 대하여 그 재판에 소요된 비용을 보상하여야 한다"고 정하고 있다.

[2] 대법원 2018모906결정에 따르면, 판결의 주문에 무죄라고 되어있지 않아도, 판단 이유에 일부 무죄라는 취지로 기재된 부분이 있다면, 그 일부 무죄 부분에 대해서는 형사보상을 청구할 수 있다고 판시한 판례에 따라 항고심에서 번복되었고, 해당 결정(서울고등법원 2023. 3. 21.자 2022로124결정)에 성명모용사건은 그 특수성을 고려하여 형사소송법에 따른 형사보상의 대상에 해당한다는 점이 잘 설명되어 있다.

3년이 넘는 재판에 대한 보상금이 겨우 66만 원이라니! 물론 형사보상은 신속하게 결정하는 대신 그 보상의 범위에 한계가 있고, 위법한 행위에 대한 추가 배상은 국가배상소송을 다시 진행해서 받을 수 있다. 하지만 이처럼 수사기관의 위법이 명명백백한 사건에서도 이러한 태도로 일관하는 것이 과연 문제가 없는 것일까?

국선전담변호사로서 다시는 이런 일이 일어나지 않도록 하는 방법을 고민해 보았다. 피고인도 자기와 같은 피해자가 다시는 발생하지 않도록 적극적으로 나서겠다고 해주셔서, 국가인권위원회에 인권침해로 진정하였고, 헌법재판소에는 무죄로 선고받은 경우에만 형사보상을 해줄 수 있다는 법률에 대한 문제를 살펴달라고 청구하였다.

국가인권위원회는 해당 진정에서 담당 경찰관에게 직무교육을 하고 재발 방지를 위한 사례 전파를 권고하였고(국가인권위원회 2022. 7. 11.자 22진정0203100결정), 경찰청은 이를 받아들였다. 그리고 헌법재판소의 심리(2022헌바287)는 이미 항고심을 통해 형사보상을 받아, 더 이상 심리할 필요가 없다는 이유로, 2024. 8. 29. 각하결정[3]으로 끝났다.

....

[3] 각하는 헌법소원의 대상이 되지 않기 때문에, 구체적으로 헌법위반여부를 판단하지 않는다는 결정으로 헌법에 위반되지 않는다는 판단인 기각결정과는 다르다.

함께 생각해 볼 이야기

2023년 연말, 대법원에서 성명모용사건이 하나 선고되었다. 이를 계기로, 2023년 11월 국회 기동민 의원은 성명모용사건과 같이 검찰의 위법한 공소제기라는 이유에서 공소기각되는 경우에 대한 통계자료를 법원과 검찰에 요구하였다. 이는 검찰의 위법한 공소제기에 대한 재발 방지 노력을 점검하고, 이를 위해 얼마의 예산이 투입되고 있는지에 대해 확인하려던 것이었다.

그런데 법원과 검찰에서는 공소기각의 개별 사유에 대한 통계를 관리하지 않기 때문에, 통계자료가 없다는 이유로 회신해 주지 않았다고 한다. 잘못된 것이 얼마나 있는지도 모르니, 더더욱 사과하는 사람도 책임지는 사람도 없는 것은 아닐까? 그러니 계속 이런 잘못이 반복되는 것은 아닐까?

최근에는 외국인이 피의자인 사건에서 성명모용사건이 종종 발생하곤 하는 것으로 알려져 있다. 2023년 1월 언론에 보도된 바에 따르면, 2022년 따뜻한 검찰인상 수상자 중 한 명은 "성명모용으로 '다수'의 전과를 갖게 된 치매 노인의 전산 기록을 모두 말소하여 억울한 누명을 풀어준" 공로로 선정되었다고도 한다. 그렇게 삭제된 치매 노인에 대한 성명모용 전과는 자그마치 5건이었다고 한다. 단 1명에 대한 성명모용 사건이 5건이라는 것이니, 현재까지도 성명모용사건이 얼마나 발생하고 있는지 가늠조차 어려운 실정이다.

검찰이 그 수사관에게 상을 수여했다는 것은 다행스러운 일이다. 그러나 그 성명모용사건들이 발생한 이유가 도대체 무엇이었는지, 성명모용 피해에 대한 배상이라든지, 성명모용을 근절하기 위해 어떤 노력을 하고 있는지에 관한 이야기는 여전히 들려오고 있지 않다.

"이슬이를 찾아주세요"

아동 성폭력 사건의 피고인을 대하는 국선변호인의 마음과 고뇌

    TV에 흉악범죄 사건이 보도될 때면 피고인을 당장 엄벌에 처하라며, 누가 저런 사람을 변호하냐는 비아냥 댓글을 도배하곤 한다. 또 나쁜 범죄자를 변호한다는 이유만으로, 담당 변호사를 비난하는 댓글도 같이 달린다.

    하지만 그런 범죄자라 할지라도, 헌법이 정한 국민의 기본권으로서 방어권은 보장되어야 한다. 수사기관의 문제점은 없는지, 누명을 쓰지는 않았는지, 형량은 적당한지를 감시하고 살피는 것이다. 이 과정을 거쳐야, 비로소 법원이 중립적이고 객관적인 판단을 내릴 수 있다.

    이러한 임무를 수행하는 사람이 바로 변호인이다. 변호인 덕분에 대부분의 피고인들은 자신의 방어권을 지키며 재판에 임할 수 있다. 그리고 동시에 법원도 공정한 판결을 내릴 수 있다. 그러나 범죄 내용이 너무 참혹하거나 다루기 어렵다는 등 여러 가지 사정으로 인해, 변호사들이 꺼리는 사건들도 더러 존재한다. 이러한 사건들은 주로 국선전담변호사에게 맡겨진다. 그런데 국선전담변호사마저 이를 거부한다면 어떻게 될까?

내가 성폭력 사건 전담부의 국선전담변호사를 담당한 지도 여러 해다. 쉴 새 없이 쏟아지는 성폭력 사건들의 증거와 자료를 수십 번씩 읽고 분석하며, 수사에 문제는 없었는지를 살피고, 피고인에게 특별히 고려해야 할 사정은 없는지를 고민하는 일은, 어느덧 나의 일상이 되었다.

나는 직업인으로서 내 일의 사회적 가치에 자부심을 느끼지만, 증거 영상 속 피해자의 울부짖음에는 좀처럼 마음이 무뎌지질 않는다. 변호인으로서 피고인의 입장과 상황을 헤아리려 애쓰는 와중에도, 피해자들의 모습은 나를 아프게 한다. 특히, 여섯 살배기 딸을 키우는 나에게 아동 성폭력 사건은 언제나 깊은 상흔을 남긴다.

지금부터 다룰 이 사건은, 지금까지도 나를 힘들고 쓰라리게 하는 가슴 아픈 이야기다. 사건이 험악하거나 어려워서가 아니라, 결국 피해자가 전혀 보호받지 못했기 때문이다. 혹자는 변호인임에도 피고인이 아닌 피해자 때문에 아파하는 나를 보고 어떤 의문을 품을지도 모르겠다.

물론 나는 국선변호인으로서 임무를 수행하는 동시에, 수사 과정에서 발견된 아쉬움을 지적하고, 피해자의 아픔에 눈물 흘렸으며, 수사기관의 무심함에 좌절하였다. 그리고 지금까지도 그 어린 피해자를 어떻게든 구해 내고자 몸부림치고 있다. 또 국선전담변호사로서 이와 같은 일이 반복되지 않도록 지켜보고 있다.

여섯 살 딸을 키우는 딸바보 아빠,
그리고 아동 성폭력 사건의 국선전담변호사

여느 날처럼 나에게 새로 배정된 사건들을 확인하고, 쌓인 기록을 읽어 넘기던 차에 이 사건을 처음 마주했다. 이 사건의 공소장을 처음으로 읽었을 때, 나는 검사가 터무니없이 피고인을 처벌하려 드는 것은 아닐까, 잠시 의심했다. 그만큼 공소장에 담긴 내용은 믿을 수 없으리만치 끔찍했다.

이 피고인은 지적장애가 있는 여성을 여럿 사귀는 과정에서 수면유도제를 탄 술을 먹여 준강간[4]했다. 그리고 그중 한 피해 여성의 딸인 5세 여아의 음부에 볼펜을 넣는 유사 강간[5]을 하기도 했다. 이러한 피해 사실은 피해 지적장애 여성이 다니는 교회의 전도사에 의해 발견되었다. 그 전도사가 경찰에 신고하였고, 덕분에 수사가 진행될 수 있었다. 피해 장애 여성과 그 5세 딸은 해바라기센터[6]에서 조사받은 후, 피해자 지원 프로그램에 따라 치료를 받을 수 있었다. 참으로 다행스러운 일이었다.

그런데 5세 여아에 대한 사건을 수사하던 중 피고인의 컴퓨터에 대한 압수수색이 진행되면서 더 많은 범죄가 세상에 드러났다. 피고인의 컴퓨터에는 그농안 성관계를 가졌던 여성들의 이름별로 폴더가 있었

------

4   형법 제299조에서 정한 "심신상실 또는 항거불능의 상태를 이용하여 간음 또는 추행"하는 범죄를 말한다.
5   형법 제297조의2에서 정한 "구강, 항문 등 신체(성기는 제외한다)의 내부에 성기를 넣거나 성기, 항문에 손가락 등 신체(성기는 제외한다)의 일부 또는 도구를 넣는 행위"를 말한다.
6   성폭력방지법 제18조에 의해 운영되는 '성폭력 피해자 통합지원센터'로, '성폭력 피해자'라는 용어를 직접 사용하는 것에 대한 부정적 요소를 최소화하기 위해 2015년경부터 사용하고 있는 명칭이다.

고, 그 폴더 안에는 날짜별로 정리된 성관계 영상들이 보관되어 있었다. 5세 여아와 그 엄마를 비롯한 피해 여성들을 성인하거나 성년세아는 영상이 자그마치 60여 개가 있었다. 그중에는 5세 여아 외에 12세 여아에 대한 강간 영상도 있었다. 미성년자에 대해서는 동의 여부에 상관없이 그 자체로 범죄다. 성인이라 하더라도 의사에 반하여 영상을 촬영하는 것도 범죄다. 수사 과정에서 발견된 영상들에 의해, 각 영상에 대한 죄를 묻게 되었다.

문제는 여기서부터 시작이었다. 영상 촬영에 관한 죄는 영상마다 처벌한다. 검사는 공소장에 각 영상에 대한 주요 내용과 파일명을 적어 처벌할 범죄를 특정한다. 그러면 변호인은 그 영상들이 검사가 작성한 공소장과 같이 증거로 제출되어 있는지를 확인해야 한다. 그 영상 중 하나라도 없다면, 없는 만큼 처벌할 범죄의 수가 줄고, 그만큼 형량이 줄어들게 되기 때문이다. 당시의 나 또한 변호인으로서 그 영상들을 하나하나 살펴본 뒤, 증거 여부를 확인해야 했다. 그중 약 30개가 5세 여아와 12세 여아에 대한 영상이었다.

당시 3살이던 내 딸은 아빠와 같이 자는 것을 좋아했다. 나는 밤마다 딸의 기저귀를 갈아주고, 함께 잠들곤 했다. 영상을 확인한 뒤 집으로 퇴근했던 그날도 어김없이 딸은 나를 기다리고 있었다. 변함없이 사랑스럽고 예쁜 내 딸이었지만, 나는 더 이상 딸의 기저귀를 갈아줄 수 없었다. 그날 법원 사무실에서 내가 봐야만 했던 그 영상들이 떠올랐기 때문이다. 그 모습은 이 사건이 끝나고 나서도 오래도록 나의 뇌리에서 떠나지 않았다.

변호인으로서 피고인의 편을 들어주기 위해 정신감정과 양형 조사를 해보았다. 하지만 피고인에게는 중학생 시절 부모의 이혼 후 친척 집에 머물던 과정에서 동네 누나들에게 성추행을 당한 경험 외에는 이렇다 할 특별한 사정이 없었다. 그 경험들은 잘못된 성 관념의 원인으로 파악할 수 있을 뿐, 수많은 성폭력을 정당화할 일은 아니었다.

자신을 합동 강간한 가해자 엄마와
지금도 어딘가에서 생활하고 있을 '이슬이'

영상 중에는 5세 여아 외에도, 그냥 보고 넘길 수 없는 영상이 더 있었다. 바로 12세 이슬이에 대한 영상이었다. '이슬이'라는 이름의 폴더 속에는 2017년경 찍은 영상들이 여럿 있었다. 그중에는 피고인이 12세 이슬이를 그 엄마와 함께 합동하여 강간하는 모습이 담긴 것이 있었다. 12세 여아를 피고인과 그 여아의 엄마가 합동하여 강간한다는 것은, 그냥 글로 읽기에도 힘든 범죄이다. 그런 것을 영상으로 확인하는 것은 너무나 괴로운 일이었다.

검사가 그 영상 속 범죄를 기소한 공소장을 읽었을 땐, 검사가 너무 과장했다고 생각했다. 그래서 그 영상증거들을 살펴보았던 것인데, 영상을 보고 나니 오히려 검사가 너무 무미건조하게 쓴 것이 답답하게 느껴질 정도였다.

피고인은 영상까지 모두 압수된 상황에, 모두 자백했다. 피고인의 자백이 있은 만큼, 대부분의 범죄 사실은 명료하게 정리되었다. 12세 여아에 대한 범죄만 제외하고 말이다. 우리나라 법은 13세 미만 미성년자에 대한 성폭력 사건에 대해서는 더 가중하여 처벌한다. 해당 가중

처벌 요건이 충족되기 위해서는, 검사가 범죄 당시 피해자가 12세였는지에 대해 합리적 의심을 배제할 수 있을 정도로 입증해야 한다.

13세 미만에 대한 행위는 성폭력처벌법 제7조에 따라 무기징역 또는 10년 이상의 징역에 처해진다. 13세 이상에 대해서는 성폭력처벌법 제4조에 따라 무기징역 또는 7년 이상의 징역에 처할 수 있을 뿐이다. 그렇다 보니 13세를 기준으로 최저 형량이 7년에서 10년까지 달라진다.

그런데 이 사건은 영상과 피고인의 자백만 있는 상황이었다. 피고인이 수사 단계에서는 당시 피해자가 12살이라고 진술했다가, 이후 재판에서는 피해자가 14살이었다고 진술을 번복했다. 피해자의 당시 나이를 특정한 것 자체가 피고인의 진술뿐이었으니, 이제 14살이라는 진술에 따라 '12세 이슬이'는 '14세 이슬이'가 되었다.

이렇게 이야기하면, 많은 사람이 의아해할 것이다. 아니 피해자 이슬이가 당시에 몇 살인지 주민등록번호를 보든 이슬이에게 물어보면 되는 것이 아니냐고. 그런데 문제는 '이슬이'라는 이름조차 피고인의 폴더명과 피고인의 진술로 특정되었다는 것이었다. 이 사건을 수사한 검찰과 경찰 그 누구도 이슬이의 엄마는 물론이고 이슬이도 만나본 적이 없었다.

물론, 나는 국선변호인으로서 피고인의 변경된 진술에 따라 주장하고 검사가 이슬이의 나이를 입증하는 데 문제가 없는지만 살피면 된다. 하지만 도저히 묵과할 수 없는 것들이 나의 발목을 놓아주지 않았다.

이슬이의 나이가 실제 몇 살이었는지의 문제가 아니었다. 5살 유치원생은 그나마 신원이 특정되어 해바라기센터를 비롯해 피해자에 대한 보호가 이루어지고 있었다. 하지만 이슬이는 지금도 어디에 있는지조차 알 수 없는 상황에서, 자신을 피고인과 함께 강간한 엄마와 함께 생활하고 있으리라는 사실이 나를 지독하게 괴롭혔다. 이슬이는 찾아져야만 했다.

이 사건의 법정 안에 있는 모두가 같은 생각이었을 것이다. 심지어 법원 재판부 부장판사님은 검사에게 피해자를 데려오라고도 했다. 피해자가 몇 살인지에 대한 입증을 요구하는 것에 더해서 데려와 보라고까지 하는 것은 이례적인 석명(釋明)[7]이다. 아마 판사님도 나와 같은 먹먹함에 괴로워하셨던 것은 아니었을까 싶다.

나의 고민은 더욱 깊어졌다. 합동 강간의 가해자가 유일한 보호자인 상태에서 생활하고 있을 피해 아동이 학교는 제대로 다니고 있을까? 아니 지금 어딘가에서 살아 있긴 할까? 수많은 질문이 머리를 스쳐 지나갔다. 당장 이슬이를 찾아내는 것이 급선무였다.

나는 피고인에게 이슬이의 엄마를 고발하는 것이 어떻겠냐고 했다. 공범을 고발한다면 피고인이 피해자에 대한 피해회복을 위해 노력하는 것이고, 피해자가 발견되더라도 피해 당시 14살인 것이 분명하다는 것을 보여줄 수 있을 것이기 때문에 피고인에게도 불리하지 않은 선택이었다.

이에 피고인은 당시 이슬이가 살았던 지역의 경찰서에 고발장을 제

---

7 법원이 소송관계인(피고인이나 변호인 및 검사 등을 말하고, 민사소송의 원고나 피고를 말하기도 한다)에게 소송관계를 분명히 하기 위해 특정 사실을 설명하거나 입증하도록 촉구하는 것을 '석명권'이라고 한다.

출하였고, 그 경찰서에서 구치소까지 와서 피고인을 조사했다. 공판 검사는 경찰에 이슬이의 행석을 찾아달라고 요청했다. 나도 아는 사람들에게 연락해서 혹시 이슬이를 찾을 수 있을지 알아봐 달라고 부탁했다. 그리고 초등학생에게 중학교를 배정하는 업무를 교육지원청이 진행한다는 점을 착안하여 그 지역 관할 교육지원청에 연락해서 이슬이를 찾을 수 없냐고 묻기도 했다. 그 순간만큼은 그 무엇보다도 이슬이를 찾아내야겠다는 생각만 들었다. 누구보다도 간절히 이슬이를 찾아 헤맸다.

며칠이 지나 재판이 열린 날, 공판 검사는 이슬이를 찾을 수 없다고 알렸다. 내가 물어본 지인 중에서도 그 나이 또래를 아는 사람이 없었고, 교육지원청은 개인정보보호 때문에 나에게는 아무런 정보를 제공하여 줄 수 없다고 했다. 피고인도 경찰관이 찾아와 피해자인 이슬이를 찾을 수 없으니, 고발을 취하해 달라고 해서 고발을 취하했다고 알려주었다.

이슬이를 찾을 방법이 없는 듯 보였다. 하지만 도저히 포기할 수 없었다. 이슬이를 찾기 위해 내가 할 수 있는 일은 없을까? 고민 끝에 나는 이슬이에 대해 피고인의 무죄를 주장하기로 했다.

그즈음 압수영장에 적힌 압수의 범위를 과도하게 넓혀서는 안 된다는 대법원 판결이 선고되었고, 이를 이용한 것이다.[8] 우리 법은 피고인이 자백하더라도 피고인의 자백 이외에 다른 증거가 있어야만 유죄를 선고할 수 있도록 규정하고 있다. 이는, 피고인의 자백이 그 피고인에

....

8 대법원 2021. 11. 18. 선고 2016도348 전원합의체 판결

게 불이익한 유일의 증거인 때에는 이를 유죄의 증거로 하지 못한다는 헌법 제12조 제7항과 형사소송법 제310조에서 정한 원칙이다. 또한, 위법하게 수집된 증거에 따른 자백의 경우 '독수독과'의 원칙에 따라 자백한 진술 역시 그 증거 능력을 상실하게 된다.

이슬이 영상은 앞서 5세 여아와 그 엄마에 대한 범죄를 수사하겠다는 압수영장으로 압수한 것이었다. 압수영장은 그 영장에 적힌 범죄에 대해서만 유효하다. 그래서 압수 과정에서 발견한 '다른 범죄의 증거'는 압수할 수 없다. 고로 수사기관은 이슬이에 대한 범죄를 인지함과 동시에 법원으로부터 그 범죄에 대한 압수영장을 다시 발부받고, 그 다음 해당 자료를 압수해야 한다.

하지만 당시 경찰은 이슬이에 대한 범죄와 관련된 압수영장을 별도로 발부받지 않았다. 이에 근거해서 이슬이에 대한 영상들은 모두 위법하게 수집한 증거라고 주장했다. 이로써, 피고인의 자백 외에는 다른 증거가 없는 것이다.

이렇게 되면 검사는 피고인의 자백 이외의 또 다른 증거를 새로 가져와야, 유죄를 입증할 수 있게 된다. 나는 수사기관이 당장 가져올 수 있는 증거로 피해자 이슬이의 진술만이 유일하다고 판단했다. 그러면 담당 검사는 이슬이의 진술을 듣기 위해 이슬이를 찾아야만 한다는 것이다. 나는 피고인을 위한 형사사법 원칙을 역이용해 피해자를 찾고 싶었다.

하지만 검사는 나의 바람과는 달리 이슬이를 데려오지 않았다. 나의 주장도 받아들여지지 않은 채 재판은 종결됐다. 결국 이슬이는 찾지 못했다. 피고인은 12세가 아닌 14세 이슬이에게 범죄를 저지른 것으로 판결받았다. 이슬이의 나이가 실제 몇 살이었는지, 지금은 잘 지내고 있는지, 아니면 살아 있기는 한 건지… 나는 그 무엇도 알지 못한 채, 이 사건을 마무리해야만 했다.

나, 국선변호인은 조용한 감시자로서
이슬이를 찾아달라 외친다

오늘도 나는 나에게 새로 배정된 사건들을 확인하고, 산처럼 쌓인 증거기록들을 읽어 넘긴다. 늘 그렇듯, 그중에는 나에게 보람과 기쁨을 주는 사건도 있고, 괴로움과 씁쓸함을 주는 사건도 있다. 그리고 지워지지 않는 상처로 남는 사건도 있다. 아마 그 상처들 가장 깊숙한 곳에는 5세 여아에 대한 기억과 끝내 이슬이를 찾아내지 못했다는 안타까움이 곪은 채 남아 있다.

2023년, 출생 신고되지 않은 아이들에 대한 전수조사로 유명을 달리한 아이들과 학대당하고 있던 아이들을 찾았다는 뉴스를 접했다. 어쩌면 이 과정에서 이슬이도 발견되었을지 모른다는 기대감에 곧바로 수소문해 보았지만, 이슬이를 찾을 수는 없었다.

여러 언론사의 법조기자들을 만날 때마다 이 사건에 대해 이야기하고, 이슬이를 찾아달라는 부탁도 해보았다. 그중 한 기자는 이슬이가 살았다던 지역과 여러 기관을 기획 취재하기도 했다. 그럼에도 이슬이는 찾을 수 없었다.

물론 변호인이 피고인이 아닌 피해자의 일에 관여하는 게 일반적이진 않다. 피해자를 위하다가는 자칫 피고인에게 해가 될 수도 있고, 본

디 변호인의 역할 자체도 피해자를 위하는 것은 아니기 때문이다. 하지만 국선전담변호사는 그 보수를 국가에서 지급받는 만큼 수사 과정에서 지켜지지 못한 헌법적 가치를 더 면밀하게 살펴보라는 것이 이 제도 마련의 취지라고 생각한다.

국선전담변호사이기 때문에 너무나 괴로운 사건들을 맡게 되기도 하지만, 또한 국선전담변호사라서 그 누구보다 가까이 현실을 직시하고 감시할 수 있는 것들도 있기 마련이다.

그래서 나는 피고인뿐만 아니라 피해자나 다른 사람들에 대해서도 혹 수사 과정에서 인권을 침해당한 일은 없는지를 두루 살피곤 한다. 국선변호인이 형사 법정에서 수사 결과의 전반을 다룬다는 것은, 수사가 적법하게 이루어졌는지를 감시하는 역할도 수행하라는 것이기 때문이다.

시간은 흘러 재판 당시 3살이던 내 딸이 어느덧 6살이 되었다. 5살이던 여아는 어느덧 8살이 되어 초등학교에 입학했을 것이고, 이슬이는 18살, 혹은 20살이 되었을 거다. 여전히 나는 이슬이를 찾고 있다. 비록 내가 이슬이를 찾아내지는 못했지만, 나보다 더 좋은 어른들을 만나 적절한 보호를 받으며 건강하게 잘 살고 있기를 기도한다. 앞으로도 나는 쉼 없이 이슬이를 찾아 나설 것이다.

그리고 우리 사회에 다시는 또 다른 '이슬이'가 없기를 바라며, 모두에게 부탁한다.

"이슬이를 찾아주세요."

함께 생각해 볼 이야기

'이슬이'를 찾기 위해 피고인의 무죄를 주장했던 것처럼, 형사사법에서 피고인의 방어권을 위한 원칙들은 꼭 피고인만을 위한 원칙인 것은 아니다. 만약 1심에서 영상에 대한 증거 능력이 인정되지 않는다고 하여 무죄로 선고되었다면, 2심에서 검찰은 해당 범죄의 입증을 위해 '이슬이'를 어떻게 해서든 찾아낼 수 있지 않았을까 생각한다.

변호인은 성폭력 사건의 영상증거를 지정된 장소에서 오로지 열람만 할 수 있기 때문에, 별다른 조치를 해볼 수 없었다. 검찰이 증거 영상에서 이슬이의 얼굴이 잘 나온 화면의 얼굴만 추출해 전국의 초등학교에 협조를 구하는 시도를 해봤다면 찾을 수 있지 않았을까?

아니면 이름이 정말 '이슬이'이고 그 엄마의 이름도 피고인의 진술과 동일하다면, 출생신고기록이나 산부인과 진료 기록을 대조하는 방법으로 이슬이를 찾을 수 있지는 않았을까? 그저 민간인에 불과한 국선변호인은 할 수 없는 일이지만, 국가기관인 검찰이나 경찰이 도저히 찾을 수 없었다는 것은 쉽게 납득되지 않는다.

또 이 사건의 수사가 개시되기 전인 2018. 4. 17. 법률 제15565호로 개정 시행된 경찰관직무집행법은 제2조에서 '범죄피해자 보호'를 경찰관의 직무 중 하나로 규정하고 있다. 성폭력 피해자인 '이슬이'는 경찰이 마땅히 보호할 의무가 있는 보호의 대상자였음에도 불구하고, 보호받지 못했다.

피고인에 대한 범죄 입증에 필요하지 않으니, 찾지 않은 건 아니었을까? 피해자가 단순히 검사의 공소 유지의 도구로만 이용되는 일은 없길 바란다.

어쩌면 절차적 정의는 가장 낮은 곳에서, 가장 약한 자에게, 가장 추악한 죄에 대해서도 지켜져야 한다. 왜냐면, 그 정의는 피고인만이 아니라 제2, 제3의 '이슬이'도 보호해 주는 정의로 확대될 수 있기 때문이다.

"그냥 감옥에 더 있고 싶어요."

보육원 보호 중도 종료 청소년인 피고인

나는 보통 2주에 한 번꼴로 구치소를 방문한다. 변호인 접견실에 도착하면, 여행용 캐리어에 가득 채워 온 기록 무더기를 꺼내 정리한다. 대략 반나절 동안 7~8명의 피고인을 접견하는 것이 일반적인 일정이다. 그날도 여느 날과 다름없이 7명의 피고인을 대상으로 변호인 접견 예약이 잡혀 있었다. 한 가지 다른 점이 있다면, 첫 번째로 접견할 피고인의 기록에 특이한 점이 많아 신경이 쓰인다는 것뿐이었다.

피고인을 담당하던 일반 국선변호인이 그의 거친 언행으로 인해 더 이상 변호할 수 없다고 사임하여 국선전담변호사인 내게 온 사건이었다. 20대 초반의 젊은 청소년인 피고인은 당시 여러 가지 사건들로 재판을 받고 있었다.

첫 공판기일은 이미 진행된 사건이었다. 나는 공판 조서부터 들여다봤다. 피고인이 어떤 부분들에 대해 무죄를 주장하고 있는지 파악했고, 그 증거들로 피고인의 무죄 주장이 가능한지 그 여부를 검토해 뒀다.

당시 내 짐작으로는, 여느 피고인과 마찬가지로 자신의 무죄를 막무가내로 주장하겠구나 싶었다. 그래서 나는 사전 검토 결과에 대해 설명할 준비를 하는 동시에, 피고인이 억지를 부리면 어떻게 제압할지를 고민하고 있었다.

그러나 그는 나의 예상과는 달리 모든 것을 자백하고 빨리 재판을 끝내고 싶다고 말했다.

"변호사님, 저 그냥 다 자백하고 그냥 5, 6년 감옥에 있을래요."

"네? 무죄 주장하던 부분들도 모두 자백하겠다고요?"

무죄를 주장하며 거친 행동을 보였다던 일반 국선변호인의 사임 허가 신청서를 본 탓일까? 거구의 20대 청소년이 갑자기 흥분하며 내게 위협적으로 달려들기라도 하면 어쩌나, 미리 걱정했던 게 무색할 정도로 예상과 다른 태도였다. 나는 그가 왜 갑자기 모두 자백하겠다고 하는지 궁금해졌다.

"왜 모두 자백하겠다는 거예요? 구치소에서 동료 수감자들이 다퉈 봐야 소용없다고 하던가요?"

"아니요. 그냥 밖에 나가는 것보다 감옥에 있는 게 더 나을 거 같아서요."

"아니, 한창 이것저것 하고 싶을 20대 초반인데, 감옥이 더 좋다고요? 여기에선 친구들과 놀 수도 없고, 가만히 있어야 하잖아요."

"하- 변호사님. 제가 밖에 나가본들 뭐해요. 또 여기저기 떠돌고 다닐 텐데요. 그리고 매일 아침 제 건강을 걱정해 주고 챙겨주는 사람이 있는 여기가 밖보다 더 좋아요."

그간 구치소에서 빨리 나가게 해달라는 피고인은 많았지만, 구치소에 더 오래 있고 싶다는 피고인은 처음이었다. 게다가 그는 고작 스물 남짓한 청년 아닌가! 그 또래의 꿈에 부푼 자유분방한 대학생이나, 갓 성인이 되었다며 기뻐하는 사회 초년생과는 사뭇 다른 그의 이야기를 듣게 되었다.

피고인이 기억하는 그의 삶은
어느 날 한 보육원에서 시작된다

그가 기억하는 그의 인생은 부산의 한 보육원에서 시작되었다. 부모가 누구인지도 모른다고 했다. 부산에서 충청도의 보육원으로 옮겨오고 나서부터 형들과 충돌이 발생하기 시작했다. 형들의 괴롭힘이 싫었던 그는 학교를 마치면 보육원에 돌아가지 않고 밖에서 놀았다고 한다. 그러다 보니 다른 사람들과의 충돌이 잦았다. 그의 덩치가 커지면서 형들과 싸우는 일도 많아졌다. 그러다 소년원까지 가게 되었는데, 그 사이 그가 생활하던 보육원에서는 그를 보호 중도 종료 처분하였다.

소년원에서 나왔지만, 보육원에서 그를 받아주지 않았다. 이제 그가 돌아갈 곳은 없었다. 당시 그는 겨우 14살이었다. 정해진 거처가 없으니, 머물 수 있는 곳이라면 가출청소년 보호소이든 어디든 전국으로 돌아다녀야만 했다. 특히 가출청소년 보호시설은 가정으로 돌아갈 청소년들을 위한 '임시보호시설'이었기 때문에, 계속 있을 수 없었다. 그는 옮겨 다닐 수밖에 없었다. 그러니 당시 다니던 중학교에서는 출석 일수 미달로 퇴학 처리됐다.

14살에 중학교 중퇴자가 되어 거리로 내몰렸다. 만 13세를 겨우 넘긴 그는 일을 하며 돈을 벌 수도 없었고, 마치 영화 '레옹'의 화분처럼 어딘가에 뿌리내릴 수도 없었다. 차라리 소년원에선 공부라도 할 수 있었다. 20살을 갓 넘긴 그의 최종 학력은 소년원에서 검정고시로 졸업한 중학교 졸업이 전부였다.

만 19세를 넘기자 오히려 그를 찾아주는 사람이 생겼다고 한다. 성인이 되자 친구의 소개로 '이모'를 만났고, 그 '이모'는 숙소를 마련해주었다. 용돈과 식사도 제공해 주니 너무 좋았다. 그러면서 '이모'는 그의 명의로 사업자를 등록하고, 휴대전화를 5회선 개통했다. 당시 그는 그 휴대전화들 중 하나를 자신에게 주는 것만으로도 좋았다. 미성년자로 거리를 헤맬 때는 상상도 못했던 일이었기 때문이다.

그러던 어느 날 이모가 부산의 어딘가로 데려갔다. 처음 본 그 사무실이 그의 이름으로 된 사업장이라며 보여주었다고 한다. 거기에는 전화기 여러 대와 사람들이 있었다고 했다. 부산에서 다시 숙소로 돌아오는 길, 그는 덜컥 겁이 났다. 정확한 이유는 모르겠지만, 뭔가 나쁜 일이라고 느꼈다고 한다. 이후 그는 몰래 세무서에 가서 자기 명의의 사업장을 폐업시켰다. 그 일로 인해 그 '이모'가 마련해 준 숙소로는 다시 돌아가지 못했다. 세무서로 폐업 신고하러 가던 날, 그는 무서웠다고 했다. 그나마 안전했던 숙소를 떠나 다시 거리를 헤맬 것이 뻔했으니 말이다.

그렇게 다시 거리를 돌아다니다 친해진 친구들이 있었고, 서울의 한 교회 전도사님의 도움으로 교회 숙소에서 생활할 수 있었다. 그 사이 친구도 사귀고 친구들과 생일 파티도 했다. 생일 파티로 술을 마시고 다른 무리와 충돌이 발생했다. 그는 상대방을 주먹으로 때렸다. 그때 특수상해로 체포되었는데, 상대방 무리가 마시던 와인병으로 사람을 때려 '안와내벽골절'의 상해를 입혔다는 혐의였다. 또 체포 과정에서 경찰차 뒷문을 발로 차서 망가뜨린 바람에 공용물파괴죄로 재판을 받게 되었다.

그는 이 일로 구속되지는 않았고, 다시 전국을 떠돌며 지냈다. 그러다 보니 법원에서 재판받으러 오라고 보낸 통지를 받을 수 없었다. 그는 '이모'에게 내준 여러 대의 휴대전화의 요금 미납으로 인해 이미 신용불량자 처지가 돼버렸다. 휴대전화를 새로 만들 수 없어, 선불 유심으로 그때그때 연결하거나 무료 와이파이존에서 SNS를 할 수 있을 뿐이었다. 그러니 법원이 그에게 법정에 출석하라는 연락을 할 방도가 없었다. 그래서 결국 그에게 구속영장이 발부되었고, 수배자가 된 것이다.

중학생 시절부터 거리에서 지내던 그에게 뇌전증이 발병했다. 충청도 어딘가에서 배달 대행을 하면서 생활비를 벌곤 했지만, 갑자기 온 뇌전증 발작으로 넘어져 다쳤고, 타고 있던 오토바이도 망가졌다. 교통사고로 출동한 경찰은 그가 수배자라는 사실을 확인하고 바로 구속 절차를 밟았다. 그렇게 구속되던 그는 당장의 구속보다 오토바이 수리비를 어떻게 하면 좋을지가 더 걱정스러웠다고 했다.

그렇게 구속되어 수사를 받다 보니, 재판받을 죄는 하나 더 늘어나 있었다. 서울의 교회 숙소에서 지낼 당시 자기 명의의 휴대전화로 남자 성기를 찍은 사진을 어떤 초등학생에게 보냈다는 혐의가 추가되어 있었다.

나는 그에게 그간의 이러한 혐의들에 대해 어찌된 일인지 물어보았다. 그는 생일 파티 후 상대방을 때린 것은 맞지만, 와인병으로 때린 적은 없다고 했고, 경찰차 뒷문을 발로 찬 것은 인정하였다. 그러나 초등학생에게 성기 사진을 보낸 적은 결단코 없다며 억울해했다.

20대 초반의 청년이 밖에서 떠도는 삶에 지쳐 구치소에 계속 있고 싶어 하다니! 나는 그가 그렇게 할 수밖에 없는 것에 화가 났다. 그에게 어차피 감옥에 계속 있고 싶은 것이라면 무죄 주장을 할 것들은 실컷 주장해 보자고 했다. 반성하지 않는다며 형량이 가중되더라도 무서울 것 없지 않냐고 설득했다. 그리고 재판 과정에서 그의 말을 믿어주는 사람들의 모습을, 수많은 사람들이 그와 함께 고민하는 모습을 보길 바랐다.

그가 '국민'이라는 이유만으로도 국가가 그를 처벌하는 데 얼마나 신중한지를 보고, 그가 혼자가 아니라는 것을 느꼈으면 했기 때문이다. 역설적이기는 하지만 내가 그에게 보여 줄 수 있는 것은 그것이 유일했다.

스위스 취리히 공대 교수의 논문과
숙소 친구의 이해할 수 없는 진술

재판 과정은 순탄치 않았다. 생일 파티에 함께 있었던 피고인의 친구들도 보호 중도 종료 청소년이었고, 피고인과 같은 이유로 연락처가 없었다. SNS로 겨우 연락을 해볼 수 있을 뿐이었다. 다행히 보호 중도 종료 청소년들을 돕는 청소년행복재단이 피고인을 기억하고 도와주겠다고 하여, 재단을 통해 피고인의 친구들에게 연락해 볼 수 있었다.

그 친구들을 통해 확인해 보니, 현장에 와인병이 있었던 것은 맞지만 와인병으로 때리는 것을 본 사람은 아무도 없었다. 경찰도 피해자의 진술을 듣고 다시 현장에 갔지만 청소가 되어 있어서 와인병 조각이나 흔적을 발견하지 못했다고 했다. 와인병으로 때린 '특수상해'는 2년 이상 20년 이하의 징역에 처하지만, 맨손으로 때린 '일반상해'는 7년 이하의 징역에 처한다. 그렇기에 와인병으로 때렸는지 아니면 맨손으로 때렸는지에 대한 진실 규명이 무엇보다 중요한 쟁점이었다.

무죄를 밝히는 일은 매우 어렵다. 어떤 사실이 존재한다는 것이야 목격자나 CCTV로 확인하면 되겠지만, 어떤 사실이 존재하지 않는다는 것을 증명하기는 막막하다. 즉, 부존재의 증명은 어려운 일이다. 그래서 범죄 시각에 그 사람이 다른 장소에 있었다는 것을 밝히는 것이 일반적이다. 통상 이를 '알리바이'라고 한다. 그런데 이 사건처럼 일부가 사실과 다르다는 점을 밝히는 것은 더욱 어렵다. 목격자가 명확히 기억하고 있으면 다행이지만, 이 사건처럼 목격자들이 술에 취해 진술하지 못하는 경우는 어떻게 무죄를 증명할 수 있을까?

이런 경우에는 그 범죄사실에 반드시 수반되는 사실이 존재하지 않는다는 점을 증명하는 방법이 가장 일반적이다. 그래서 실제로 와인병을 내리쳐 깼을 때 어떤 일이 발생하는지를 내가 직접 눈으로 확인해 봐야 했다.

나는 빈 와인병에 간장을 탄 물을 담아 공터로 갔다. 그곳에서 와인병을 바위에 내리치는 모습을 아내에게 동영상으로 촬영해 달라고 부탁했다. 충분히 먼 거리에 떨어져 촬영하던 아내에게까지 깨진 유리병의 조각이 튀었고, 내 다리에는 유리 파편이 튀어 피가 나고 있었다. 그리고 와인병으로 내리쳤던 바위는 간장을 탄 물로 흥건히 젖어 있었다. 그런데 사건 당시 피해자의 얼굴을 찍은 사진에 와인이 쏟아진 흔적은 전혀 없었다.

또, 여러 가지 자료를 찾아보니 스위스의 한 대학교수가 맥주병으로 머리를 내리치면 머리뼈가 골절되는지에 대해 쓴 논문이 있었다.[9] 그 논문의 내용과 '와인병이 맥주병보다 단단하다는 점'을 고려해 보면, 눈 위쪽 뼈는 약해서 와인병으로 내리치면 골절된다고 보아야 한다. 하지만 피해자는 눈 위쪽 뼈에는 아무 이상이 없었고, 눈을 주먹으로 때렸을 때 발생하는 '안와내벽골절'만 진단되었다. 이러한 증거들로 피고인이 와인병으로 피해자를 내려친 것이 아니라는 점이 입증되었다. 물론 눈을 때린 것은 맞으니, 완전한 무죄는 아니었다. 그러나 피고인이 거짓말하고 있는 것은 아님을 명백히 보여줄 수 있었다.

알고 보니, 피해자도 당시 많이 취해 있었기 때문에 명확하게 기억하고 있는 것은 아니었다. 피해자는 그저 와인병을 깬 조각들이 바닥에 널브러져 있었고, 자신의 눈이 아팠기 때문에 으레 피고인이 자신을 와인병으로 때렸을 거라 짐작하여 그렇게 진술했던 것이다.

피고인은 벽을 향해 와인병을 던졌을 뿐이고, 그것으로 사람을 때린 적은 없다며 극구 부인했지만, 경찰은 '술에 취한 피해자'의 진술만으로 재판까지 넘긴 것이었다. 만약 피고인이 보호 중도 종료 청소년이 아니고, 어른인 보호자가 옆에 있었더라도 경찰이 피고인의 말을 그렇게 무시하였을까?

이제, 피고인이 초등학생에게 성기 사진을 보냈냐는 문제가 남았다. 그 사진을 발송했을 것으로 추정된 휴대전화는 피고인 명의이긴 했지

---

9 Bolliger, Stephan A., et al. "Are Full or Empty Beer Bottles Sturdier and Does Their Fracture-Threshold Suffice to Break the Human Skull?" Journal of Forensic and Legal Medicine, vol. 16, 2009, pp. 138–42.

만, 피고인이 '이모'에게 만들어 준 휴대전화가 많았기 때문에, 명의만으로 피고인이 했다고 단정 지을 수 있을지는 의문이었다.

경찰은 휴대전화의 명의와 함께, 핵심 증거로는 피고인과 함께 교회 숙소에 살았던 친구의 진술을 제시했다. 그 내용은 바로 피고인이 범인이라는 것이었다. 그런데 그 친구를 법정으로 불러 반대신문을 하면서 놀라운 사실을 확인할 수 있었다.

"증인은 수사기관에서 피고인이 성기 사진을 찍어서 보냈을 것이라고 진술하면서, 증인은 절대 아니라고도 진술했던데, 맞나요?"

"네."

"혹시 신문하던 경찰관이 증인에게 '피고인이 범인이 아니면 증인이 범인'이라고 말하면서 이런 질문을 했기 때문이었나요?"

"네, 맞아요. 피고인과 저만 그 숙소에 있었기 때문에 피고인 아니면 제가 범인이라고 했어요. 전 아니거든요."

증인에 대한 진술조서에는 경찰관이 증인에게 피고인이 성기 사진을 보냈냐고 물은 것만 적혀 있었을 뿐이었다. 수사기관이 수사기법으로 다양한 방법을 사용하기는 하지만, 모든 가능성을 열어두고 수사하는 것과 특정한 몇 가지 경우만을 두고 한정적으로 수사하는 것은 매우 다르다.

피고인에게 보호자가 있고, 수사 단계에서 변호사의 조력을 받을 수 있었더라도, 과연 이런 형식의 수사가 진행되었을지는 의문이다. 나는 모든 변론을 마치고 최후변론에서 피고인의 사정에 대해 한 번 더 호소했다.

피고인은 중학생 나이에 본인의 잘못으로 소년원에 가기는 하였으나, 그 결과로 보육원에서 중도 보호 해제되어, 겨우 15살의 나이로 거리에서 지내게 되었고, 그로 인해 중학교도 중퇴하였다가, 소년원에서 검정고시로 중학교 졸업 자격을 취득하였습니다.

　이처럼 어린 나이에 세상에 나와서 생존을 위해 할 수 있는 것들은 몇 없었습니다. 그중에서 선택한 것이 자신의 정보를 팔아 돈을 버는 것이었습니다. 성년이 되자마자 휴대전화를 개통하여 전달하였음은 물론이고, 사업자등록증까지 개설하여 주었을 정도로 무지한 용기로 그릇된 행동들을 하였습니다. 그러나 개통되어 있는 휴대전화의 연체 요금으로 인한 민사상 채무를 현재까지도 부담하고 있고, 앞으로도 책임지고 변제할 것입니다.

　피고인이 이와 같이 자신의 정보를 팔아 생존해 왔다는 사실에 대해서는 제쳐 두고, 그저 범죄에 사용된 전화번호가 피고인의 명의라는 이유만으로 피고인을 범죄자로 지목한 것은 수사 단계에서의 아쉬움으로 남습니다. 더욱이, 범죄에 전송된 사진 속 성기가 피고인의 성기가 맞는지 여부에 대한 유일한 증거의 경우에는 수사기관이 참고인을 불러, 피고인이 아니면 참고인이 범죄자라는 전제에서 수사를 진행하여 얻어진 진술증거인바, 이는 증명력 없는 증거입니다.

　공판 진행 중 검사는 휴대전화 개통 및 페이스북 개설 IP 등을 증거로 정리하여 주장을 개진하였지만, 피고인의 개인정보가 널리 퍼져 있다는 전제에서는 합리적 의심 없이 입증되었다고 보기 어렵습니다.

　사회통계학적으로 보았을 때, 피고인이 형사 법정에 다시 서게 될 확률은 높다고 보여집니다. 하지만, 소년 법정이 아닌 일반 법정에 성인으로 처음 선 피고인이 보여준 태도를 보건대, 그가 앞으로 더욱 성숙한 시민으로 살아갈 가능성이 더 높다고 하겠습니다.

　피고인은 중학생의 나이로 보육원에서 쫓겨나고, 구치소에서 처음으로 자신의 건강을 걱정해 주는 교도관을 보며, 그저 구치소에 더 오래 있고 싶다는 이야기를 저에게 하기도 하였습니다. 하지만 국가란 국민이라는 이유만으로 그를 보살피고 또 보호한다는 점을 그에게 알려주고 싶었습니다. 비록 그것이 자신을 처벌하는 지금의 자리라 할지라도 말입니다.

　그동안 본 공판에서 그저 한 사람의 국민을 처벌함에 있어서도 국가가 얼마나 치열하게 고민하고 노력하는지를 직접 경험한 만큼, 피고인은 국가의 체계에 대해 더욱 신뢰하고 살아갈 수 있으리라 생각합니다.

　결국, 피고인은 자신의 염원과는 달리 1심에서 집행유예를 받고 출소했다. 청소년행복재단에서 그가 출소한 이후의 생활을 챙겨주어 자립을 도울 것이라는 탄원서를 제출하고, 상해를 입은 피해자가 피고인의 사정을 듣고 원만하게 합의해 준 덕분이었다.

　출소 후 청소년행복재단을 통해 전해 들은 소식에 따르면, 그는 재단의 도움으로 경기도의 한 임대주택에서 지역 사회의 지원을 통해 안정적으로 생활하고 있다고 한다. 그의 경우, 그나마 재단의 도움을 받을 수 있었기에 자립 생활을 준비할 수 있었을 것이다.

아직까지 주변의 국선전담변호사들로부터 그의 이름이 다시 들리지 않는 걸 보니, 아마도 잘 지내고 있으리라. 이렇게 계속 그의 소식을 듣지 않을 수 있기를 기원하며, 그의 자립을 응원한다.

함께 생각해 볼 이야기

우리 사회에 '자립준비청소년'에 대한 문제가 부각되고 있다. 자립준비청소년에게 나오는 자립수당과 정착지원금은 실제로 세상에 홀로 정착하기에는 턱없이 부족하기 때문에, 보다 실질적인 도움을 줄 수 있어야 한다는 것이다. 우리가 그 청소년들에게 이러한 관심과 애정을 쏟을 수 있다는 것은 매우 고무적이다.

하지만 '보호 중도 종료 청소년'은 보호 종료된 그 시점부터 홀로 지내야 할 뿐만 아니라, '자립준비청소년'이 될 수도 없다. 그렇기 때문에 보호 중도 종료 청소년에게는 그 어떤 정착지원금이나 자립수당이 지급되지 않는다. 보호 중도 종료가 아닌 보호종료로 '자립준비청소년'이 되기 위해서, 보육원의 학대가 있음에도 불구하고 보호종료 시기까지 하는 수 없이 견뎌내야 했다는 이야기도 들은 적 있다.

우리 생활의 일반적인 사항들을 규정한 민법에서, 부모가 미성년 자녀에 대한 권리 등을 통칭하여 '친권(親權)'이라고 표현한다. 우리 법은 '친권'에 대해 다른 법적 권리(權利)들과는 달리 권리자가 일방적으로 권리를 포기하거나 제한적으로 사용할 수 없고, 오로지 자녀의 복리를 위해서만 제한되거나 상실시킬 수 있다. 보호자가 부재(不在)한 아동·청소년을 보호하는 것은 국가가 '친권자'로서 그들을 보호하는 것이다.

그런데 국가가 법으로 사인(私人)에 대해서는 친권을 엄격히 관리하면서도, 국가의 친권에 대해서는 언제든지 '중도 종료'할 수 있도록 하는 것은 '친권'의 특성이나 그 보호의 목적을 고려하더라도 매우 부적절하다. 그렇기 때문에 이러한 아동·청소년에 대한 '보호'는 그 아동·청소년이 성숙한 성인으로 성장할 시점까지는 어떠한 상황에서도 국가가 지속적으로 챙겨야 하지 않을까?

보호 중도 종료 청소년은 매년 약 천 명 정도 나오고 있는 실정이다. 이들을 배려하고 챙기는 것은 단지 그 아동·청소년만을 위해서가 아니라, 우리 사회 전체의 건전한 발전을 위해서도 매우 필요한 일이다.

현재와 같이 '보호 중도 종료'로 아무런 조력 없이 그들을 거리로 내모는 것은 결국 범죄의 구성원을 지속적으로 재생산하는 행위가 아닐까? 우리가 다양한 구성원에 대한 배려와 관심을 가지는 것이야말로 우리 사회를 건강하게 만들어 가는 첫걸음이 되리라 믿는다.

어느 발달장애인의 3일 천하

국선전담변호사로 일하면서 다양한 사람들을 만난다. 한 해에 대략 200여 건의 사건을 처리하고 있으니, 매년 200여 명의 사람을 만나고, 그들의 사연을 듣는 셈이다. 강남의 고급 아파트에 거주하면서도 사선 변호인 비용을 지불하고 싶지 않다는 이유로 만나게 되는 사람이 있는가 하면, 노숙 생활 중인 처지로 자신이 왜 그렇게 지내게 되었는지 기억조차 하지 못하는 사람도 있다. 그중 발달장애인으로 등록된 사람이 매해 서너 명은 된다.

결국 내가 만난 피고인 중 대략 2%는 발달장애인인 셈이다. 그런데 2022년 보건복지부가 발표한 자료에 따르면 발달장애인[10]으로 등록한 장애인의 수가 2021년 기준 25만 명이라고 한다. 우리나라 인구가 5천만 명이라고 할 때 인구의 약 0.5% 정도 된다고 볼 수 있다. 이런 통계자료를 들여다보면, 나에게 오는 피고인 중 발달장애인의 비율이 통

---

10 발달장애인법에 따르면, 지적장애와 자폐성장애 등을 포괄하여 '발달장애'라고 한다.

상의 사회에 견주어 4배 정도 많다는 걸 알 수 있다. 이를 통해, 발달장애인에 대한 수사 과정에 주목하게 되었다.

발달장애인 수감자와의 첫 만남

그는 1998년생으로, 20대 초반의 청년이었다. 이미 절도로 소년보호처분을 받은 것이 너무 많았다. 나와 대면한 당시에는 다른 절도사건으로 징역 1년의 실형을 선고받아, 구치소에 수감 중이었다. 나에게 온 사건 역시 절도였다. 의정부에서 주운 체크카드로 바나나우유 등을 구매하였다는 혐의였다.

구치소 변호인 접견실에서 그를 처음 마주했을 때, 나는 그 청년이 또래의 여느 평범한 이들과 다름없다는 인상을 받았다. 단지 오랜 노숙 생활로 인해 얼굴이 좀 검어졌겠거니 싶었다.

그런데 약 30분가량 그와 면담을 진행해 보니, 노숙을 하게 된 경위와 체크카드를 습득하였을 때의 사정을 말하는 것이 이상했다. 뭔가 말이 어눌하고 앞뒤가 맞지 않았다. 혹시 그가 발달장애인은 아닌가 하는 생각이 들었다.

군대를 다녀왔냐고 물었다. 병역대상자들의 경우, 병역신체검사의 경험을 잘 잊지 못한다. 하지만 그는 신체검사에 대해 왔다 갔다 어지럽게 말하고, 객관적 사실과도 달랐다. 결국 그가 군대를 다녀왔다는 것인지 아닌지조차 확인할 수 없었다. 나는 그의 장애를 의심하며, 첫 접견을 마쳤다.

사무실로 돌아와 사건기록을 뒤져보았다. 청년이 소년원에서 나와 잠시 지냈던 기숙사에 대한 정보를 확인할 수 있었다. 그 기숙사에 연락하여 그를 기억하는지 물었다. 다행히 기숙사 사감은 그를 기억하고 있었다. 기숙사에 입소할 당시 작성한 자료에 지적장애 3급 장애인 등록증이 첨부되어 있었다. 그의 주민등록주소 관할 주민센터에 연락하여 그가 복지 대상에 해당하는지도 물었다. 담당자는 그가 지적장애 3급으로 지능지수가 70 이하에 해당하는 발달장애인이라고 말해 주었다. 역시 나의 예상이 맞았다.

그런데, 그의 지적장애는 왜 이번 수사 과정에서 확인되지 않았던 걸까? 이유를 알아보다, 과거 사건의 기록을 살펴보았다. 2017년, 그는 고향인 순천의 법원에서 절도사건으로 재판을 받았다. 그 과정에서 판사가 그의 양형조사를 위해 보호관찰관에게 '판결전조사'[11]를 요청했던 것을 확인했다. 순천의 보호관찰소에 그 '판결전조사서'도 법원의 문서송부요구를 통해 받아 살펴보았다. 그리고 나는 그가 어떻게 하다 순천에서 서울을 거쳐 의정부까지 떠돌며 노숙까지 하게 된 것인지 알 수 있었다.

....

11 보호관찰법에 따라, 법원은 보호관찰관에게 피고인의 양형에 필요한 사정들을 조사하여 보고하게 할 수 있다. 이를 '판결전조사'라고 하고, 검사가 어떤 처분을 하기에 앞서 보호관찰관에게 요구하는 것을 '결정전조사'라고 한다. 법원은 이렇게 보호관찰관을 통해 피고인에 대해 조사하는 것 외에도, 자체 양형조사관을 통해 조사하기도 한다.

소년원을 나오던 날, 그는 가족에게 버림받았다

　피고인은 발달장애로 초등학교 때부터 고등학교 때까지 줄곧 특수학급에 다녔다. 동급생들에게는 발달장애인이라고 놀림을 당하고, 괴롭힘도 당했다. 그러던 어느 날 절도를 하기 시작했다. 주변 사람에게 잘 보이려고 거짓말을 하는 성향도 보였다. 부모 형제와 외삼촌은 그의 발달장애와 절도 전과들로 인해 더 이상 그를 보호하지 못하겠다고 포기했다. 가족은 '판결전조사'를 위해 연락한 보호관찰관에게 "앞으로 피고인에 관한 문제로 연락하지 말라"라고 역정을 내기도 했다고 한다.

　결국 그는 발달장애로 인해 숱한 따돌림을 당하였고, 가족들에게조차 버림받았다. 이후 전북의 어느 소년원에서 나오면서 오갈 곳 없는 청소년들을 위한 기숙사에서 생활했다. 그때부턴 가족들과 연락이 닿지 않았다.

　기숙사에 살고 있을 때, 그와 함께 지내던 사람들이 그곳에서 같이 나가자고 했다. 기숙사 사감은 주민등록주소지도 기숙사로 옮기고, 수급자 등록 등을 하자며 그를 붙잡았다. 하지만 그는 같이 나가자던 사람들의 말에 따라 결국 기숙사에서 나갔다. 그렇게 서울에 왔다.

　같이 나온 사람들과 지내면서 그는 자기 이름으로 여러 물건들을 렌탈했다. 그 물건들은 그가 직접 사용해 보지도 못한 채 어딘가로 사라져 버렸다고 한다. 그는 렌탈비를 내지 못했고, 물건도 가지고 있지 않았으니, 머지않아 신용불량자가 될 처지였다. 횡령죄로 형사 처벌까지 받을 수도 있는 상황이었다. 결국 더 이상 물건을 렌탈할 수 없을 지경에 이르자, 그는 다시 혼자 지내게 되었다.

　그렇게 홀로 지내다, 2021년 6월에 의정부에서 체크카드를 주워 죄를 지었다. 같은 해 7월에 서울에서 절도를 범했다. 7월의 서울 사건은 여러 지역에서 발생한 것이라서 수사 중 바로 구속되었다. 그렇게 먼저 시작된 재판으로, 2021년 10월, 징역 1년의 실형을 선고받았다. 6월의 의정부 사건은 10월에서야 수사가 진행되었다. 그렇게 이 사건은 나에게 왔다.

그와의 두 번째 접견에서, 나는 물었다.

"왜 구치소에서나 경찰 수사관에게 발달장애인이라고 말하지 않았어요?"

그는 횡설수설 여러 이야기를 했지만, 결국은 무섭다는 취지였다. 그리고 묻지 않아서 답하지 않았다고 했다. 나는 이어서 강조했다.

"그래도 발달장애인인 사실을 분명히 밝히고 그에 따른 처우를 받는 게 좋겠어요."

내 말을 듣고는 알겠다면서도 시무룩해졌다.

구치소 교도관들이 그가 발달장애인이라는 것을 알고 있는지 물었다. 역시나 구치소에서도 모르고 있었다. 그의 발달장애인 등록 사실에 관한 서류를 구치소 의무과에 보냈다. 그리고 그의 수형 기록에도 그가 발달장애라는 사실을 남겨달라 했다.

수사기관의 무지, 그로 인해 묵살된 그의 권리

다시 기록을 살피면서, 그의 장애 사실이 그간 왜 전혀 나타나지 않았는지 의문이 들었다. 그래서 이미 판결이 선고된 서울에서의 절도사건에 대한 기록을 살펴보았다. 그는 자신의 장애 사실을 말하지 않은 것이 아니었다. 말했지만 묵살된 것이었다.

당시 경찰이 그를 수사하면서 작성한 피의자신문조서를 읽어보았다.

"군대 다녀왔나요?"

"정신지체장애 3급이고 허리 디스크가 있어서 군 면제입니다."

"정신지체 3급이라는 것을 증빙할 서류가 있나요?"

"장애인증은 아버지한테 있을 겁니다."

"아버지와는 19살 이후 전혀 연락되지 않는다고 하지 않았나요?"

"네, 맞습니다."

"정신지체 3급이면 일반인과 비교했을 때 어느 정도 차이가 있는가요?"

"거의 차이가 없고, 일반인들이 생각하는 거나 생활하는 것과 똑같이 합니다."

경찰은 그가 발달장애인이라는 것을 완전히 무시했다.

지적장애인은 대부분 어린 시절부터 장애를 이유로 주위 사람들에게 괴롭힘을 당하기 일쑤다. 그 역시 그런 아픔을 많이 겪었기에, 수사 과정에서 자신이 "일반인과 똑같다"라고 진술한 것이다. 그렇게 진행된 사건의 기록 어디에서도 수사기관이 발달장애인법을 지키려 한 모습[12]은 전혀 찾아볼 수 없었다.

그런데 이 청년의 담당 경찰관이 작성한 피의자신문조서를 보면, 발

---

12 발달장애인법은 발달장애인이 피의자이든 피해자이든 수사의 대상이 되면 신뢰관계인이 수사에 동석할 수 있도록 보장하고 있다(발달장애인법 제12조). 또한 이러한 권

달장애인에 대해 전혀 모르는 것 같았다. 비단 이 경찰관만의 문제가 아니었다. 내가 국선변호를 하고 있던 중, 그의 명의가 다른 범죄에 사용된 흔적이 있어, 다른 경찰관의 수사를 받았던 적이 있다. 새롭게 그를 수사한 경찰서에 연락하여, 그는 발달장애인이니 발달장애인법을 준수해 달라고 요청했다. 그 요청에 대해 경찰은 의아해하였다.

"제가 그분을 두 번 조사했는데, 발달장애인인 거 말 안 하던데요."

"하… 수사관님, 자기가 발달장애인인 거를 말하면 발달장애인이 아니죠. 거기 전담수사관은 없어요?"

나는 도저히 이대로 둘 수 없다고 판단했다. 결국 그가 경찰에서 수사를 받는 동안 발달장애인이라고 밝혔음에도, 장애인차별금지법에 따른 권리 고지와 발달장애인법에 따른 조력을 제공하지 않은 것에 대해 인권침해라는 취지로 국가인권위원회에 진정을 제기했다. 그리고 그 진정에 따라 국가인권위원회는 경찰청장에게 정책권고[13]를 하였다. 그 내용은 모든 진술조서에서 대상자에게 "발달장애인법에서 규정하는 '발달장애인'에 해당하는지"를 묻도록 하는 것이었다. 국가인권위원회 권고 결정 직후, 국정감사에서도 이 문제가 제기되었다. 최기상 의원이 서울경찰청장에게 해당 국가인권위원회 결정을 준수해야 한다고

리의 실질적인 보장을 위해 장애인차별금지법은 발달장애인에게 신뢰관계인의 동석을 요구할 수 있음을 고지하도록 규정하고 있다(장애인차별금지법 제26조). 특히, 동석해 줄 신뢰관계인이 없는 경우에는 발달장애인지원센터 직원이 지원해 줄 수도 있다. 그리고 발달장애에 대한 전문 지식을 가진 '전담검사'나 '전담수사관'이 발달장애인을 수사하도록 규정되어 있다(발달장애인법 제13조).
13 국가인권위원회 2022. 9. 5.자 22진정0224200 등 결정

강조한 것이다.

이러한 여러 사람의 노력으로 국가인권위원회의 결정이 적극 수용되었다. 혹시나 경찰서에 피해자로 조사받으러 가게 되었을 때, 경찰이 당신에게 발달장애인이냐고 묻는다고 해서, 역정을 내지 말자. 그 의무화된 질문이 우리 국민 중 0.5%에게는 꼭 필요한 질문이기 때문이다.

발달장애인에게 새벽 5시 출소란?
마침내 찾은 도움의 손길,
하지만 3일 천하로 끝나버린 그의 외출

다시 재판으로 돌아와 보자. 나는 그가 노숙하던 발달장애인이라는 점을 법원에 강조하였다. 그 결과, 형량은 많이 낮아졌다. 하지만 형량이 낮아졌다고 그의 문제가 해결되는 것은 아니었다. 그는 구치소에서 나오더라도, 다시 노숙 생활로 돌아갈 것이 뻔했다. 그러면 다시 구속될 가능성이 높다. 그래서 그가 제대로 생활할 수 있을 방안이 무엇일지 고민했다.

그 결과로 찾은 곳이 발달장애인지원센터였다. 발달장애인법에 따라 지역별 발달장애인지원센터가 설립되어 운영되고 있다. 그곳에서는 발달장애인에 대한 일상적인 복지지원을 담당하는 것 외에도, 경찰의 수사를 받아야 하지만 주변에서 도와줄 사람이 없을 때 지원하는 역할도 하고 있다. 그래서 발달장애인법은 발달장애인의 보호자 외에도 발달장애인지원센터의 직원이 신뢰관계인으로 수사 과정에 동참할 수 있도록 그 자격을 부여하고 있는 것이다. 그래서 통상적으로 보호자 없는 발달장애인을 수사하게 되는 경찰관은, 관할 지역의 발달장애인지원센터에 연락하여 신뢰관계인 지원을 요청한다. 그에 따라 출석한 발달장애인지원센터의 직원이 그 발달장애인을 지원한다.

이 피고인에 대해서도 발달장애인지원센터의 도움을 요청해 보기로 했다. 무작정 전화했는데도, 발달장애인지원센터(이하 '센터')는 친절하게 자신들이 할 수 있는 역할에 대해 안내해 주었다. 다행히 그를 지원하는 일에도 나서주었다. 센터에서 별도로 그와 연락하며, 출소 후에 임시보호소에서 거주하며 주민등록을 이전하는 것을 지원하기로 했다. 그리고 장애수당을 비롯한 기초생활수급을 신청하는 것도 돕기로 계획했다. 임시보호소에서 나올 때는 주거급여를 통해 생활 기반을 조성하고, 후견인 지정 등으로 안정적인 생활을 찾을 수 있게 할 예정이었다. 그렇게 모든 지원사업이 준비되었고, 그의 출소만을 남겨뒀다.

문제는, 구치소에서 출소일의 새벽 5시에 내보낸다는 것이다. 나와 센터 직원 누구도 새벽 5시까지 구치소에 갈 수 있는 방법이 없었다. 비장애인이라면야 5시에 출소한 후에 어느 장소에서 언제 만나자고 정하면 된다. 하지만 발달장애인인 그와 그렇게 약속하고 만나기는 어렵다. 특히 그는 휴대전화도 없었다. 그래서 그와 협의한 후, 구치소에 그를 새벽 5시가 아닌, 아침 식사를 하고 난 다음 7시에 출소할 수 있도록 해줄 것을 요청했다. 센터 직원이 7시까지 구치소로 가서 피고인을 만날 것이기 때문이었다.

그런데 7시에 도착한 센터 직원은 그를 만날 수 없었다. 이미 5시에 다른 출소자들과 함께 나가버렸다는 것이다. 어떻게 된 일이냐고 구치소에 따져 보았지만, 그의 장애에 대한 이해가 없는 구치소에서는 오히려 그를 2시간 더 붙잡고 있는 것이 법 위반이라며 따졌다고 한다.

나와 센터 직원은 그의 연락을 기다렸지만, 헛수고였다. 제발 그가 이번에는 잘 지내기를 기도할 뿐이었다. 그로부터 3일 뒤, 뜻하지 않은 소식을 접하게 됐다. 그가 서울의 어떤 경찰서 유치장에 있다는 것이었다. 다행히 그는 센터 직원의 연락처를 기억하고 있었고, 내가 경찰에게 자신이 발달장애인이라는 것을 꼭 말해야 한다고 일러준 것을 기억하고 있었다.

유치장에서 그는 경찰에게 발달장애인이라고 말하며 그가 기억하고 있던 센터 직원에게 연락해 달라고 했던 것이다. 그가 출소한 것이 금요일 새벽이었고, 그가 다시 경찰에 잡힌 것은 일요일이었다. 다음날 그는 유치장에서, 그가 출소했던 그 구치소로 다시 들어갔다. 나와 센터 직원은 이 기간을 그의 '3일 천하'라 말하며 마음 아파했다.

그의 3일 천하는 이랬다. 출소하는 날, 같이 출소하는 2명이 있었고, 나가야 하나 말아야 하나 고민하고 있던 그를 붙잡는 사람은 없었다. 그러니 그는 자신이 7시에 나가야 한다고 강하게 말하기보다는 나가라는 말에 그냥 따랐던 것 같다. 그렇게 새벽 5시에 구치소에서 나왔지만, 그는 영치금 한 푼 없는 무일푼이었다. 오갈 데 없이 우두커니 서 있던 그에게 같이 출소한 사람들이 서울까지는 같이 가자고 했다. 그렇게 서울에 도착했지만, 출소 동료들과 헤어지고 난 이후부터는 다시 노숙자 신세였다.

그렇게 그는 거리를 헤맸다. 하루가 지났고, 다음 날 배가 고팠던 그는 무인 매장에서 들어가서 아이스크림을 빼 들었다고 한다. 바로 절도 신고가 들어갔고, 그렇게 절도미수 현행범으로 경찰에 체포된 것이다.

그러곤 다음 날 유치장에서 발달장애인지원센터 직원에게 연락했다. 이번 절도미수에 대해서는 그가 노숙 생활하는 발달장애인이라는 점이 감안되어 벌금형이 선고되었다고 들었다.

피고인의 지능지수는 70 이하로 예전 등급제 기준 3급 지적장애이며, 통상 사회적 지능이 초등학생으로 평가된다. 이러한 장애 특성을 확인하고 필요한 조치를 지원하고자, 장애인복지법에서 장애인 등록 제도를 운영하고 있는 것이다. 그런데 심한 지적장애로 등록된 피고인에 대해 국가기관인 구치소가 그 장애에 필요한 조치를 취한 것인지 의문이다.

그 이후로 다시 그의 이름을 듣게 되는 일은 없었다. 아마도 어딘가에서 잘 지내고 있거나, 아니면 서울을 떠났는지도 모르겠다.

이 일로 나는 그 센터 직원과 돈독해졌다. 내가 담당한 피고인 중에 발달장애인으로 등록되었지만 복지의 사각지대에 있거나 혹시 발달장애인은 아닐지 의심스러운 사람이 있을 때면, 그 직원에게 연락하여 도움을 청한다. 실제로 작년에는 가족들과 헤어져 홀로 고시원에서 생활하다, 폭행으로 기소된 어느 발달장애인인 피고인을 발달장애인지원센터에 연계하기도 했다.

혹자는 경찰이 그를 수사하는 과정에서 누명을 씌운 것도 아닌데, 발달장애인이라는 점을 누락한 것이 왜 문제가 되냐고 물을지도 모르겠다. 하지만 경찰이 무시한 그의 발달장애는 재판 과정에서 누구도 알 수 없었다. 그의 장애는 형법 제10조 제2항에 따라 감경할 사정으로 판사가 반드시 확인해야 할 사유임에도, 확인하지 못하게 된 것이다. 그렇게 부족한 자료에 기초하여 판결이 선고되게 한 것이니, 그 자체로

문제다.[14]

결국, 경찰 수사 과정에서 그가 발달장애인이라는 점이 규명되지 않았다. 부족한 근거로 그에게 징역 1년형을 선고했던 판결문의 양형 이유는, 나의 가슴을 아리게 했다. 발달장애인이라는 결정적 양형 사유가 적용되지 못한 채 말이다.

"피고인이 정당한 근로를 통하여 필요한 소득을 얻을 노력을 별로 하지 않고 절도 범행을 반복적으로 저질렀는 바, 범행의 죄질이 불량하다. 또한 피고인은 이미 절도죄 등으로 벌금형과 징역형의 집행유예 판결을 세 차례 선고받아 선처받았음에도 자숙하지 아니하고 이 사건 각 범죄를 저질렀다."

"정당한 근로를 통하여 필요한 소득을 얻을 노력을 별로 하지 않고"라는 말이 발달장애를 가진 그에게 통용될 수 있을까? 가족들도 연락을 끊어버린 그에게 법이 정한 복지를 한 번도 제공하지 않은 국가가, 그에게 요구할 수 있는 태도일까?

판결문의 문구는 비수가 되어 나의 가슴에 박히는 듯했다. 나는 글자가 가슴을 찌른다는 것을 그날 처음으로 경험했다.

....

14   수사기관으로 대변되는 검사는 공익의 대표자이기 때문에 피고인에게 유리한 자료도 법원에 제출해야 할 의무가 있다. 그렇기 때문에, 종종 피고인이 피해자와 합의하였다는 것을 변호인이 아닌 검사가 제출하기도 한다.

함께 생각해 볼 이야기

보건복지부에서 발표한 2021년 발달장애인 실태 조사 자료에 따르면 발달장애인의 '도전적 행동'은 '자신의 신체를 해치는 행동'과 '물건을 파괴하거나 빼앗는 행동' 등 6가지 유형으로 파악할 수 있다고 한다. 그 비율을 보면, 피고인과 같은 지적장애인 발달장애인 중에는 '물건을 파괴하거나 빼앗는 행동'을 하는 사람이 주 1회로 가끔 하는 경우는 10%, 주 1회 이상으로 자주 하는 경우는 9% 정도인 것으로 보고되고 있다. 총 19% 정도가 '물건을 파괴하거나 빼앗는 행동'을 도전적 행동으로 보인다는 것이다. 거기에 피고인처럼 노숙 생활로 배를 곯는 상황이라면, 그 행동의 빈도는 더 높아질 수밖에 없다. 이를 비장애인의 절도와 같은 기준으로 평가하여 형사 처벌하는 것이 과연 옳을까?

물론 그렇다고 해서 발달장애인의 절도 행위를 무작정 용인해 줘야 한다는 것은 결코 아니다. 최소한 그 장애에 대한 이해와 인식을 가져야 한다는 것이고, 그를 토대로 적절하게 처벌해야 마땅할 것이며, 더 나아가 재범 방지를 위한 방안을 모색해 나가야 한다는 것이다. 그저 처벌하고 격리하는 것이 능사는 아니다.

우리 형법은 만14세 미만에 대해 형사 미성년자라고 하여, 미성숙한 아동에게 형사책임을 묻지 않는다(형법 제9조). 그런데 사회적 지능이 14세에 이르지 않는 지적장애인 발달장애인은 어떻게 살펴야 할까? 물론 형법 제10조는 심신장애에 대해 처벌하지 않거나 감경하도록 하고 있긴 하지만, 발달장애인이 형법상 심신장애에 해당하는지의 여부는 명확하지 않다.

발달장애인법은 수사조력권을 규정한 여느 법들과는 달리, 피해자뿐만 아니라 피의자, 즉 범죄를 일으킨 가해자에 대해서도 수사조력을 제공해야 한다고 규정하고 있다. 이는 단순히 범죄자를 위한 쓸데없는 노력이 아니다. 과거 수원역 노숙 소녀 살인사건의 재심에서 드러났듯이 발달장애인을 수사하는 과정에서 '조속한 수사종결'의 유혹에 끌려 발달장애인을 진범으로 오인할 수도 있기 때문이다. 누군가가 진범으로 오인되는 순간, 진범은 영원히 잡히지 않기 때문에, 그 개인이 아니라 우리를 위해 발달장애인인 가해자에게도 법정 수사조력을 제공하라는 것은 아닐까?

국선전담변호사에게 흘러온
전세 사기의 전모

연쇄적인 범죄의 고리

나는 국선전담변호사로 일하며 세간의 관심을 받은 사건을 몇 번 정도 맡았었다. 그중 하나가 소칭 '강남청부살인사건'이고, 다른 하나가 '전세사기사건'이다. 전세사기 사건의 국선변호인으로 선정되었던 날은 전세사기 피해자가 스스로 목숨을 끊었다는 뉴스가 잇따라 나오던 시기였다. 나도 전셋집에 살고 있는 사람으로서 남의 일 같지 않다고 느끼던 차, 사무실에 출근해 보니 전세사기 사건 피고인 3명의 국선변호인으로 내가 선정되었다는 국선변호인 선정결정문이 와 있었다.

내가 맡게 된 전세사기 사건은, 전형적인 "신탁형 전세사기"였다. 피고인들의 범행 수법은 이랬다.

건설업자 A씨가 건물을 건축하고 분양 광고를 낸다. 그중 분양되지 않은 호실의 경우, 미리 확보해 둔 명의대여자 B, C, D가 미분양된 호실을 마치 분양받은 것처럼 거짓으로 꾸며 자신들의 명의로 해당 호실의 소유권을 이전한다. 그 뒤 B, C, D는 신탁회사를 통해 각 호실에 대한 담보대출을 받는다. 이를 소위 '신탁대출'이라고 한다.

신탁대출은 일반 담보대출보다 더 많은 금액을 대출해 주지만, 담보

부동산의 소유권 명의가 신탁회사로 이전되는 것이 특징이다. 이렇게 담보대출로 인해 신탁회사가 소유자로 등기되는 것을 '신탁등기'라고 한다.

신탁대출을 통해 소유권이 이전된 해당 호실은, B, C, D가 임대할 수 없다. 오로지 현재 소유자인 신탁회사만이 임대할 수 있다. 임차인이 B, C, D와 임대차계약서를 작성하더라도, 신탁회사의 동의가 전제되어야 하는 것이다.

우리가 '신탁사기'를 당하지 않으려면, 임대차계약 직전에 부동산등기부를 발급하여 소유관계를 확인해야 한다. 이때 '신탁등기'는 특이한 등기인 만큼 '신탁원부'도 살펴볼 필요가 있다. '신탁원부'는 신탁계약의 내용이다. 권리관계뿐만 아니라 그 부동산에 대해 임대차계약을 하는 경우 등에 대한 조건이 적혀 있다.

'신탁등기'된 부동산에 대한 임대차계약은 가급적 안 하는 것이 좋겠지만, 어쩔 수 없이 임대차계약을 하더라도 '신탁원부'의 내용에 근거하여 임대차계약을 체결해야 한다. 공인중개사를 통한 계약이라 할지라도 마찬가지다. 공인중개사에게 직접 해당 부동산에 대해 자세히 물어야 하고, 보증금 반환에 관하여 공증이나 약속어음과 같은 다른 수단을 제시한다면 더욱 신중할 필요가 있다.

그런데 이러한 '신탁등기'가 무엇인지도 잘 모르는 사회초년생들에게, 이를 제대로 설명해 주지도 않은 채, B, C, D를 임대인으로 설정한 임대차계약을 체결하는 것이다. 이 과정에는 여러 부동산공인중개사 사무실이 껴 있다.

부동산 사무실에서는 어떻게든 임차인을 구워삶아 임대차계약을 체결하게 하는 역할을 분담한다. 그리고 그 임차인이 집에서 나갈 즈음에 다른 임차인이 구해지면 보증금을 돌려주지만, 다른 임차인이 구해지지 않으면 모르쇠로 일관하는 수법이다.

이 경우 임차인은 당시 계약한 임대인인 명의대여자 B, C, D를 상대로 소송을 제기한다. 그런데 명의대여자는 별다른 재산이나 소득이 없는 사람이기 때문에, 결국 임차인은 보증금을 돌려받지 못하게 된다.

더욱이 그 임대차계약은 신탁등기에 의해 소유권을 양도받은 신탁회사와 한 것이 아니기 때문에, 부동산에 대한 강제집행도 할 수 없다. 오히려 신탁회사는 임차인이 불법점유를 했다는 이유로 임차인에게 손해배상을 청구할 수 있다.

이 사건을 담당하면서 가장 마음이 아팠던 것은 피해자들 모두 임대차계약서에 확정일자를 받아둔 것이었다. '신탁사기'에서는 그 임대차계약 자체가 유효하지 않으니, 확정일자를 받아도 보증금을 보장받을 수 없다. 이를 잘 모르는 피해자들은, 보증금을 꼭 지키고자 하는 마음으로 확정일자까지 받아둔 것이다. 하지만 결국 전세 사기로 피해를 입게 됐고, 그 마음을 헤아려 보니 가슴이 먹먹해졌다.

피해자인 임차인들은 무일푼인 B, C, D만을 상대로 민사소송을 제기할 수밖에 없는데, 재판에서 승소하더라도 그들로부터 받을 수 있는 돈은 없다. 집에 대한 권리도 주장할 수 없다. 하지만 건설업자 A씨는 '신탁대출'로 받은 대출금과 임차인들로부터 받은 보증금을 모두 챙겼고, 부동산 중개인들 역시 넉넉한 보수를 이미 지급받았다.

주로 건설업자나 부동산 중개인은 유명 로펌의 변호사를 변호인으로 선임한다. 하지만 본래 돈이 없어서 자신의 명의를 대여하며 건당 몇십만 원 정도의 수수료나 받았던 명의대여자 B, C, D나 국선변호인에게 오는 것이다.

전세사기의 명의대여자들에게 국선변호인이 필요했던 이유

이렇게 온 사건의 피고인들은 당연히 모두 자백한다. 자신은 단지 돈 몇십만 원에 명의를 넘겼을 뿐이고, 나중에는 건설업자 A씨의 감언이설에 속아 명의를 빼지 못했던 것이라고 했다. 자신도 건설업자에게 속았다며 그저 답답해할 뿐이었다.

재판이 진행되는 과정에서, 건설업자 A씨는 명의대여자인 B, C, D와 동업 관계였다고 변명하는 것이 일반적이다. 즉, 건설업자 A씨는 돈을 투자하고 명의대여자 B, C, D는 자신의 명의를 제공하는 방식으로 대등하게 동업하였다는 것이다. 월세나 보증금도 B, C, D의 계좌로 받았다면서 말이다.

그런데 갑자기 B, C, D가 보증금을 반환하지 못하는 일이 생겨 우발채무가 발생하였고, 그로 인해 모든 돈줄이 막혀 임차인에게 보증금을 주지 못했을 뿐이라고 변론한다.

이 말은 명의를 빌려준 B, C, D가 돈 관리를 잘못하는 바람에 동업자인 건설업자 A씨가 돈을 융통할 수 없었다는 것이다. A씨는 계약 당시의 기망행위가 없었고, 단지 임대차계약 이후 우연한 사정으로 인해 보증금을 돌려주지 못한 것이기 때문에, 자신은 무죄라는 주장이다.

멍하니 들어보면 건설업자 A씨의 말이 법리적으로는 왠지 맞는 것처럼 들린다. 하지만 증거 기록들을 살펴보니, 명의대여자들은 자기 명의의 계좌도 모두 건설업자에게 준 것이 확인되었다. 실제로는 건설업자가 그 계좌들을 관리한 것이다.

명의대여자들은 부동산 관련 통지서를 받는 경우, 그것을 바로 건설업자에게 전달했고, 알아서 처리해 달라고 요청해 왔다.

그러니 건설업자 A씨의 무죄 주장을 뜯어보면, 자신의 죄를 명의대여자들에게 전가하는 것뿐이다. 나는 명의대여자들의 변호인으로서, 건설업자의 죄책이 명의대여자들에게 전가되는 것을 방어하고자 했다. 동시에 이는 건설업자가 자기 죄를 감면하는 것을 방지하는 것이기도 하다.

실제로 법정에서, 건설업자 측은 명의대여자들의 우발채무 발생으로 인해 문제가 되었다고 주장했다. 나는 그 우발채무가 건설업자의 또 다른 전세사기에 대한 채무이며, 명의대여자들과는 무관한 것임을 밝혀냈다.

이로써 명의대여자들에게 책임이 가중되는 것과, 건설업자의 책임이 감해지는 것을 모두 방어한 셈이다.

만약 명의대여자들에 대해 '전세사기 피해자를 등쳐 먹고 사는 범죄자'라고 단정 짓고, 국선변호인의 법률 조력조차 제공해 주지 않았다면, 건설업자 A씨의 주장이 제대로 방어될 수 있었을까? 명의대여자 B, C, D의 형량을 낮추기 위한 변호가 결국 건설업자 A씨에 대한 실체적 진실을 밝히는 데 도움이 되었던 것이다.

증거기록 복사비 66만 원

이 전세사기 사건은 다른 의미로도 나에게 충격을 준 사건이었다. 전세사기 사건의 증거기록은 A4용지 5박스에 달하는 분량이었고, 총 13,183쪽이었다. 앞서 말한 것처럼 건설업자의 주장을 정면 반박해야 했기 때문에, 나는 전체 기록을 빠짐없이 검토해야 했다.

검찰은 '스마트 증거기록'이라는 이름으로 스캔하여 기록을 관리하기에, 나도 스캔파일을 복사할 수 있을 줄 알고 다행이라 생각했다. 하지만 검찰에 이를 요청하자, 종이기록으로 줘야 한다며 모두 직접 출력해 주었다. 복사 한 장당 50원의 수수료가 청구됐다.

국선전담은 평소에 검찰 증거기록을 복사할 일이 워낙 많다 보니, 검찰청 복사실 한쪽에 국선전담변호사들이 리스한 복사기를 두고 사용한다. 이 복사기에 법원에서 제공받아 사용하는 복사 용지를 넣어 복사하면, 한 장에 50원보다 적은 비용으로 복사할 수 있다. 이런 방식으로 복사 비용을 절감하는 것이다.

그런데 이 사건은 검찰에서 출력해 주는 바람에, 증거기록 열람·복사 신청 수수료 500원과 열람 수수료 500원을 포함해 총 660,150원을 검찰청에 지급했다.

이렇게 받아온 증거기록이 워낙 방대하여 법정에 다 들고 다닐 수도 없는 노릇이라, 다시 스캔하는 작업을 해야 했다. 스캔을 맡길 업체를 알아보니 장당 30원을 달라고 했다. 나는 어쩔 수 없이 일요일 오전에 출근하여 사무실에 있던 복합기에, 13,183쪽 중 단순 계좌거래 내역을 제외한 11,411장을 일일이 스캔했다. 그렇게 반나절을 보냈고, 부분부분 스캔한 파일을 합치고 스캔한 파일을 검색할 수 있도록 정리하는

데 다시 이틀이 소요됐다.

국선전담변호사는 한 달에 몇 건의 사건을 맡든, 그와는 관계없이 고정적인 월 수당을 법원으로부터 정액 지급받는다. 피고인 접견을 여러 차례 가거나, 증거기록 복사비가 특별히 많이 드는 경우에도 일반 국선변호인처럼 보수 증액을 신청할 수는 없다.

매월 국선전담변호사에게 사무보조비용으로 60만 원이 지원되는데, 그달은 전세사기 사건 하나의 기록 복사를 하는 데 모두 소진해 버렸다. 그래도 명의대여자들을 돕는 것에서 그치지 않고, 건설업자의 행태를 막는 데도 보탬이 되었으니, 거기에서 위안을 얻어본다.

한 전세사기 사건의 명의대여자는
또 다른 대출사기의 피고인이 되었다.

전세사기에서 명의를 내여해 준 사람이 대출사기의 피고인으로 왔던 적이 있다. 피고인 E씨는 자신이 운영하던 사업이 망하면서 노숙 생활을 하게 됐다. 그러다 겨우 마련한 고시원 방의 월세가 밀리면서 걱정하고 있던 차에, 돈 한 푼 안 들이고 집주인만 되어주면 50만 원을 주겠다는 부동산중개사무소 브로커의 연락을 받았다.

즉, 일반적으로 매수인이 부담하는 취득세나 등기이전비용 일체를 매도인이 부담하는 조건하에 집의 명의만 피고인 앞으로 옮겨두는 대가로, 한 채당 50만 원씩 지급하겠다는 것이었다. 세입자 관리도 그 브로커가 알아서 할 테니, 다른 문제는 일체 신경 쓰지 않아도 된다고 했다.

피고인은 그렇게 4채의 명의를 이전받고 총 200만 원을 받았다. 그 덕분에 한동안 고시원 월세 걱정 없이 살 수 있었다.

통상적인 거래로 매매가 이루어진다면 이를 범죄로 볼 수야 없겠지만, 이 사건은 다르다. 브로커를 통해, 사실상 무일푼인 사람 앞으로 집의 명의만 옮겨 소위 깡통전세에 대한 보증금 반환채무에서 벗어나는 것은, 부동산실명법위반일 뿐만 아니라 사기나 강제집행면탈로도 볼 여지가 있다.

2023년 12월 4일 MBC 뉴스에 보도된 바에 따르면, 깡통전세 집의 명의를 이렇게 옮겨주는 대가로 브로커가 받는 수수료는 보통 150만 원에서 400만 원 정도라고 한다. 그렇게 지급받은 금액 중 일부만 명의대여자에게 떼어 주는 형태다. 피고인 E씨의 경우, 50만 원을 받았다.

이런 유형의 전세사기는 (앞서 살펴본 '신탁사기'와 달리) 임대차계약 체결 당시에는 사기 칠 의도가 없었을 수도 있다. 하지만 '보증금을 반환하지 않으려고 법을 악용한다'는 점에서는 결국 동일하다.

임대차계약이 있는 상태에서 주택을 매매하면, 새로운 집주인에게 임대보증금 채무가 같이 넘어간다. 이는 집주인이 바뀌더라도 임차인이 안정적으로 보증금을 반환받을 수 있도록 만들어진 '대항력'이란 제도에 의한 것이다.

'대항력'이라는 제도를 통해 임대인은 비교적 자유롭게 매매할 수 있고, 임차인은 임대인이 누구로 바뀌든지 간에 최종 집주인에게 보증금을 돌려받으면 된다. 만약 보증금을 반환받지 못하는 경우, 당장 그 집에 대한 강제집행을 할 수 있으니 임차인에게도 그리 불리하진 않다.

하지만 그 집의 매매 시세가 보증금보다 낮아지면 문제가 된다. 그 집을 강제집행으로 경매에 넘긴다고 해도 여전히 변제받지 못한 잔여분이 발생하고, 그 잔여분은 집주인의 다른 재산에 대해 강제집행을 고려해야 하기 때문이다.

그런데 여기서 집주인이 사실상 무자력이라면, 임차인은 결국 그 잔여분의 보증금을 반환받지 못하게 된다. 이전 집주인의 경우, 보증금에 대한 채무를 모두 새로운 집주인에게 넘겼기 때문에 그의 재산은 모두 안전하다. 정상 매매가 아니라면, 바로 이런 점을 악용할 수 있는 것이다.

임차인이 임대차 계약한 거주 기간에 갑작스레 집주인이 변경되었고, 혹시 보증금을 반환받지 못하는 상황이 발생할까 봐 우려된다면, 임차인은 임대차계약을 바로 해지하고 종전 집주인에게 보증금을 돌려받을 수 있다.

하지만 임차인이 새 집주인의 재력 상태를 확인할 수 없고, 언제 집주인이 바뀌는지 또한 알 수 없으니 그다지 실효적이지 않다. 더구나 계획에도 없던 이사를 갑자기 하기란 쉽지 않다. 이 사건처럼 브로커를 통해 작정하고 무자력인 사람에게 집을 넘기는 것인지, 아니면 정상적인 매매인 것인지, 이를 제대로 분간해 내기란 여간 어려운 일이 아니다.

집을 매매할 때는 대개 매수자가 직접 그 집을 보러 간다. 매수자가 방문하려면, 그 집에 거주 중인 임차인의 사전 동의가 필요하다. 그런데 임차인에게 집을 보게 해달라는 요청이 전혀 없었는데 어느 날 집주인이 변경된 것이 부동산등기부로 확인된다면, 이는 전세사기를 의심해 볼 만하다.

임대차계약을 하면서, "임대차계약 기간 중 집주인이 변경되면 임차인에게 통보하도록 하고, 그렇지 않을 시에는 기존 집주인이 전세금을 반환해야 한다"라는 특약을 넣는 방법도 고려해 봐야 한다.

피고인 E씨는 그렇게 집 4채의 주인이 되었고, 기존 브로커에게 다시 연락이 왔다. 이번에는 그에게 임대차계약서를 작성해 달라고 했다. 집 2채에 대한 임대차계약서를 쓰는 조건으로 600만 원을 주겠다고 했다.

피고인이 브로커를 통해 명의 이전받은 집 4채는 이미 모두 세입자가 있는 집이었다. 그런데 어떻게 임대차계약서를 다시 쓸 수 있다는 건지, 그는 의아했다. 그러나 건강 문제로 일자리를 구하기 어려워진 피고인은 결국 그 제안을 승낙했다.

그는 기초생활수급 대상이었지만, 수도권에 집을 4채나 가지고 있으니 주거급여를 비롯한 모든 복지혜택을 받을 수 없었다. 집 4채를 소유한 근거로 매달 건강보험료가 수십만 원씩 부과되는 바람에 건강보험료 체납액은 고스란히 누적되었고, 그의 경제적 사정은 오히려 악화되었다. 이러한 상황은 피고인이 잘못된 선택을 하는 데 한몫했다.

브로커는 청년 주택 보증금의 경우 신용도가 다소 낮더라도 정부가 보증하기 때문에 대출이 잘 나온다는 점을 이용하겠다는 계획을 세웠다. 특히 비대면 대출 서비스는 서류만 보고 대출을 실행한다는 점에 착안하여, 대출이 급한 청년들에게 대출을 쉽게 받을 수 있도록 해주겠다고 접근하는 것이다.

실제 이 방법으로 모집된 2명의 청년과 피고인 E씨가 임대차계약을 체결하는 것처럼 허위 계약서를 작성하여, 전세보증금 대출을 신청했다. 그렇게 집 2채에 대해 각 1억 원의 보증금을 대출받았다. 피고인의 계좌에는 총 2억 원이 송금되었다.

대출금은 브로커와 청년들이 반씩 나눠 가졌고, 브로커는 자기 몫으로 나눠 받은 1억 중 600만 원을 피고인에게 줬다. 하지만 당시 대출을 해줬던 은행에서 자체 조사를 하며 이상한 거래들을 경찰에 신고하면서, 이 사건의 전모가 드러나게 되었다. 이러한 유형은 전세사기가 그에 그치지 않고, 브로커들에 의해 대출사기로도 확대되곤 한다.

경찰의 수사가 시작되자마자, 피고인 E씨는 모든 것을 자백하고 수사에 적극 협조했다. 피고인의 계좌에서 브로커의 계좌로 돈이 흘러간 흔적이 있었고, 피고인은 그 브로커의 전화번호도 경찰에 제공했다.

하지만 경찰은 브로커의 계좌와 전화번호를 넘겨받았음에도 불구하고, 브로커에 대해서는 특정할 수 없다는 이유로 수사를 하지 않았다. 결국 대출사기의 허위 임대인(피고인 E)과 허위 임차인(청년들)만 재판에 넘겨졌다.

피고인 E씨는 재판을 받으면서도, 자신이 실제 임차인들에게 보증금을 돌려줄 수 있는 방법은 도저히 없는지에 관해 고민했다. 그 임차인들과의 문제는, 사실 이 사건과 무관하다. 하지만 피고인은 그 보증금을 돌려받지 못하고 있는 실제 임차인들이 걱정되었던 것이다.

피고인은 집 4채를 부동산에 내놓고, 빨리 팔아달라고 부탁했다. 그러나 그 집들은 모두 깡통전세라, 예전 집주인들이 수백만 원의 돈을 들여 피고인에게 넘겼던 물건이다. 그러니 팔릴 리 만무했다. 아직 그대로다.

재판은 끝났고, 피고인 E씨에게 집행유예가 선고되었다. 이는 피고인의 이득액이 얼마 되지 않은 데다, 주된 범죄 계획 등은 모두 브로커가 주도했다는 점이 반영된 것이다.

하지만 이 사건의 브로커는 여전히 입건되지 않았다. 그자가 버젓이 활개 치며 마음껏 활보할 것을 생각하니, 참으로 답답하다.

MBC에서 보도한 전세사기 브로커들에 대한 뉴스를 접하고서, 나는 담당 기자에게 연락했다. 브로커에 대해서 전혀 수사가 이뤄지지 않았던 이 사건을 제보하기 위해서였다.

국선변호인은 피고인에 대해 알게 된 사실들에 대해 비밀을 유지해야 할 의무가 있지만, 다른 범죄 의혹들에 대해서까지 비밀을 유지하라고 요구받지는 않으니, 문제될 것은 없었다.

2023년 12월 14일 뉴스로, 이 사건의 피고인 E씨가 브로커에 대해 인터뷰한 영상이 후속 보도되었다. 기자가 그 브로커의 전화번호(피고인이 이미 경찰에도 알려줬던)로 연락하여 명의 대여자인 척하며 먼저 운을 띄웠더니, 브로커는 피고인 E씨에게 제안했던 방식과 동일한 수법의 대출사기를 권했다.

기자는 브로커에게 경찰의 수사를 받은 적이 있었냐고 물었다. 그러자 경찰에서 전화가 온 적은 있지만, 수사는 없었다고 답했다. 이 보도에 따르면, 인천경찰청은 해당 브로커에 대한 수사를 즉시 재개했다고 밝혔다.

이 사건의 피고인(E)과 앞서 소개한 전세사기 사건의 피고인들(B, C, D)을 변호하면서, '빌라왕'의 자살 뉴스가 다시 눈에 들어왔다.

그 빌라왕은 건설업자였을까? 아니면 자기 명의를 판 수수료로 연명하던 명의대여자였을까? 때론 누군가의 죄가 무거워지지 않게 하는 일이, 다른 누군가의 죄를 밝혀내는 데 쓰일 수도 있다.

함께 생각해 볼 이야기

전세사기 사건에서 소위 '빌라왕'이 최종 빌런일까? 범죄를 저지르면서 굳이 공식적인 서류에 자신의 이름을 남기는 것은, 어딘가 좀 부자연스럽다. 대개의 사기범죄를 예로 들자면, 주범은 소위 말하는 바지사장을 앞세우고, 본인은 뒤로 숨게 마련이다. 그래서 범인이 잡히면, 흔히 그 배후를 의심하고 주범을 알아내고자 한다. '빌라왕'보다는 '빌라왕'이 어떻게 그 많은 빌라를 가질 수 있었는지와 그것을 어떻게 관리했는지에 대해 더 관심을 가져야 하는 것은 아닐까? 우리의 관심이 오로지 '빌라왕'에게 집중되다 보니, 경찰에서 수사받거나 법으로 처벌되지 않았던 브로커나 그 브로커를 통해 집을 넘긴 사람은 드러나지 않는다. 이로써, 제도의 문제점이 개선될 여지마저 잃게 되는 건 아닐까?

전세 임대인에 대한 자력을 확인하기 위한 방법으로, 주택임대차보호법 제3조의7(임대인의 정보 제시 의무) 조항이 2023. 4. 18. 신설되었다. 임대차계약을 체결할 때, 임대인이 국세 및 지방세 납세증명서를 임차인에게 제시하도록 하는 것이다. 일반적으로 세금을 체납하기 시작할 정도면, 다른 채무들도 변제하지 못하고 있을 가능성이 높다. 또한 추후 경매가 진행될 경우, (임대차보증금보다 세금 체납액이 우선 공제되기 때문에) 세금 체납액이 크다면 보증금을 돌려받지 못할 가능성이 매우 높다. 하지만 이 제도는 임대차 계약을 체결할 때 확인할 수 있는 것으로, 임대차 기간이 시작된 이후에는 확인할 길이 없다. 임대인의 개인 정보와 재산권 보호 이슈 때문이다.

두 번째로 소개한 사례처럼 다수가 공모하여, 내가 임차한 집의 명의를 무자력한 사람에게 넘겨 버린다면? 구제받을 방법이 없다. 피고인 E씨만 대출사기로 처벌받은 것처럼, 법이 모든 상황을 대비해 줄 수는 없다. 그렇기 때문에, 법을 집행하는 수사기관이 법의 취지와 목적에 맞게 법을 해석하여, 그 구멍을 최소화해야 하는 것은 아닐까?

피의자 신상 정보 공개는 아직 재판이 시작되기도 전에 피의자의 신상이 언론에 공개되기 때문에, 무죄추정의 원칙에 위반된다는 비판을 받아왔다. 그뿐만 아니라 판사가 피의자에 대한 고정관념을 갖게 되어 재판이 공정하게 진행되기 어렵다는 점에서 예외적으로 시행되어야 한다. 그럼에도 불구하고, 피의자의 신상을 공개하는 것은 국민의 알 권리뿐만 아니라 또 다른 피해를 예방하기 위한 목적에서 시행된다고 한다. 이러한 목적에 비춰보면, 현재 구속된 상태로 앞으로도 장기간의 복역이 예정된 사람보다는 전세사기를 방조해 온 공인중개사와 그 중개보조인에 대한 신상 정보 공개가 더 필요한 것이 아닐까? 그 공인중개사는 지금도 누군가에게 집을 중개하고 있을 것이니 말이다.

그 청년은 정말 악인일까

국선전담변호사로 다양한 사람들을 만나다 보면, 전과기록을 통해 삶의 궤적이 드러나는 피고인들도 더러 있다. 지금부터 소개할 이야기의 피고인은, 성년이 된 이후 주로 감옥에서 지냈다.

공무집행방해로 처음 만난 그

내가 처음 그를 만났을 때, 그는 공무집행방해죄로 재판을 받고 있었다. 교도소에서 출소하고 기초생활수급자로 지정된 이후, 주거급여로 작은 고시원에서 살고 있었다. 그러던 중 그는 술에 취해 파출소에 들렀다. 새벽 4시 무렵, 화장실을 쓰겠다는 이유에서였다. 경찰은 그에게 화장실을 안내해 주며, 어서 쓰고 나오라고 했다. 그런데 10여 분이 지나도 그가 나오지 않자, 경찰관이 화장실에 들어가 봤다. 그는 소변기의 물내림 버튼 누르기를 반복하고 있었다고 한다. 경찰관은 그를 화장실에서 끌어내어 파출소에서 나가게 했다.

그는 파출소 근처 가로수 나무에 머리를 여러 차례 쿵쿵 박으며 전형적인 주취자의 행태를 보이다, 다시 파출소로 들어갔다. 이번에 경찰관들이 화장실을 쓰지 못하게 막았다. 그가 화장실에서 오래 머물렀던 이유도 있지만, 남자 경찰관들에게 "여경들을 성폭력하면 안 된다"라며 횡설수설하기도 했기 때문이었다.

그 길로 집에 바로 돌아갔다면 좋았을 텐데, 그는 자신이 왜 화장실을 쓰면 안 되는 거냐며 경찰들과 말다툼 하기 시작했다. 파출소에 있던 십여 명의 경찰관들이 교대해 가며 그를 대응한 지도 어느덧 1시간이 지났다. 그 무렵, 선 자세로 있던 그가 발차기를 하려는 듯 무릎을 허공 위로 들었다 다시 내렸다. 이 행동을 지켜보던 대여섯 명의 경찰관들이 한꺼번에 그에게 달려들어 그를 제압했고 수갑을 채웠다. 경찰은 그가 폭행을 가했다며, 공무집행방해죄의 현행범으로 체포하였다.

공무집행방해죄는 공무를 집행하고 있는 공무원에 대해 폭행을 가하는 경우, 일단 성립한다. 물론 여기에는 그 공무집행을 방해하려는 고의나 미필적 인식도 있어야 한다. 그리고 그 공무집행이 적법한 공무집행이어야 한다. 그래서 공무집행방해죄의 공소장에는 그 공무원이 어떤 업무를 하던 중 그 업무에 방해를 받았다는 내용이 기재된다.

하지만 그의 공소장에서는 단지 경찰관의 공무수행을 방해했다고만 적혀 있고, 그것이 어떤 공무였는지에 대한 내용은 생략되어 있었다. 진술조서를 보면, 피해 경찰관들이 파출소에서 출동 대기하던 중 피고인 때문에 스트레스를 받아 그들의 공무에 방해되었다고 진술하고 있을 뿐이었다. 그래서 나는, 파출소에 있던 경찰관이 어떠한 공무집행을 피고인으로부터 방해받았는지, 그 구체적인 내용이 특정되어야 한다고 주장했다.

물론, 이러한 문제 제기에 대해 검사가 보완하여 공소장을 변경하였다. 하지만 나는 여전히 그가 술에 취해 파출소에서 소란을 피운 것일 뿐이라 생각했다. 현행범으로 체포될 정도의 폭력을 행사하여 공무집행을 방해한 것이라고까지 볼 수 있을지 의문이었다.

우리 법에는 술에 취해 파출소에서 소란을 피우는 경우에 대비해, 이를 처벌할 규정이 마련되어 있다. 그것은 경범죄처벌법 제3조 제3항 제1호에서 관공서에서 주취소란한 사람에게 60만 원 이하의 벌금, 구류 또는 과료의 형으로 처벌할 수 있도록 정한 관공서주취소란죄이다.

그가 벌금 60만 원 이하의 처벌 대상인 관공서주취소란죄가 아닌, 5년 이하의 징역 또는 1천만 원 이하의 벌금에 처해질 수 있는 공무집행방해죄로 재판을 받게 된 이유가 무엇일까?

그를 직접 만나보니, 조금은 알 수 있을 것 같았다. 내가 그의 국선변호인이라고 소개했음에도 불구하고, 그는 나에게 상당히 거친 행동을 보였다. 마치 내게 겁을 주려는 것 같았다. 그는 자신을 이렇게 소개했다.

"나는 주짓수를 어릴 때부터 배웠고, 훈련해 왔기 때문에… 사람을 쉽게 살상할 수 있는 사람이에요. 내게 조심하지 않으면, 변호사님한테 큰 피해를 줄 수도 있어요."

나는 180cm에 조금 못 미치는 큰 키, 체중은 100kg 정도로 꽤 건장한 체격을 가졌다. 5년간 군 장교로 복무했던 경험도 있는 나에게, 60kg 내외 정도로 보이는 다소 왜소한 체격의 피고인이 보여준 언행은 오히려 생경하게 느껴졌다.

나는 심정적으로 경찰이 이해된다 하더라도, 관공서주취소란죄에 해당하는 행위를 그보다 중한 공무집행방해로 처벌하겠다는 것은 도무지 이해할 수 없었다. 그리고 그가 파출소에서 화장실을 쓰겠다는 것을 경찰관이 막은 것과 다리를 허공으로 번쩍 들어 올렸다고 해서 경찰관 대여섯 명이 무리하게 제압하는 것, 모두 과잉 대처였다고 생각했다.

그래서 피고인은 자백하였지만, 나는 공무집행방해죄에 대해 무죄를 주장했다. 피해 경찰관들을 증인으로 신문할 사항은 아니었지만, 그로 인해 재판은 쉬이 끝나지 않았다. 그렇게 그와의 인연이 수개월 동안 이어지게 됐다.

칼을 품고 다녀 구속된, 그의 속사정

처음 그가 법원에 입고 온 복장과 걸음걸이는 참으로 특이했다. 청바지에 긴 팔 티셔츠, 빨간색 조끼를 걸쳐 입은 채로 건들거리는 걸음이었다. 국선변호인인 나를 공격적으로 대하던 그는, 내가 파출소 CCTV 영상을 장면별로 캡처해서 만든 의견서를 보여주며 파출소 경찰관의 과잉 진압에 대해 국가인권위에 진정하겠다는 설명까지 듣고서야 공손해졌다. 그렇게 나는 그와의 신뢰 관계를 형성하고 난 뒤, 앞으로 법정에 올 때는 정장 같은 깔끔한 옷을 차려입고 오라고 조언했다. 다음 재판부터 그는 고시원 사장님이 구해줬다는 정장 차림이었고, 법정에서 구속되던 날에도 마찬가지였다.

재판이 계속되던 중, 특수협박사건이 추가되었다. 특수협박은 위험한 물건을 휴대하고 피해자를 협박하였을 때 성립하는 범죄다. 자정 무렵, 그는 한 햄버거 매장에 들렀다. 그곳에서 여성 점원에게 자켓 안주머니에 넣어둔 칼을 보여주며 자신을 무시하지 말라고 말했고, 그로 인해 특수협박죄가 됐다. 공소장에 따르면, 그가 햄버거를 사려는데 점원이 그를 무시했다고 오해하여 그와 같은 범죄를 일으켰다고 한다.

그런데 나는 도무지 이해되지 않았다. 그가 왜 그 점원에게 칼을 보여줬을까? 아니 왜 칼을 가지고 다녔던 것일까? 칼까지 보여주면서 그가 얻으려고 했던 것은 도대체 무엇일까?

점원에게 칼을 보여줘 겁을 먹게 한 다음 햄버거를 무전취식하려던 것도 아니었다. 칼을 보여주곤 그대로 매장에서 나왔다. 그리고 이 사건 외에 그 칼로 다른 범죄를 일으키지도 않았다. 칼을 사자마자 범죄를 일으키려다 잡히는 바람에 칼이 압수된 것이 아니라면, 범죄 목적으로 칼을 구매하고서는 특수상해나 강도 등의 강력범죄가 다수 수반되기 마련이다.

하지만 그는 특수협박으로 칼을 압수당한 것도 아니고, 현장에서 구속된 것도 아닌데, 법원에서 법정 구속될 때까지 다른 강력범죄를 전혀 일으키지 않았다. 이는 퍽 이례적인 것이었다. 그래서 그에게 왜 칼을 가지고 햄버거 가게에 갔는지, 아니 그보다 앞서 칼을 왜 샀는지 물었다.

"변호사님, 제가 근처 산으로 등산을 자주 다니는데, 산에 가서 나물 캘 때도 쓰고, 멧돼지 만나게 되면 저를 보호하려고 칼을 준비한 겁니다. 그날도 산에 갔다가 돌아오는 길이어서 가지고 있었습니다."

"하- 그러니까 그게 등산용 칼이고, 그날 등산을 다녀오는 길이라 소지하고 있었을 뿐이라는 거예요?"

버섯을 채취하러 산에 가면서 등산용 칼을 휴대하였다가 범행 현장에 우연히 소지하거나 몸에 지니는 경우에 대해서는 흉기를 휴대하여 범행을 했다고 볼 수 없다는 대법원 판례(대법원 1990. 4. 24. 선고 90도401 판결)가 있다. 워낙 유명한 판례이다 보니, 교도소에 오래 있던 그라면 당연히 알고 있을 거라고 생각했다. 그리고 그 판례에 비춰 자신의 무죄를 주장하려는 것일지도 모른다고.

하지만 그렇게 여기기엔 이 상황이 들어맞지 않았다.

"피고인이 가지고 있던 칼은 칼날이 20cm인 거의 횟칼이잖아요. 옷은 세미 정장으로 입고 있었고요. 칼은 또 자켓 안주머니에 넣고 있었는데, 그게 말이 돼요? 그 등산용 칼에 대한 대법원 판례를 듣고서 그러시는 것 같은데, 저에게는 괜찮지만, 법정에서 판사님께는 절대 그렇게 말하지 마세요."

이 사건의 사실관계에 맞지 않는 그런 '변명'을 판사가 곧이곧대로 들어줄 리 없다. 게다가 강도상해 등으로 9년의 징역을 살고 출소한 지 몇 달 되지 않은 피고인이 다시 칼을 품고 협박을 했다는데, 칼을 지니고 있었던 이유가 타당하지 않다면 당연히 구속시킬 수밖에 없을 터였다. 그러니 그저 있는 그대로 말하라는 뜻에서, 그에게 한 조언이었다.

그런데 그는 나의 경고를 이해하지 못하는 듯, 나에게 했던 말을 그대로 판사에게도 했다. 어렵사리 준비해서 입고 온 정장 차림 그대로, 그는 구속되었다.

구치소로 접견을 간 날, 나는 그에게 다시 물었다. 칼을 왜 갖고 있었는지. 그는 역시 주저리주저리 이해되지 않는 말을 반복할 뿐이었다. 나는 원점으로 돌아가 다시 질문했다. 서른 살의 신체 건강한 그에게, 어쩌면 양형에 참작이 될 수도 있지 않겠나 싶어, 육체노동을 통해 소득을 마련해 보는 것이 어떻겠냐고 물었다.

"변호사님, 그런데 돈을 벌다 잘못하면 주거급여도 못 받게 될 수 있다던데요. 그거 못 받으면 어떡해요?"

그의 대답이 쉽게 이해되진 않았다. 그래서 그의 과거를 살펴보았다. 어머니는 일찍 돌아가셨고, 아버지가 그를 혼자 키우다 보육원에 맡겼다. 보육원에서 생활하다 열다섯 살 즈음부터 보육원에서 만난 친구들과 거리를 헤맸다. 아버지는 보육원에 그를 맡긴 이후로 연락이 닿지 않았고, 그렇게 그는 고아가 되었다. 중학교를 졸업할 즈음, 좀도둑이 되어 소년원에 드나들기 시작했다. 그러다 갓 성인이 되었을 무렵, 강도상해 등으로 징역 9년을 선고받았다. 그리고 만기 출소 후, 서울의 어느 동네 고시원에 자리 잡은 것이다.

가만히 이야기를 듣고 나니, 그가 주거급여에 연연했던 이유를 알 수 있었다. 그는 태어나서 지금까지 단 한 번도 스스로 일하며 사는 법을 배워본 적이 없었다. 그래서 주거급여가 끊기고 나면, 그 후에 자신이 무엇을 어떻게 해야 하는지를 전혀 모르는 것이었다. 그의 강도상해(라는 중범죄)에 대한 판결문을 보면, 그에 대한 유리한 정상으로 이렇게 적혀 있다.

"의지할 가족이나 마땅한 주거와 연락처도 없는 피고인이 출소 후 일자리를 구하는 것이 여의치 아니하여, 생계를 위하여 각 범죄를 저지른 것으로 보인다."

그렇다. 그는 특수절도죄로 교도소에 처음으로 수감되어 1년간의 생활을 마치고 사회로 복귀했을 때, 여느 사람들처럼 살아보려고 노력했던 것으로 보인다. 하지만 출소 후 한 달이 지났을 즈음, 그의 결심은 무너졌다. 중졸의 학력으로, 소년원을 드나들었을 뿐 이렇다 할 교육을 받지 못한 청년. 고향의 교도소에 입감되었으나, 이감으로 인해 출소한 곳은 생면부지의 서울이었다. 아는 사람 하나 없고, 무엇을 해야 할지 모르던 그가 버틸 재간이 없었을 것이다.

그렇게 그는 서울에서 적응하는 데 이미 한 번의 실패를 경험했고, 강도상해죄로 다시 8년의 징역을 살고 나온 것이다. 아마도 이번만큼은, 사회에 잘 적응하여 별 탈 없이 살고 싶었을 것이다. 그래서 주거급여를 알아보고, 긴급급여[15]도 열심히 알아보고 신청하였다. 그러니 그는 주거급여가 없어지면 모든 것이 다시 원점으로 돌아간다고 여겼을 것이다. 왜냐하면 사회에서 자력으로 살아본 기간이 고작 몇 개월에 지나지 않았기 때문이다.

경상도 출생인 내가 서울에 처음 온 날을 떠올려 보았다. 부산에서 고등학교를 졸업하고, 재수학원에 다니려 서울에 올라오려던 나에게, 부모님은 "눈 뜨고 코 베이는 게 서울"이라며 늘 조심하라고 말씀하셨다. 이미 성인이 된 나이였지만, 역시 서울은 낯선 곳이었고, 그만큼 무서웠다. 대학생이 되어서도 아파서 움직이지도 못하고 혼자 방에서 끙끙 앓을 때나 은행 계좌에 돈이 없는 날에는, 어찌할 바를 몰라 어머니에게 전화하여 울었던 기억이 있다. 그러면 어머니는 나에게 심리적으로든 경제적으로든 해결책을 제시해 주곤 하셨다. 비록 그것이 정답은

....

15 긴급급여란 주거급여 대상자로 선정될 때까지의 기간(한두 달)동안 당장의 지원이 필요한 사람에게 긴급하게 지급하는 급여이다. 그와 같이 당장 오갈 데가 없는 사람들이 연명하려면, 꼭 필요한 지원인 셈이다.

아니었을지라도, 최소한 그다음 단계로 나아갈 밑천이 되어주곤 했다. 그렇게 힘을 얻고 꿋꿋하게 살아올 수 있었다.

그에게도 인생의 급박한 순간에 도움을 청할 수 있는 대상(보호자)이 있었다면 어땠을까? 자신을 보육원에 맡겨두고 연락 두절된 아버지에게라도 연락할 수 있었더라면?

안타깝게도 그는 오롯이 혼자였다. 무엇을 해야 할지 알 수 없는 상태로, 그저 방황하고 있었다. 아마도 세상 사람들 모두가 자신을 무시한다고 여겼을지도 모른다. 그가 했던 말을 되새겨 보았다. 어쩌면 그가 말한 '멧돼지'는, 그가 세파를 헤치고 살아가야 할 '우리 사회'가 아니었을까?

수감자들을 악인(惡人)이라 칭하며 두려워한 그

피고인은 성인이 되고 나서 사회보다 수감시설에서 더 많은 시간을 보냈으니, 나는 그가 구치소에서 오히려 잘 지내지 않을까 생각했다. 하지만 그를 접견해 보니, 나의 생각이 선입견일 뿐이었다는 것을 깨달았다. 그는 구치소에서 빨리 나가고 싶다고 했다. 나는 그의 말을 수감자로서 자유를 갈망하는 것이겠거니 여겼다. 그러나 그렇지 않았다.

"변호사님, 여기 구치소에 악인(惡人)들이 너무 많아요. 저는 착하게 살고 싶은데, 여기 사람들이 저에게 계속 말을 걸고, 왜 들어왔냐고 묻고, 자기들 범죄에 대해 말하는 게 너무 싫습니다. 빨리 나가서 밖에서 살고 싶어요."

그가 빨리 나가고 싶다는 이유를 듣고 적잖이 놀랐다. 보통 잘 쓰지 않는 '악인(惡人)'이라는 단어를 사용한 것도 특이했지만, 20대의 대부분을 교도소에서 보낸 그가 이런 말을 한 것이 마치 형용모순 같은 느낌이었다. 더불어, 지난 9년간의 교도소 생활이 그에게 어떤 의미였을지 느껴졌다.

그 뒤로 구치소에서 그가 징벌받은 내역을 재판부에 양형참고자료로 제출했다. 대부분 교도관의 지시에 정당한 이유 없이 응하지 않았다는 취지였다. 나는 그를 접견하며, 왜 그랬냐고 물었다.

"변호사님, 저는 그 방 안에 있는 흉악범들과 같이 있고 싶지 않아요. 맨날 이상한 소리만 하잖아요. 그래서 제가 방을 분리해 달라고 했는데, 교도관이 안 된다고 해서 방에 못 들어가겠다고 했던 거예요. 어떡하죠?"

수감시설에서 방을 분류하는 방법은 대외적으로 공개돼 있진 않지만, 나름의 기준에 따라 운용되고 있는 것으로 알고 있다. 아마도 구치소는 그의 전과를 보고 흉악범으로 분류했던 것 같다. 이미 강도상해라는 범죄로 10년 가까이 교도소에 수감된 전력이 있으니, 그를 단순 초범과 같이 분류할 수는 없었을 것이다. 교도관의 입장에서는 마치 흉악범이 다른 흉악범을 보고 무섭다며 같은 방을 쓰고 싶지 않다고 떼쓰는, '억지 요청'으로 보였을 뿐이었을 것이다.

그와 몇 개월을 보낸 내 눈에는 그가 벗어날 수 없는 늪에서 허우적거리는 소년 같았지만, 거대한 교도행정 시스템에서의 그는 단지 '부적응자' 또는 '문제 있는 요시찰 수감자'로 낙인찍혀 있을 뿐이었다. 과연 그가 적응하며 살 수 있는 곳은 어딜까? 결국 그는 나와 함께 우리 사회에서 함께 살아가야 할 사람이고, 이제 겨우 30대에 진입했을 뿐이다.

어쩌면 그는, 우리가 여권과 지갑을 잃어버린 채 휴대전화도 통하지 않는 아프리카의 어느 한 마을에 떨어졌을 때와 같은 느낌으로 이 사회를 살고 있는 건 아닐까? 말이 통하지 않는 아프리카의 부족인이 설사 나를 도와주려 다가온다고 할지라도, 나는 여전히 두려울 것 같다. 마치 피고인이 칼을 품고 다녔던 것처럼.

다시금 조심스레 뻗어보는 첫걸음
○ **고시원 사장님의 도움으로 마련된 그의 보금자리**

그가 법정에서 구속되면서 가장 걱정했던 것은, 출소 후 고시원에서 계속 살 수 있는지였다. 주거급여를 비롯한 기초생활수급은 대상자가 구속되면 모두 중단된다. 출소하면서 다시 수급자를 신청해야 하고, 그 신청에서 수급 대상자로 결정되는 데 적어도 몇 주는 걸린다. 즉, 피고인이 어렵사리 잡은 보금자리인 고시원에 월세를 납부하지 못하니, 자신의 터전이 없어질까 걱정하는 것이다. 그 고시원 방 안에는 피고인의 모든 것이 담겨 있었다. 월세를 내지 못하여 그 방이 비워지게 된다면, 그는 처음부터 다시 시작해야 하는 것이다. 차라리 징역 생활을 오래 하게 된다면, 수감 중 작업 활동으로 돈을 모아 다시 시작할 수 있을 거다. 그러나 징역이 단 몇 달로 끝나버려 구치소에서 바로 출소한다면 그야말로 무일푼이다. 그러면 다시 고시원 방의 살림살이를 마련하는 일이란, 그에게 너무 어려운 일이다.

피고인에게는 겨우 마련한 그의 '자리'가 없어지면 다시 돌아갈 곳이 없어지는 것이니, 가장 큰 걱정거리일 수밖에 없다. 피고인의 요청으로, 나는 고시원 사장님께 연락했다. 피고인에게 정장까지 마련해 주신 분이라 그런지, 그가 출소할 때까지는 그 방을 유지해 주겠다고 흔쾌히 약속해 주셨다. 나는 그 소식을 피고인에게 전하면서, 이제 출소 후의 생활은 걱정하지 말고 수감 생활을 성실히 하라고 했다.

○ "다시는 보지 맙시다."

그는 내가 담당한 1심에서 징역 1년 형을 선고받았다. 그는 항소했다. 실은 내가 항소를 권했다. 공무집행방해에 대해 무죄를 주장했던 것에 대해 번복하여 자백하고, 양형을 선처받아 보라는 것이었다. 항소심에서 형량이 낮춰지지는 않았다. 하지만 항소심이 끝나고 그의 형기가 만료되어 이미 출소했을 시기인데 국선전담변호사 사무실에서 그의 이름이 더 이상 들리지 않는 것을 보니, 이번 출소가 그에게 정말 마지막 출소가 되었나 보다.

나는 그가 우리 사회 어딘가에서 살아남고 있기를 바란다. 20대에 배우지 못한 '세상 사는 법'을, 그가 무사히 배워 잘 살아남기를 바란다. 그것이 그가 재범하지 않을 유일한 방법이고, 우리 사회에 추가 범죄가 늘어나지 않을 방안이기 때문이다.

내가 최근에 봤던 정신병원을 소재로 다룬 드라마에서, 의료진이 완치되어 퇴원하는 환자에게 "다시 보지 맙시다"라고 인사한다는 에피소드가 기억난다. 나도 내가 담당한 피고인들에게 하고 싶은 말이다. 특히 그에게 꼭 전하고 싶다.

"다시는 보지 맙시다."

함께 생각해 볼 이야기

미성년자 범죄가 뉴스에 보도될 때마다, 교도소 수감 나이를 더 낮추고 수감 기간을 장기화시켜야 한다는 주장의 여론이 팽배하다. 만약 그들이 우리 사회에서 평생 격리될 수 있다면, 그 주장이 우리 사회의 안전을 위한 것이라고 믿어볼 수도 있을 것이다. 하지만 양형의 형평이나 교도소 수용 인원의 한계 등으로 인해, 그들은 결국 우리 사회로 복귀할 수밖에 없다.

그런데 10대 후반과 20대 초반은 우리 사회에 살아가면서 꼭 알아야 하는 것들을 배우고, 익혀야 하는 시기이다. 글을 배워야 할 시기에 글을 배우지 못하면 문맹에서 벗어나는 것이 힘든 것처럼, '사회화'도 필요한 시기에 필요한 만큼 익혀야 한다. 학교는 단순히 지식을 전달하기만 하는 곳이 아니다. 우리에게 매일 같은 시간에 빠짐없이 가야 한다는 성실한 태도나 선생님이나 친구들과 어떻게 교류하는지에 대해서도 가르쳐 주는 기관이다. 이 피고인처럼 10대 후반과 20대가 삭제된 채로 우리 사회에 나온 이들은, 이 사회를 늘 두려워하며 살게 될 수도 있다. 그렇게 재범이 늘어난다면 결국 그것은 우리 사회 전체의 부담으로 돌아오지 않을까?

최근 미성년자 수감자가 늘고 있는 듯하다. 미성년자는 미성숙한 자이기 때문에, 수사 과정을 보호자에게 알려 보호자가 동석할 수 있도록 하고 있다. 국가인권위원회는 (17진정0330600결정이나 18진정0277700결정 등에서) '유엔아동권리협약'에 따라 미성년자(아동)의 수사 과정을 보호자에게 통지하여야 함에도, 그러지 않은 것은 미성년자와 보호자의 인권을 모두 침해하는 것이라고 판단한 것에 기인한 것이다.

교도소 같은 수감시설 내에서 발생하는 범죄는 교도관이 특별사법경찰관으로서 수사한다. (경찰에게 요구되는 것과 같이) 수감시설 내의 범죄 수사에서도 역시 보호자의 동석이 동일하게 보장되어야 할 것인데, 수감시설의 한계로 제대로 반영되고 있지 못하다. 이는 미성년자가 수감시설에서는 갑자기 성인의 책임을 부담해야 하는 것과 다르지 않다.

이는 죄에 대한 처벌과는 엄연히 다른 문제이다. 그들이 수감된 상태라고 해서 미성년자로서 마땅히 보호받아야 할 원칙이 지켜지지 않는 것은, 과연 문제가 없을까?

장발장은 여전히 존재한다

『장발장』은 주인공이 가난과 굶주림으로 빵을 훔쳐 감옥에 갇히게 된 이야기로, 도덕 교과서에 많이 등장한다. 그래서 가난과 굶주림으로 발생한 범죄의 대명사로 '장발장'이 쓰이기도 하고, 벌금 낼 돈이 없어 노역을 살게 되는 사람을 위해 대출해 주는 '장발장 은행'이라는 단체도 존재한다. 그리고 이러한 장발장 은행 운동은 우리 형사사법에서 500만 원 이하의 벌금에 대해서는 집행유예를 받을 수 있도록 하는 법 개정을 이끌어 내기도 했다.

이제는 주민센터마다 복지를 전담하는 공무원이 배치되어 있을 정도로, 복지제도가 제법 잘되어 있다. 이런 요즘에도 과연 '장발장 범죄'가 존재할까? 국선전담변호사 일을 시작하기 전까지는, 기껏해야 가출청소년 정도가 이에 해당하지 않을까 생각했다. 하지만 이 피고인을 만나고 나서야, 장발장 범죄가 여전히 지속되고 있다는 것을 알 수 있었다. 나는 적잖이 충격받을 수밖에 없었다.

같이 살던 식구의 전화번호를
"017"로 기억하고 있던 할아버지의 이야기

이 피고인은 60대 할아버지였다. 그는 밤 시간대에 아무도 없는 무인 매장에서 밀키트 두어 개를 절도한 혐의로 재판받게 되었다. 수사받을 당시에도 불구속 상태였고, 불구속으로 기소되었지만, 재판에 계속 불출석하여 구속영장이 발부되었다. 이렇게 발부된 구속영장에 의해, 피고인은 그 피해 무인 매장에서 조금 떨어진 공원 벤치에서 체포되었다.

내가 이 피고인을 만난 것은 이미 구속되어 구치소에 수감 중이었을 때였다. 그에게 왜 무인 매장에 들어가서 밀키트를 훔쳤는지 물었다. 집에 가져가서 누구와 먹었는지도 궁금했다. 그런데 그는 도통 기억하지 못했다. 다시 기록을 살펴보니, 그는 노숙 생활 중 공원의 벤치에서 멍하니 있다 체포된 것이었다.

그랬다. 그는 노숙 생활 중 배가 고파서 그냥 가까운 무인 매장에 갔던 것이고, 그곳에서 아무거나 그냥 들고 나왔다. 밀키트인 제품이니 조리가 필요한데, 노숙자인 피고인은 밀키트에서 몇 가지 재료만 먹고 나머지는 버릴 수밖에 없었다.

그에게 왜 노숙 생활을 시작하게 되었는지 물었다. 피고인은 형과 같이 살았었고, 어느 날 형의 집에서 나왔는데, 그 뒤로 돌아가는 길을 찾지 못해 이렇게 노숙 생활을 하게 되었다고 했다. 집에서 나왔을 때는 주머니에 돈이 있어서 음식을 사 먹을 수 있었지만, 그 돈이 떨어지고 나서는 굶게 되어, 무인 매장에 들어갔다고 했다.

가족이 있다는 것은 다행이었다. 피해 금액이 얼마 되지 않으니, 가족에게 연락해서 피해자와 합의하면 쉽게 끝날 수 있으리라 생각했다. 그래서 같이 살았다던 형의 연락처를 물었다. 다행히 기억하고 있는 것 같았다. 그런데 피고인은 "017-XXX-XXXX"이라고 말하는 것이었다.

2004년경 휴대폰의 전화번호 앞자리는 각 통신사에 따라 달리 사용하던 011에서 019 사이의 번호가 010으로 모두 통합되었다. 그러니 이 피고인은 거의 20년 전의 전화번호만 기억하고 있던 셈이다. 나는 천천히 이것저것을 물어보았다. 그런데 그가 기억하는 것은 오로지 '과거'의 사실뿐이었다.

내가 이 사건을 정리하기 위해서는 현재의 사실이 필요한데, 그에게서는 도무지 들을 수가 없었다. 아마도 그가 치매 초기 단계인 것으로 보였다. 더 이상의 접견은 불필요해졌다.

할아버지의 20년 전 가족을 찾아서

일단 사무실로 돌아와서 피고인의 가족을 찾는 게 급선무였다. 그의 절도 피해 금액이 적은 편이라, 집행유예를 선고받을 것으로 보였다. 하지만 아무런 후속 조치 없이 그대로 출소한다면, 다시 노숙 생활로 돌아가 재범할 가능성이 너무 컸다. 그러다 치매 치료도 놓치고, 복지와 보호도 받지 못할 게 뻔해 보였다. 피고인에 대한 재범 가능성을 낮추기 위해서라도 그가 가족에게 반드시 돌아가도록 해야 했다.

먼저, 피고인의 주민등록주소지 관할 동 주민센터에 연락했다. 담당 복지 공무원에게 피고인에 대한 사정을 말하고, 그가 기초생활수급을 받을 수 있도록 하기 위해 필요한 사항들을 체크했다. 그의 말소된 주민등록을 다시 살리고, 긴급 주거급여를 지원받을 수 있도록 한 다음,

고시원 방이라도 얻어, 정식으로 주민등록 주소 전입신고를 하자는 것이었다. 그렇게 전입신고를 하고 나면 정식으로 기초생활수급 여부에 대한 심사를 받을 수 있다고 했다. 이러한 일련의 과정을 위해서는 피고인이 직접 동 주민센터에 가야 했다.

피고인이 구치소에서 출소하더라도 치매 증상인 그가 동 주민센터로 가서 내가 상담한 그 복지 담당 공무원을 만나, 기초생활수급 신청을 제대로 할 수 있을지 장담할 수 없었다. 그렇다고 내가 그를 직접 데리고 그 동 주민센터로 가기에는 여러 가지로 무리였다. 내가 진행하고 있는 다른 재판에도 영향을 미치게 되기 때문이다. 그러니 피고인의 가족이 출소 날에 바로 피고인을 인계하는 것이 중요했다.

동 주민센터 복지 공무원에게 피고인의 보호자라 할 수 있는 가족이 있는지 묻고, 그 가족에게 알려달라며 나의 전화번호를 남겼다. 피고인의 말처럼 그와 함께 살았다던 가족이 실제로 있는지도 명확하지 않았다. 설사 가족이 있더라도, 그 가족이 피고인과 함께 지내려 할 것인지도 알 수 없었다. 그렇게 나는 언제 올지 모르는 연락을 기다렸다.

다행히 며칠 지나지 않아 피고인의 형이 사무실로 연락해 왔다. 피고인의 현재 상황과 피고인이 집행유예를 선고받기 위해서는 형제들의 도움이 필요하다는 점을 설명했다. 그리고 집행유예로 구치소에서 출소하는 대로 피고인을 동 주민센터로 데려가서 말소된 주민등록을 살려야 한다는 것도 알려주었다.

그런데 피고인의 형은 왠지 모르게 무뚝뚝하게 답변할 뿐이었다. 과연 피고인의 형이 그를 데려가 필요한 조치를 할 수 있을지 걱정이었다. 그래도 피고인이 말하던 형이 실존한다는 것에서 피고인의 과거 기억에는 문제없음을 파악할 수 있었다. 피고인의 형은 피고인이 출소하고 나면 함께 생활하며 보호하겠다는 확인서를 법원에 제출해 주었다. 그 덕분에 재범 가능성을 낮춰, 집행유예를 선고받을 수 있었다.

순조롭게 끝날 줄 알았던 재판, 하지만…

이 사건은 야간에 무인 매장에 들어가서 밀키트를 훔친 것이라서 형법 제330조에 따른 '야간주거침입절도'로 기소되었다.

종래 대법원은 1997년 일명 '초원복집' 사건[22] 때부터 출입이 허용된 가게에 다툼 없이 들어왔더라도, 들어와서 불법행위를 한다면 주거침입죄가 성립한다고 판단해 왔다. 이는 주거의 관리자가 불법행위에도 불구하고 출입을 허락했을 리가 없다는, 관리자의 추정적 의사에 따른 것이다.

하지만 2022년 3월 24일 대법원은 가게에 통상적인 출입 방법으로 들어간 경우에는 주거침입죄를 묻지 않는 것으로 판례를 변경했다.[17] 이렇게 바뀐 대법원 판례에 따르면, 피고인이 무인 매장에 들어간 것은 통상적인 방법으로 한 것이라서 주거침입죄는 성립하지 않는다. 그러면 피고인에게는 '야간주거침입절도'가 아닌 일반 '절도'죄만 성립할 수 있게 된다.

형법 제329조의 절도는 6년 이하의 징역에 해당하지만, 야간주거침

---

16 대법원 1997. 3. 28. 선고 95도2674 판결
17 대법원 2022. 3. 24. 선고 2017도18272 판결

입절도는 10년 이하의 징역에 해당한다. 그래서 피고인의 이익을 위해 주거침입부분에 대해 무죄를 주장했다. 워낙 대법원 판례의 변경이 확고하여 판사도 피고인에게 절도죄만 인정하려 하였다. 하지만 검찰에서는 공소장변경에 대해 검토할 시간을 달라고 하여, 재판이 한 번 더 열리게 됐다. 그러나 판사는 절도죄로만 인정될 것이 명백한 피고인의 출소를 지연시키는 것을 막고자 다음 재판기일에 재판을 마치고 바로 선고할 것임을 예고하였다.

나는 다음 재판기일에 피고인이 집행유예선고도 같이 이루어질 것을 고려하여, 피고인의 형에게 연락했다. 그 형에게 재판기일에 꼭 법정으로 방청하러 오라고 했다. 통상 집행유예가 선고되면 피고인이 구치소로 돌아가자마자 출소하기 때문에, 형에게 그날 방청하고 출소하는 피고인을 바로 데려가라고 하였다.

재판 날이 되어, 피고인의 형이 혹시 법정에 나오지 않을까봐 걱정하였는데, 다행히 피고인의 형제 2명이 함께 나왔다. 형제에게 그동안의 과정을 설명하고 출소하는 대로 동 주민센터에 가서 해야 할 조치에 대해서도 설명했다. 그러던 중 피고인이 교도관들과 함께 법정으로 나타났다. 무뚝뚝하게 조용히 대답만 하던 피고인의 형은 피고인을 보자마자 갑자기 울음을 터뜨렸다. 서로 몇 해 만에 만나는 것인지, 형제는 피고인에게 다가가 손이라도 부여잡으려 하였다. 본래 구속 피고인은 도망할 염려가 있어 교도관들이 다른 사람들의 접근을 막는다. 이러한 원칙을 알고 있던 나였지만, 생각지도 못한 피고인 형제의 행동에 나도 미처 손쓸 틈이 없었다. 다행히 교도관의 제지에 형제도 순응하여 별다른 문제는 생기지 않았다.

재판이 시작되었다. 지난 재판기일에 예정된 대로 순조롭게 끝날 수 있으리라 생각했다. 하지만 공판검사가 변경된 것이었다. 새로 온 검사는 주거침입에 대해 더 검토해야 한다며 한 달 뒤에 재판을 한 번 더 열어 달라고 요청했다. 일반적으로 검사가 추가 검토가 필요하다고 요청하면 재판이 지연되는 편이다. 하지만 이 사건은 피고인이 출소와 함께 그 형제들이 데려가야만 하고, 이 형제들이 한 달 뒤에도 피고인을 데리러 올 수 있을지는 장담할 수 없었다.

재판부에 강하게 이의했다. 지난 공판기일에 판사가 오늘 종결하고 선고까지 하겠다고 이미 예정했고, 이를 신뢰하여 초기 치매 증상을 앓는 피고인을 인계할 형제들이 오늘 왔다는 점을 강조했다. 판사도 이러한 사정들을 고려하여 그대로 종결을 선언했다. 그리고 당일 오후 2시에 바로 선고도 하겠다고 밝혔다. 정말 다행이었다. 피고인의 형제들이 마음을 내어 온 날 모두 정리될 수 있어서, 안심됐다.

이제 형제들에게 오후에 집행유예가 선고되고 난 뒤의 절차에 대해 알려주었다. 그리고 집행유예가 선고되면, 피고인은 선고된 법정에서 바로 집으로 갈 수 있다. 하지만 구치소에 영치된 짐을 찾거나 옷을 갈아입어야 하니, 다시 구치소로 갔다가 출소한다. 그러니 오후에 선고를 보고 구치소로 가서 나오는 피고인을 만나라고 했다. 그런데 구치소 측에 알아보니 미납된 벌금이 있어서, 집행유예가 선고되더라도 며칠 더 구치소에 수감되어야 하는 상황이었다. 이를 형제들에게 알렸다. 형제들은 당장 그 벌금을 납부하겠다고 하여, 바로 옆 검찰청에 가서 벌금을 납부하고 그 영수증을 가져오게 했다.

벌금을 납부하면 전산에 바로 반영되어, 피고인이 구치소에 더 수감

될 필요가 없음을 확인할 수 있다. 하지만 혹시나 전산 반영이 늦어질 수도 있어서, 그 영수증을 교도관에게 주어 꼭 확인해 달라고 부탁했다.

이제 내가 할 수 있는 모든 일을 마쳤다고 생각하고, 홀가분한 마음으로 사무실에 돌아왔다. 함께 집으로 돌아가고 있을 피고인과 그 형제들의 모습이 자연스레 떠올랐고, 나는 뿌듯함을 느끼며 다음 날 재판을 준비하고 있었다.

장맛비보다도 차가웠던 그날의 법정

그런데 오후 2시가 넘었는데도 판결이 선고되었다는 소식이 없었다. 혹시나 하는 마음에 피고인의 형에게 전화를 걸어보았다.

"여보세요. 손영현 변호사입니다. 아직 판결이 선고되지 않았나요?"

"변호사님, 변호사님이 없어서 안 된답니다."

"네? 판결선고는 변호인이 없어도 진행돼요."

"모르겠어요. 검사가 뭐라 뭐라 하더니 변호사님이 없어서 안 된다고 하더라고요. 뭔지 모르겠어요."

"네, 제가 일단 알아보겠습니다."

뭔가 문제가 생긴 것 같았다. 일단 법정으로 가봐야겠다 싶어, 급하게 넥타이를 들고 자켓만 걸친 채로 사무실 문을 박차고 뛰어나갔다. 그때 바로 법원에서 전화가 왔다.

"변호사님, 여기 OOO재판부 경위입니다."

"네, 경위님."

"검사가 선고 직전에 공소장변경신청서를 제출했어요. 공소장변경신청에 대해 공판을 진행해야 해서 변론이 재개됐습니다."

"하- 아니 도대체 지금까지 뭘 하다 이제야 낸대요."

"여하튼 그래서 판사님께서 변호사님 법정에 오실 수 있냐고 연락해 보라고 하셔서 연락드렸습니다."

"네, 저 지금 뛰어가고 있습니다. 10분 내로 법정에 도착할 수 있으니, 더 연기하지 말아달라고 말씀 좀 부탁드립니다."

검사는 야간주거침입절도에서 주거침입부분에 대한 무죄로 일부 무죄를 선고받는 것이 못마땅했는지, 주거침입을 빼고 절도죄로 변경하는 공소장변경신청서를 낸 것이다. 그 공소장변경신청서를 내든 안 내든 판결선고의 결과는 절도에 대한 유죄로 그 결론이 바뀌지 않는다. 그저 검사가 일부 무죄를 받았느냐 아니냐만 달라질 뿐이었다.

형사소송법에 따라 검사는 공소장변경신청서를 판결선고 전까지 제출할 수 있다. 공소장변경신청서가 제출되면 판사는 선고할 수 없고, 재판을 다시 열어야 한다. 그리고 피고인과 변호인에게 공소장변경신청서에 대한 의견을 묻고, 공소장변경허가신청에 대해 허가할지를 결정해야 한다. 판결선고는 피고인만 출석해도 되지만, 다른 재판은 변호인이 출석해야만 열릴 수 있다. 즉, 공소장변경신청서가 제출된 이상 변호인까지 출석한 재판을 한 번은 해야만 하는 것이었다.

오후 2시 판결이 선고되기 전 검사는 법정으로 오다 법원에 공소장변경허가신청을 낸 것이다. 그렇게 오후 2시 판결선고는 진행되지 못했다. 피고인이야 치매 증상으로 당시 상황을 이해하지 못한다더라도, 그 형제들은 얼마나 놀라고 무서웠을까? 동생인 피고인을 꼭 데려가서 잘 보호해야겠다던 계획이 모두 물거품이 되면 어쩌나 걱정했을 것이다. 검사는 지난 재판 후 한 달의 시간 동안 아무것도 하지 않다가, 피고인의 당시 상황을 변호인의 의견진술로 알고 있으면서도, 판결선고 직전에서야 그렇게 해야 했을까? 그게 때로는 피고인에게 유리한 증거도 제출해야 할 의무를 부담하는 공익의 대표자인 검사의 적절한 역할이었을까?

그날 오후는 장마가 시작되는지 비가 억수같이 내렸다. 우산을 챙겨 나오긴 했지만, 급하게 나오느라 작은 우산을 챙긴 것이 잘못이었다. 한 손에는 넥타이를 쥐고, 다른 한 손에는 우산을 잡은 채로 뛰었다. 재판 기록은 대부분 기억하고 있으니 굳이 들고 가지 않아도 됐고, 기록까지 챙겨갈 여유도 정신도 없었다. 역시 작은 우산 안으로 빗물이 튀어 들어왔다. 법정에 도착했을 무렵, 이미 바지는 비에 젖어있었고, 와이셔츠는 땀에 젖어 축축했다. 법정에 도착해서야 숨을 크게 몰아쉬며 경위에게 내가 도착했음을 알리고, 방청석에 앉았다.

피고인의 형제들은 여전히 상기된 얼굴로 나를 맞았다. 아마 어찌 된 영문인지 모르니 그저 어안이 벙벙했을 것이다. 그 형제들을 안심시킬 여유도 없었다. 이미 진행 중인 재판이 끝나고, 바로 피고인에 대한 재판을 시작했다. 판사의 말로 재판이 시작됐다.

"검사의 공소장변경신청으로 변론을 재개합니다."

"네, 피고인의 국선변호인 손영현 변호사 출석했습니다."

"검사의 공소장변경신청에 대한 의견은 어떤가요?"

"이의 없습니다."

"네, 재판을 마치겠습니다."

"최후변론과 피고인의 최후진술은 오전에 했던 것으로 갈음하면 되지요?"

"네, 판사님. 가능하다면 바로 선고해 주시길 다시 한번 부탁드립니다."

"네, 그렇지 않아도 선고해야지요. 이제 변론을 종결합니다. 바로 선고하겠습니다. 피고인 일어서세요."

그렇게 1분도 채 안 되는 시간에 재개된 재판은 다시 종결되었다. 그리고 역시 피고인에게는 집행유예가 선고되었다. 달라진 것은 피고인에게 일부 무죄가 아닌 유죄로 판단된다는 '판단 이유'의 단 한 줄 뿐이었다. 내가 뛰어오는 데 10분, 내가 변론으로 말하는 데 30초. 그래도 형제들이 오늘 피고인을 데려갈 수 있도록 애쓴 일이니, 후회는 없었다. 그저 먹먹함만이 남았다.

경찰은 치매로 거리를 헤매던 피고인을 수사하면서 아무런 조치를 하지 않았다. 그저 범죄자를 수사한 것뿐이었다. 구치소로 잡혀간 피고인은, 나에게만 형의 전화번호를 017로 이야기한 것이 아니라, 아마 교도관들에게도 그렇게 말했을 것이다. 하지만 치매에 대한 기록은 전혀 없었다. 이런 그에게 국가가 일부 무죄가 아닌 단순유죄로 그를 처벌하기 위해, 이렇게 가혹해도 괜찮은 걸까?

기자들을 만날 때마다, 나는 이 사건에 대해 이야기했다. 이 사건은 신문과 방송에서 한 번씩 소개되기도 했다. 그의 이야기는 마음 따뜻해지는 형제애로, 수사 단계에서도 국선변호인의 변호가 필요하다는 주장의 근거로 사용됐다.

나는 아직도 기억한다. 피고인의 형이 구치소에서 나온 피고인을 택시에 태우고서 집으로 이동하는 길, 내게 들뜬 목소리로 전화했던 그 목소리를. 우리 국선전담변호사 사무실에서 그의 이름이 들리지 않는 것을 보니, 어딘가에서 잘 지내고 있나 보다. 나는 그도 다시 보지 않을 수 있기를 희망한다.

노숙인인 피고인은 어디에?

이 사건 외에도 노숙인을 피고인으로 만난 적이 있다. 그 노숙인의 죄명도 절도였다. 그는 경찰에서 한차례 조사받은 이후 돌아갔고, 재판에는 한 번도 출석하지 않았다. 그에게 재판에 출석하라는 통지서는 한 번도 도달되지 못했고, 그의 소재는 6개월이 지나도록 알 수 없었다. 그리하여 소송촉진법 제23조에 따라 피고인에 대한 궐석재판(闕席裁判)[24]이 진행됐다.

하지만 그의 나이가 70세 이상이어서 국선변호인이 반드시 필요한 재판이기 때문에, 내가 그 사건의 국선변호인으로 선정되었다. 피고인이 없는 상태에서 국선변호인인 나만 출석하여 재판이 진행됐다.

이렇게 담당한 그의 사건에 대한 기록을 살폈다. 그의 주민등록주소는 인천이었다. 로드뷰로 그 주소지를 검색해 보니, 도저히 사람이 사

---

18 특별한 사정이 없는 한 형사 재판은 피고인이 출석하지 않으면 개정될 수 없고, 피고인의 출석은 의무사항이다. 그래서 피고인이 법원의 소환장을 받고서도 정당한 사유 없이 출석하지 않으면 구속영장이 발부되기도 한다. 하지만 피고인의 소재를 알 수 없어서 법원이 소환장을 도저히 보낼 수 없는 경우에는, 피고인이 출석하지 않은 상태에서 재판이 진행될 수 있다.

는 곳으로 보이지 않았다. 그곳의 동 주민센터에 연락해 봤지만, 주민등록이 말소되었다는 말만 들을 수 있을 뿐이었다. 그의 소재를 조사한 보고서를 보니, 서울의 한 경찰서에서 그가 발견된 적이 있다는 결과가 나의 눈길을 끌었다. 혹시나 하는 마음에 피고인이 발견되었었다는 지역의 노숙인 지원센터에 연락했다. 다행히 그 센터에서 주기적으로 살피고 있는 노숙인 중에 피고인이 포함되어 있었다. 담당 복지사를 통해 피고인에게 재판이 열리고 있음을 알려 달라고 부탁했다.

담당 복지사는 그가 심한 당뇨병 등으로 거동이 불편하다고 알려주었다. 게다가 다른 사람의 접근을 두려워한다며, 그가 재판에 나갈 수 있을지 모르겠다는 우려를 전했다. 피고인은 주민등록도 말소된 상태이니 기초생활수급 지원 등은 전혀 받을 수 없었다. 나는 피고인이 오히려 구속되는 것이 더 낫지 않을까 싶었다. 물론 처벌이야 받겠지만, 국가에서 제공하는 복지를 통해 그의 삶이 더 나아지지 않을까 싶었다.

그러나 변호인이기 때문에 피고인이 가기 싫다는 재판에 억지로 데려올 수는 없었다. 그래서 피고인의 소재가 확인된다는 점을 법원에 제출해 보았다. 어쩌면 공소유지를 위해 검사가 피고인을 데려올 수도 있지 않을까 하는 기대 섞인 마음이었다. 하지만 피고인은 결국 출석하지 못했고, 판결은 그대로 선고되어 재판이 끝났다.

권리와 의무는 항상 수반된다. 국가의 처벌을 피하는 피고인이 복지를 제공받지 못하는 것은, 어쩌면 당연해 보인다. 그러나 민간인인 국선변호인이 전화 몇 통으로 확인한 그의 소재를, 경찰은 확인할 수 없는 것이었을까? 그렇게 처벌해야 할 피고인을 찾는 것도 어려워하는 국가기관이 복지의 사각지대를 찾는 건 잘할 수 있을까? 이 피고인의 소식이 전혀 들리지 않는 것은 걱정스럽지만, 부디 그가 건상하실 바란다.

함께 생각해 볼 이야기

뉴스를 보다 보면, 누군가 생활고로 고생하다 스스로 목숨을 끊었다는 소식을 접하곤 한다. 물론 과거에 비해 우리 사회의 복지 시스템은 많이 향상되었다. 기초생활수급만으로도 기본적인 생활을 영위할 수 있는 정도는 된다는 것이 일반적인 견해인 듯싶다. 하지만 여전히 생활고에 지쳐 극단적인 선택을 한다는 소식이 들린다는 것은 마음 한편을 답답하게 만드는 일이다.

국선변호인 일을 하면서 피고인의 전과를 살피다 보면, 마약을 끊지 못하고 계속 적발되는 사람이나 알콜 중독이나 폭력성으로 범죄를 반복하는 사람들을 볼 수 있다. 거듭되는 처벌만이 해결책일 수는 없기에, 사회에서는 처벌과 함께 치료를 고민한다.

그렇다면 경제적 빈곤으로 반복되는 범죄에 대해서는 어떨까? 피고인이 경제적 빈곤으로 범죄를 일으키고 있다면, 그가 최소한 빈곤으로 다시 죄를 범하지 않을 수 있도록 돕는 것이 필요하지 않을까? 국가기관에서 미처 발견하지 못하는 빈곤을 찾기 위해 더 열심히 노력해야 하는데, 수사기관이지만 동시에 국가기관인 곳에 제 발로 들어온 빈곤을 그냥 처벌만 하고 다시 돌려보내는 것은 적절한 것일까? 오히려 그들을 복지 시스템으로 포섭시켜 재범하지 않도록 관리하는 것이, 우리 사회에 더 필요한 것은 아닐까?

고정관념은 눈을 흐리게 만든다

국선전담변호사로서 나는 그 고정관념을 지적한다

검사를 비롯한 수사기관이 피해자의 말을 믿어주지 않는다며, 도리어 가해자들만 편드는 것 아니냐는 비난이 언론에 소개되곤 한다. 수사기관은 국가기관이므로 피해자를 더 두텁게 보호하는 것이 필요하지만, 수사과정 자체는 객관적이고 중립적이어야 한다. 그렇지 않으면, 오히려 실체적 진실에 대한 수사를 하지 못하는 결과가 발생할 수도 있다.

그래서 국선변호인(피고인을 변호하는 역할) 이외에, 피해자 국선변호사 제도를 별도로 마련한 것이다. 특히 증거가 보존되는 기간이 짧은 사건에서는 초동 수사가 잘못된 방향으로 진행되어, 나중에 되돌릴 수 없는 결과를 낳기도 한다. 국선변호를 하면서 아쉬움을 느꼈던 사건들이 있다.

지팡이를 짚은 노인, 지하철역, 그리고 강제추행

피고인 A씨는 고령으로 귀가 잘 들리지 않는 80대 노인이었다. 암 수술을 받고 회복 중이던 그는 지팡이를 짚고 다녔다. 그가 심한 지적장애(예전 등급제 기준으로 1급에 해당함) 여성의 가슴을 추행하였다는 '장애인강제추행죄'로 재판이 진행되었고, 나는 그 피고인 A씨의 국선변호인이 되었다. 이 사건의 기록을 처음으로 접했을 때, 나는 적잖이 충격을 받았다.

심한 지적장애의 피해 여성은 여가 시간에 주로 지하철 역사에 갔다. 그곳 환승 통로의 자판기 커피를 여러 잔 뽑아 마시기를 좋아했다고 한다. 사건이 발생했던 그날에도 자판기에서 뽑은 여러 잔의 커피를 그 옆의 쓰레기통 위에 올려둔 채로 마시고 있었다. 그러던 중 피고인 A씨가 피해자의 등 뒤에 서서 왼쪽 젖가슴을 만졌다는 것이다. (그 지점으로부터 약 10m쯤 떨어진 곳에 서 있던) 활동 보조인이 이를 목격하고는, 피고인 A씨를 붙잡아 경찰에 넘겼다.

미성년자나 장애가 있는 성범죄 피해자의 경우 해바라기센터에서 진술 조력을 받을 수 있는데, 피해자의 특성에 맞는 진술 조력인이 피해자 신문 절차에 동석하게 된다. 이 사건 피해자는 통상적인 대화가 불가능하여 지적장애에 대한 전문 지식을 가진 진술 조력인의 지원을 받았고, 피해자 국선변호사도 동석한 가운데, 담당 경찰관이 피해자를 신문하였다.

그 모든 과정은 법에 따라 녹화되었고, 그 녹취록이 진술조서로 대체되었다. 그러나 그 녹취록만으로는 피해자 진술의 구체적인 내용을 파악할 수 없었다. 왜냐하면 녹취록에는 피해자의 비언어적 표현들이 담기지 않기 때문이다. 이 사건의 피해자처럼 언어적 표현만으로는 원활한 소통을 하기 어려운 경우에는, 몸짓이나 표정 등의 세세한 뉘앙스가 포함된 진술 전체를 직접 확인해야 했다.

그 영상에는, 경찰관이 오랜 시간에 걸쳐 피해자와 라포(Rapport)를 형성하는 과정과 그 이후 이 사건에 대한 피해자의 진술이 담겨 있었다. 사건이 발생한 장소를 특정하는 과정이 나타났다. 경찰관이 피해자에게 현장 사진을 보여주면서, 이 중 어느 지점에서 사건이 발생하였는지를 손으로 직접 가리키라고 하는 방식으로 피해자의 진술을 확보하였다.

이제 피해자가 피고인 A씨로부터 언제 어떠한 피해를 당했는지, 그 구체적인 피해 사실을 확인할 차례였다. 그런데 피해자가 말로 서술할 수 없었기 때문에, 피해자가 보여준 행동을 통해 간접적으로 유추할 수밖에 없었다. 피해 당일에 있었던 일에 대해 여러 차례 묻는 과정에서, 피해자가 갑자기 오른편 가슴과 왼편 가슴을 손으로 번갈아 치며 "만졌다"라고 외쳤다. 그에 멈추지 않고, 음부에 손을 가져가서는 "만졌다. 잠지 만졌다"라고도 외쳤다. 그러자 정적이 흘렀고, 이어서 경찰관, 진술 조력인 그리고 국선변호사는 일제히 분노하는 듯한 모습을 보였다.

수사보고서에는 담당 경찰관의 분노가 담겨 있었다. 경찰은 피고인 A씨가 피해자의 왼편 가슴뿐만 아니라, 오른편 가슴과 음부에 대해서도 추행을 한 것으로 판단했다. 단지 왼편 가슴에 대한 추행 증거만 있어서 '어쩔 수 없이' 왼편 가슴에 대한 추행만 기소할 수밖에 없다는 것이었다. 아마도 그 경찰관은 '피고인 A씨가 늘 같은 시간대에 그 자판기 근처에 오는 피해자의 패턴을 파악하고서, 피해자를 오랜 시간 반복적으로 추행해 왔다'고 판단했던 것 같다.

이 사건이 발생하기 며칠 전, 피해자의 아버지는 피해자가 성추행을 당하고 있는 것처럼 보인다며, 활동 보조인에게 특별히 잘 챙겨달라고 요청했다고 한다. 활동 보조인은 평소보다 피해자 주변을 더 유심히 살폈고, 그러던 중 피고인 A씨를 잡게 되었던 터라, 어쩌면 당시 피고인 A씨에 대한 의심은 확신에 가까웠을지도 모른다.

나는 일단 피고인 A씨를 만나 이 사건에 대한 의견을 들어보기로 했다. 혼자 살고 있던 피고인 A씨는, 80대에 암 수술을 받고 회복 중이었다. 지팡이를 짚고 느릿느릿 걸음을 옮길 정도로 거동이 불편한 피고인 A씨 혼자 국선전담사무실까지 찾아오기란 무리였고, 그는 딸의 부축을 받은 채로 나를 만나러 왔다. 그리고 예상치 못한 난관에 부딪쳤다. 피고인 A씨는 보청기를 낀 상태에서도, 내가 소리를 질러야만 겨우 대화할 수 있을 정도로 청력이 떨어져 있었다. 그래서 내가 글로 써서 질문하면, 피고인 A씨가 말로 대답하는 방식으로 대화를 진행했다. 알고 보니, 경찰에서도 피고인 A씨에 대해 필담으로 피의자신문을 진행했었다고 한다.

피고인 A씨는 나에게 무죄를 주장했다. 그의 말에 따르면, 암 수술 후 몸이 조금씩 회복되면서 움직이기 시작했고, 평소 지하철로 가까운 시장을 다녀오곤 했다고 한다. 아파트 단지 재활용 쓰레기장에서 빈 병을 가져다 파는 바람에 관리사무소와 분쟁이 있었고, 거주지 이외의 다른 곳에서도 쓰레기통에 쓸만한 병이 보이면 주워가곤 했다는 것이다. 이 사건이 발생했던 날에도, 지하철 환승통로 쓰레기통(재활용 병 수거통)에서 빈 병을 가져가려고 했는데, 어떤 여성이 그 앞에 선 채로 가만히 있길래, 손으로 밀며 비키라고 했다고 한다. 몇 번을 밀어도 비키지 않아서 화를 내려던 차에 누군가 갑자기 뛰어와서 자신을 붙잡았다는 것이다. 피고인 A씨는 피해자에게 비키라고 밀었을 뿐이지, 가슴을 만지는 일은 없었다는 주장이었다.

하지만 피고인 A씨가 비키라며 피해자를 미는 과정에서 본인이 의도하지 않았다 하더라도 피해자의 왼편 가슴에 그의 손이 닿았을 가능성을 배제할 순 없었다. 나는 피고인 A씨에게 당시 상황을 그대로 재연해 보라고 했다. 피고인 A씨가 커피를 마시기 위해 양손을 쓰고 있던 피해자의 왼쪽 사선 뒤편에 서서 오른손으로 지팡이를 짚은 채 왼손으로 피해자의 왼쪽 옆구리를 밀었고, 이 과정에서 피고인의 손이 피해자의 왼편 가슴에 닿았을 수도 있어 보였다. 그래서 피고인에게 '미필적 고의'에 대해 설명하며, 의도적이지 않더라도 그 동작 자체가 피해자의 왼편 가슴에 손이 닿을 수 있는 행동이었다는 점에서, 왼편 가슴 추행 자체에 대해서는 인정하기로 하였다. 이렇게 '장애인강제추행죄'가 아닌 일반 '강제추행죄'로 일부 무죄를 주장하기로 했다.

피고인 A씨가 일부 무죄를 주장함에 따라, 이 사건 관계자들에 대한 증인신문이 시작됐다. 활동 보조인은 피고인 A씨를 엄벌에 처해 달라고 했다. 사고 당일, 피고인 A씨를 붙잡아 역무소로 갔을 때, 활동 보조인은 그에게 "피해자에게 왜 그런 몹쓸 짓을 했냐"라고 따져 물었다고 한다. 그랬더니 피고인 A씨는 죄송하다며 종이에 용서해 달라는 내용을 자필로 써주었다는 것이다. 그런데 이제 와서 피고인 A씨가 무죄를 주장한다는 게 괘씸하다는 거다. 피해자 측에서 강하게 엄벌을 주장하는 상황이다 보니, 피고인 A씨가 아무리 고령이라 할지라도 실형이 선고될 수 있었다. 나는 다시 한번 기록을 꼼꼼하게 살피고, 주장을 정리했다.

내가 먼저 주목한 부분은, 피고인 A씨가 오랜 기간 피해자를 추행하였을 것이라는 경찰관의 짐작과 더불어 추행 부위가 왼편 가슴만이 아니라 오른편 가슴과 음부도 포함되었을 것이라는 의견이었다. 그런데 나는 피고인 A씨가 상습범이라는 점을 도저히 납득할 수 없었다. 거동이 불편하여 저렇게 느릿느릿 움직이는 노인이 그간 한 번도 적발되지 않았다는 것, 그리고 수많은 사람들이 오가는 환승통로에서 목격자의 신고가 단 한 건도 없었다는 것만 보더라도 석연치 않았다. 경찰이 수사 보고한 대로라면, 피고인은 상습범이라는 얘기고 그대로 인정된다면 형량이 가중될 수밖에 없다. 그러니 새로운 증거들로, 경찰의 판단이 잘못되었다는 것과 일회성 범죄라는 것을, 법원에 분명하게 밝혀둘 필요가 있었다.

우선 피고인 A씨에게 최근 1년간의 교통카드 사용 내역을 뽑아오라고 했다. 피해자가 주로 지하철역에 방문한다는 시간대와 피고인 A씨가 그 역의 환승통로를 지나가는 시간대를 대조해 봤더니, 서로 맞지 않았다. 사건이 발생한 날은, 피고인 A씨가 평소보다 일찍 움직인 까닭에 피해자와 겹쳤던 것이었다. 피해자를 사건 당일 처음 봤다고 한 피고인 A씨의 주장도 들어맞았다.

그 다음으로 살핀 부분은, 피해자가 특이한 소리를 계속 내는 사팔눈이기 때문에 피고인 A씨는 그녀가 장애인이라는 점을 바로 알아볼 수 있었을 것이라는 검찰의 주장이었다. 귀가 어두운 피고인 A씨는 보청기를 끼는데, 내가 큰 소리를 내도 잘 듣지 못해 결국 글로 써서 보여주며 면담을 진행했었다. 경찰에서도 필담으로 피의자신문을 진행했었던 터라, 피해자가 내는 특이한 소리를 그가 듣지 못했을 것이었다. 그래서 검찰의 주장을 반박하기 위해, 피고인 A씨가 심한 난청이라는 점을 법정에서 증명하기로 했다.

피고인 A씨에 대한 피고인 신문을 신청했는데, 이는 피고인이 잘 들을 수 없다는 사실을 법정에서 판사가 눈으로 직접 확인하도록 하기 위함이었다. 더욱이, 피해자의 사팔인 눈을 피고인 A씨가 확인할 수 없었다는 점에 대해서도 증명하고자 했다. 피고인 A씨가 피해자에 비해 키가 작고 왜소한 체격인데 지팡이까지 짚고 있으니, 피해자의 사선 뒤편에 서 있는 상태에서는 피해자의 눈을 볼 수 없다는 것으로 말이다. 이로써 피고인 A씨가 피해자를 장애인이라고 인식할 수 없었다는 사실은 충분히 확인되었다.

이렇게 힘겨운 소송 과정을 거쳐, 피고인 A씨는 일반 강제추행죄로만 처벌받게 되었다. 그의 자녀들이 피해자 아버지에게 간곡하게 용서를 구하고, 피해자 아버지가 합의하여 준 덕분에 피고인 A씨는 결국 집행유예만 선고받을 수 있었다. 피고인 A씨의 사건은 이렇게 갈무리되었지만, 나는 이 사건의 피해자가 여전히 어딘가에서 피해를 당하는 일이 계속 벌어질 것만 같았다.

오른 가슴과 음부를 추행한 피해는 어디에서 있었던 것일까?

나는 피해자의 아버지에 대해 증인신문을 하면서 피해자가 "잠지"라는 단어를 집에서도 사용했는지에 대해 물었다. 피해자가 해바라기 센터에서 음부를 손으로 치며 "잠지 만졌다"라고 말했던 것이 심상치 않다고 느꼈기 때문이다. 그런데 피해자의 아버지는 "잠지"라는 단어를 입 밖으로 내는 것 자체를 꺼려했다.

그렇다면 피해자는 누군가로부터 음부에 대한 추행을 낭하면서 "잠지"라는 단어를 듣게 된 것일 수 있다. 하지만 피고인 A씨는 자신의 말도 잘 들리지 않는 심한 난청이라 평소 대화할 때도 큰소리로 말한다. 그런데 대중에게 공개된 지하철 환승통로라는 공간에서, 피해자를 추행하면서 그가 무슨 말인가를 큰 소리로 내뱉는다는 건 어색하다.

그러니 결국 피해자를 추행한 다른 가해자가 있다는 것이다. 어쩌면 이 피해자의 오른편 가슴과 음부를 추행한 그 다른 가해자가 존재하고, 아직까지 잡히지 않았을 것이라고 보는 것이 더 자연스럽다. 그렇게 생각하니 무서웠다. 그리고 한편으로는 아쉬웠다.

만약 경찰이 피해자가 해바라기센터에서 말한 피해 진술을 듣고, 피고인 A씨만을 의심하는 것에서 벗어나 좀 더 폭넓게 살폈다면 어땠을까? 피고인 A씨는 지팡이를 짚고 느릿느릿 걷는 노인으로, 건강 상태가 좋지 않다. 이런 피고인이, 오가는 사람들이 많은 지하철 환승 통로에서 담대하게, 오른손으로 지팡이를 짚고 왼손으로는 피해자의 왼편 가슴과 음부까지 추행한다는 것은, 물리적으로나 상식적으로나 성립하기 어렵다.

피고인 A씨가 활동 보조인에게 잡히면서 자백했다고는 하나, 그가 심한 난청이라는 사실을 따져보았다면, 어떤 질문을 듣고 그렇게 자백했다는 것인지 그 인과관계도 살폈을 것이다. 그렇게 했다면, 피해자가 호소한 피해 사실들이 과연 언제 어디에서 발생한 것인지, 피해자의 아버지가 눈치챘던 피해사실은 어떤 것이었는지에 대해 더 파악해 보아야 했을 것이다. 그러면 진실을 더 파헤칠 수 있었을지도 모른다.

나는 이 사건의 최후변론에서, '피고인 A씨에 대한 확증편향'으로 양쪽 가슴과 음부를 손으로 치며 "만졌다"라고 울부짖던 피해자의 외침을 놓쳐버린 수사기관에 대한 아쉬움을 피력하며 마무리했다.

비아그라와 편견

'비아그라'라고 하면, 남성의 성 기능을 복원시켜 주는 만병통치약인 것처럼 통칭되고 있다. 내가 맡았던 사건의 피고인 B씨는 60대 노인으로, 유치원생인 손녀를 강간하였다는 범죄 사실로 기소되었다. 사건이 발생한 시각은 새벽 2시경이었는데, 당시 피고인은 밤 12시쯤 수면유도제인 졸피뎀을 먹었다고 진술했다. 피고인 B씨는 건설업을 하다 사기를 당한 뒤부터 사업에 실패하기를 반복하는 과정에서 몇 년간 징역도 다녀온 통에 수면유도제인 졸피뎀을 먹지 않으면 잠을 잘 수 없는 상태였고, 이렇게 졸피뎀을 먹고 자는 모습은 피해 아동도 여러 차례 목격했었다.

사건 당일에도 피해 아동은 피고인 B가 졸피뎀을 먹은 것을 보았다고 진술했다. 그런데 12시에 졸피뎀을 먹은 노인이 새벽 2시에 강간을 할 수는 없는 일이다. 이에 경찰은 피해 아동이 본 '약 먹는 모습'은 피고인 B가 자신의 배우자와 성관계할 때 복용하려고 사둔 비아그라를 먹었던 것으로 추정했다. 그렇게 피고인 B는 비아그라를 먹고 손녀를 강간한 범죄자로 법정에 섰다.

일단, 피해 아동에 대한 신체 감정 결과를 보았다. 아동의 음부에서 콘돔에서 나오는 윤활제 성분이 검출되었다. 그런데 피고인 B의 집에서는 콘돔이 나오지 않았고, 피고인 B나 피고인 B의 배우자도 콘돔을 써본 적도 사본 적도 없다고 진술했다. 피해 아동의 부모가 이 사건을 신고하면서 피고인 B의 배우자도 할머니로서 신고에 동참하였기 때문에, 특별히 피고인 B의 배우자가 피고인 B에게 유리하게 허위 진술을 할 것은 아니었다. 이 사건에서 이상한 것은 이뿐만이 아니었다. 피고인 B는 자신의 성기가 발기되지 않는다며, 3년 전부터 병원 치료를 받았던 자료를 제출했고, 피고인 B의 배우자도 유사한 취지로 진술했다. 이것에 대해 수사기관은 피고인 B가 사건 당시 비아그라를 먹었기 때문에 발기할 수 있었다고 보았다.

재판이 시작되면서, 피고인 B가 먹었다는 비아그라에 대해서부터 확인했다. 일단 피고인 B는 돈이 없어서 동대문 시장에서 파는 비아그라를 샀다고 했다. 소위 '짝퉁'이다. 그러니 이 약이 제대로 발기부전 치료제인지도 의심스러웠다. 하지만 그 약이 '진짜' 비아그라라고 해도 문제였다. 수사기관마저 잘못 알고 있는 것처럼, 많은 사람들은 비아그라가 발기할 수 있게 도와주는 약으로 오인하고 있다.

하지만 비아그라의 작용기전을 살펴보면, 비아그라는 성기의 혈관이 팽창하게 하는 물질인 cGMP의 분해를 억제하여, 발기 상태를 오랫동안 유지시키는 역할을 하는 것이다. 즉, 애초에 발기가 되지 않는 사람에게 비아그라는 아무 소용이 없는 약이다. 그러니 발기가 되지 않는다는 피고인 B가 아무리 비아그라를 먹었다 한들 강간과는 전혀 상관없는 것이다.

이 사건 재판에서 피해 아동이 피고인 B가 당시 먹었던 약의 약통에 대해 진술한 내용이 졸피뎀 약통과 같았지만, 피고인 B가 졸피뎀을 먹었는지에 대해서는 판단이 이루어지지 않았다. 하지만 피해 아동의 진술을 분석한 전문심리위원이 "강간에 대한 피해 진술은 신뢰하기 어렵다"는 의견을 제출하여, 피고인 B에 대한 강간은 1심에서 무죄가 선고되었다.

물론 피고인 B가 피해 아동이 미성년자 관람 불가인 영화를 보게 하여 성적으로 아동을 학대하였다는 죄 등으로 징역형이 선고되긴 하였으나, 피고인 B가 나에게 '손녀 강간범'이라는 누명은 꼭 벗게 해달라던 것은 이루어졌으니, 다행이었다.

하지만, 여전히 의문이 남는다. 피해 아동의 음부에서 콘돔에서 나오는 윤활제가 검출된 것에 대해서는 왜 아무런 수사가 이루어지지 않았던 것일까? 예전에는 콘돔을 약국에서만 구입할 수 있었기 때문에 피고인 B와 같은 나이대의 사람이 콘돔을 써본 적 없다는 것이 그리 이상한 일은 아니다. 내가 담당 수사관이었다면, 콘돔 윤활제가 왜 나왔는지에 대해 더 살폈을 것이다. 아마도 당시 담당 수사관도 일단 의심해 보긴 했겠지만, 피고인 B가 비아그라를 먹고 손녀를 강간했을 것이라는 피해 아동 주변인들의 진술에만 매몰되었던 것은 아니었을까? 그래서 다른 사실관계에 대해서는 살펴보려 하지도 않았던 것은 아니었을까?

세간의 관심을 끌었던
강남청부살인사건으로 드러난 고정관념

국선전담으로 일하다 보면, 뉴스에 나오는 흉악범죄의 피고인을 국선으로 변호해야 할 일이 생기곤 한다. 일이 힘들기도 하고, 국민적 관심 속에서 매일 법정에 출석해야 할 수도 있으니, 일반 국선변호인은 진행하기 무리일 수밖에 없다. 그런 사건들은 주로 국선전담변호사들에게 오는 편이다. 그렇다 보니 나는 뉴스에 흉악범죄가 보도될 때면 그 범죄가 내가 일하는 법원으로 올 사건인지 아닌지를 먼저 살피는 습관이 생겼다.

여느 때와 다름없이 수많은 재판을 담당하던 와중에, 세간의 관심을 끌던 소위 '강남청부살인사건'의 피고인이 배정되었다. 이 사건은 SBS 〈그것이 알고 싶다〉 방송에도 소개되었다. 피상적으로 보면 수억 원 이상의 돈이 연루된 사건인데, 국선변호를 진행한다는 게 부자연스럽게 느껴질지도 모른다. 물론 살인 청부 혐의가 있는 피고인들은 대형 로펌의 변호사를 사선변호인으로 선임했다. 또한 그 사건의 전체적인 지휘를 담당한 것으로 알려진 피고인 등도 사선변호인을 선임해서 자신의 방어권을 행사했다. 하지만 살해행위를 실제 실행하는 대가로 고작 몇백만 원을 받은 피고인은 달리 사선변호인을 선임할 형편이 안 되니, 국선변호인의 조력을 받게 된 것이다.

그 피고인은 모든 사실관계에 대해서 자백했다. 그러나 살인의 고의가 있었던 것은 아니었다는 취지에서, 강도살인이 아니라 강도치사로 처벌해 달라고 주장하고 있었다. 하지만 청부했다는 사람들(이하 '청부자들')은 강도도 살인도 전혀 교사한 사실이 없으며, 모르는 일이라고 주장하였다. 이 사건을 전체적으로 기획 담당한 상피고인(이하 '주동자') 역시, 피해자를 살해하라는 지시는 전혀 없었다고 주장하였다.

그렇다 보니 재판에서 확인해야 할 증거들이 많았다. 구속기간 내에 판결이 나와야 하니, 거의 매일같이 재판이 열렸다. 그러다 보니, 기존 국선변호인이 혼자 그 피고인을 변호하기는 힘겨웠을 것이다. 그래서 나는 이 사건의 후반부에 추가 공동변호인으로 투입되었다.

이미 상당 부분 재판이 진행된 상태여서, 내가 적극적으로 소송행위를 할 일은 없었다. 대형 로펌 변호사의 피고인 신문(대형 로펌이 변호를 담당했던 청부자들 중 청부자 한 명에 대한 신문)은 반나절을 넘겼고, 그렇게 청부자들(모두 2명)의 피고인 신문으로만 무려 이틀이 소요되었다. 나는 이 내용들을 가만히 듣고, 피고인의 최후변론을 준비하는 것이 주된 업무였다.

청부자들은 살인을 교사하지 않았다면 무죄를 받을 것이고, 그 대신 나의 피고인은 청부도 없이 독단적으로 저지른 범죄이니 그 형량은 더 높아질 수밖에 없다. 그러니 나는 피고인이 강도치사를 범한 동기가 청부자들과 밀접하게 연관되어 있다는 점을 계속 지적해야 했다. 그런 관점에서, 내가 담당한 피고인의 주장을 증거기록에 기초하여 정리했다.

이를 통해 피고인에게는 일부 무죄가 선고되었고, 피해자 살해 고의에 대한 근거가 바뀌는 과정을 통해 새로운 사실관계가 규명될 수 있었다.

사망의 원인에 대한 다른 시선, 그렇게 찾은 또 다른 진실

본래 피고인은 '케타민'이라는 마약성 마취제를 피해자에게 주사하여 죽음에 이르게 했다는 것으로, 강도살인과 '마약류관리에관한법률위반'으로 기소되었다. 피고인은 케타민 주사로 죽을 줄은 몰랐다는 취지로 수사 단계에서 강도지사를 수장했었다. 하지만 피해자의 사망 요인 중 하나가 '케타민 중독'으로 부검감정 소견이 나왔다는 이유에서 더 이상의 논박이 없었다.

그런데, 증거기록에서 확인되는 케타민의 주입량이 이상했다. 증거기록들을 살펴보면, 케타민은 피해자에게 근육주사로 200mg이 주입되었다는 것인데, 이는 치사량에 미치지 않았기 때문이다.

우리나라에서 유통되는 모든 약에 대한 정보가 기재된 「대한민국약전」과 다른 관련 자료들을 통해 케타민에 대한 정보를 확인해 보았다. 이에 기초하여 보면, 이 사건에서와 같이 '근육주사'로 투입되는 경우에는 1회 적정 투입량이 200mg으로 계산된다.

부검에서 확인된 말초혈액에서의 농도가 1.25mg/L였는데, 케타민의 치료농도는 1~6.3mg/L, 치사농도는 1.5~38mg/L로 케타민만으로 사망에 이르게 했다고 보기엔 뭔가 부족해 보였다. 더 자세히 살펴보니, 케타민은 정맥주사와 근육주사로 주입할 수 있는데, 정맥주사의 경우에는 피해자에게 적정용량이 50mg 정도였다. 그리고 정맥주사의 경우에는 1분 이상 천천히 주입해야 한다는 주의사항도 있었다.

추측해 보건대, 수사 단계에서 정맥주사와 근육주사를 구분하지 않고 정맥주사 기준으로 피해자가 케타민에 의해 사망했다고 추정했던 것으로 보였다. 그 외에도 피해자의 기왕증 등을 살펴보면 모호한 점들이 몇 있었다. 결국, 검사는 '케타민'을 주입한 것으로 피해자를 사망케 하였다는 주장을 변경하였다. 즉, '케타민'으로 피해자를 사망케 한 것은 아니더라도, 피해자를 데려간 야산에 구덩이를 팠다는 점을 강조했다. 구덩이를 팠다는 것으로, 피고인들이 피해자를 살해할 의도는 충분히 확인된다는 것이었다. 이러한 검사의 변경된 주장이 받아들여져 피고인에게는 강도살인의 죄가 인정된다고 선고되었다.

물론 여기에 대해서도 나는 여전히 의문을 품는다. 군대에서 야산의 땅을 파본 사람이라면 쉽게 알 수 있듯이, 3월에는 아직 땅이 덜 녹은 상태여서 땅 파는 작업이 그리 쉽지 않다. 군대도 다녀온 피고인 등이 그런 사실을 몰랐을 리 없고, 사전에 수개월 간 준비하면서 굴삭기 같은 중장비로 미리 파놓을 수 있음에도 불구하고 그러지 않았다는 것은 납득할 수 없었다.

더욱이, 피해자의 전자화폐를 빼내는 것이 목적이고, 그 전자화폐를 통해 보상받아야 했던 피고인 등이 비밀번호를 파악하기 전에 살해한 것도 좀처럼 이해되지 않았다. 아마 대법원까지의 재판 과정에서 이 부분에 대해서도 변호인과 검사의 치열한 논박으로 실체적 진실에 더 접근하였을 것이다.

마취제는 모두 마약인가?
「대한민국 약전」에서 찾은 또 다른 진실

나는 피고인이 케타민에 대해 마약이라는 점을 알고 피해자에게 주입하였는지 여부에 대해서도 모호하다고 보았다. 피고인이 마약이라는 것을 미필적으로라도 알고 주입한 경우에만 '마약류관리에관한법률위반죄'를 물을 수 있다. 그런데 피고인은 약에 대한 지식을 전혀 가지고 있지 않은 사람이고, 케타민을 구한 간호사에게 직접 건네받은 것도 아니라는 점에서 '케타민이 마약인 것을 알았을까?'라는 의문이 생겼다.

우리나라 마약 관련 법령은 마약에 해당하는 약품을 나라에서 지정하고 있고, 지정된 이후에만 그 약품에 대해 마약사범으로 처벌할 수 있도록 되어 있다. 케타민은 2006년에서야 마약 중에서 향정신성의약품으로 지정된 것으로, 비교적 최근에 마약으로 지정된 약품이었다.

그리고 피고인은 주동자로부터 '마취제'라고만 듣고 약을 건네받았다. 모든 '마취제'가 '마약'에 해당하는 것이 아니라면, "피고인이 '마취제'라는 말을 듣고 받았으니, 그 약이 '마약'이라고 미필적으로나마 인식하였다"라는 검사의 주장을 반박할 수 있다고 보았다.

다시 「대한민국 약전」을 찾아보니, 마취제 중에 마약인 향정신성의약품에 해당하지 않는 '에토미데이트리푸로주'라는 약이 실제로 사용되고 있음을 확인하였다. 이를 근거로 피고인이 마취제를 마약으로 인식할 수 없었다는 취지로 주장했다. 이런 주장이 받아들여져, 피고인은 '마약류관리에관한법률위반죄'에 대해서는 무죄를 선고받았다.

한 사람을 납치하고 강도하다 죽음에 이르게 했다는 죄책은 전혀 가볍지 않다. 그렇기 때문에 '마약류관리에관한법률위반죄'가 무죄로 판단되었다 하더라도 '사실상 사형제 폐지 국가'인 우리나라에서 최고형이라 할 수 있는 무기징역을 선고받을 수밖에 없었다. 하지만 최소한 피고인이 자신의 처벌에 대해 스스로 받아들일 수 있고, 형사 재판을 통해 수사기관이 발견하지 못했던 진실을 찾는다는 점에서 무의미한 재판은 아니었다.

마지막 결심공판기일, 피고인이 가족사진을 물끄러미 바라보다 최후진술에 임하는 것을 보니, 마음이 무거웠다. 피고인의 죄는 마땅히 엄히 처벌받을 일이다. 하지만 언론에서 보도된 것처럼 '피고인은 가족들에게 나쁜 사람이었을까? 정말 피고인은 악마인 것일까?'라는 질문이 떠올랐다.

함께 생각해 볼 이야기

절차적 정의는 가장 낮은 곳에서, 가장 약한 자에게, 가장 추악한 죄에 대해서도 지켜질 때 비로소 정의다. 법이 만인에게 평등하다는 말은, 세간의 관심을 받는 사건이든 아니든 형사 법정 안에서는 모두 하나의 사건으로만 재판받을 수 있을 때 비로소 실현되는 것이 아닐까? 때론 세간의 관심을 받는 사건일수록, 수사기관이 국민에게 성과를 보여줘야 한다는 성급함 때문에, 오히려 진실을 더 발견하지 못하기도 한다.

1972년 춘천에서 발생한 파출소장 딸에 대한 강간살인 사건은, 경찰 가족이 범죄를 당했다는 점에서 많은 주목을 받았다. 당시 재판에서는 범인이 무기징역형을 선고받았다. 하지만 39년이 지나고서야, 그 범인은 경찰의 고문과 짜맞추기식 수사로 인해 억울하게 누명을 쓴 것임이 드러나, 재심에서 무죄를 선고받았다. 정작 진범은 아직도 잡히지 않았다.

민주주의 국가 시스템은 기본적으로 사람을 믿는 것이 아니라 제도를 믿는 것이라고 본다. 그렇기 때문에, 여러 사람이 수행한 수사에 대해 다시 개판이라는 절차를 거치는 것이다. 피고인의 편에서 사건을 바라보는 법률전문가인 변호인이, 수사 과정에서 문제는 없었는지에 대해 다시 한번 더 살펴보는 것이다. 예컨대, 나는 피고인을 변호하는 동안에는 가급적 그 사건에 대한 뉴스를 보거나 인터넷에 검색하지 않으려고 하는 편이다. 세상에서 뭐라고 하든 피고인은 우리 형사법정에서 그 죄가 확정되기 전까지는 무죄로 추정된다.

이 간단한 원칙은 자칫 고정관념으로 실수할 수도 있는 우리를 바로잡아 주는 역할을 한다. 이 사건에서 케타민에 대해 살폈던 것처럼 진정한 진실을 찾을 수도 있고, 어쩌면 정말 억울한 이를 구해 줄 수 있다고 생각하기 때문이다.

이렇게 진실을 밝힐 수 있는 것이 아닐까?

변호사의 역설, 피해자를 위한 진정

나는 국선전담변호사로서 피고인을 변호하지만, 피해자가 너무 안타까워 도저히 묵과할 수 없던 경우도 있었다. 그렇게 묵과할 수 없었던 사건 중에서, 아직도 나의 마음에서 지워지지 않는 사건을 소개하려고 한다. 피해자를 위해 담당 경찰관을 인권위에 진정하였던 사건이다.

소주병을 쥔 가해자, 수사망을 빠져 나가다

피해자 A양은 B군과 C군으로부터 강간을 당하였다고 112에 신고했다. 그러곤 112에서 알려준 대로 가까운 파출소로 가서 자필 진술서를 작성했다. 그런데 이때 경찰이 A양에게 B군과는 합의한 성관계가 아니었냐고 반복해 물었다. A양에게 진술서 용지를 한 장 더 주었고 "B군은 A양의 동의를 구하고 서로 동의하여 성관계했다"라고 구분하여 작성케 했다.

진술서 작성을 마친 피해자 A양은 경찰에게 해바라기센터로 가고 싶다고 말했다. 그러자 경찰은 A양이 만16세로 미성년자이기 때문에 보호자와 함께 가야 한다고 했나. 낭시 A양의 유일한 보호자인 어머니는 술에 취한 상태라 갈 수 없다고 했고, A양은 결국 원하던 해바라기센터에 가지 못하고, 경찰서에서 조사받은 뒤 귀가 조치됐다.

그런데 A양이 112에 신고한 내용이 해당 파출소로 전달될 때 "가정폭력 재발 우려"라는 중요한 메시지도 같이 전달됐다. 그리고 원래 해바라기센터는 보호자가 동행할 수 없는 미성년자의 경우, 경찰관이 대신 동행하여 필요한 도움을 받을 수 있도록 운영되고 있다. 미성년자에게 의료행위가 필요한 경우에 한해서만 보호자의 동의가 필요한 것뿐이다.

A양이 해바라기센터에 처음 간 것은, C군에 대한 형사 재판에서 피해자로 증인신문을 받으면서였다. 역설적이게도, C군의 국선변호인이었던 나의 요청에 따른 것이었다.

미성년자인 성범죄 피해자에 대해서는, 법정 대신 지역 해바라기센터에서 원격 화상 시스템으로 증인신문을 진행할 수 있도록 배려하는 제도가 마련되어 있다. 검사나 피해자, 국선변호사가 이를 사전에 신청하여 피해자가 해바라기센터에서 증인신문을 받는 것이 일반적이다. 그런데 이 사건의 경우 아무런 조치 없이 법정에서 증인신문이 진행되었고, 검사의 질문에 답하던 피해자 A양은 심지어 울먹이기까지 했다.

피해자 A양이 심하게 울먹여 답변을 하지 못하는 상태가 지속되자, 재판장은 증인신문을 잠시 중단시켰다. 그런데도 검사와 피해자 국선변호사는 여전히 미온적인 태도였다. 증인신문을 그대로 진행하는 것은, 피고인의 변호인인 내가 보기에도 도저히 어려워 보였다. 이대로는 안 되겠다 싶은 마음에 내가 재판부에 요청하여, 해바라기센터 원격 화상을 통한 피해자 증인신문기일을 다시 잡았다.

나는 증거기록을 통해 A양이 해바라기센터에 가고 싶었지만 가지 못했던 것을 알고 있었다. 피고인의 국선변호인이 수사 과정에서 피해자가 부당한 일이 당한 것이 있음을 알게 되더라도, 이에 대한 문제 제기하기란 사실상 어려운 일이다.

그런데 이 사건은 달랐다. A양이 C군으로부터 강간을 당했다는 시간대에 C군의 여자친구 D양이 C군과 같이 있었다고 진술했다. 그런데 B군이 D양은 당시 술에 취해 아무것도 기억하지 못할 것이라고 말해 C군이 기소되었다. 즉, C군에게 유리한 D양의 진술이 범죄 피혐의자인 B군의 말 한마디에 믿을 수 없다고 치부된 것이다. 그러니 C군을 위해서라도 B군의 강간에 대해 수사가 이루어지지 않은 것을 지적할 필요가 있었다.

'합의한 성관계'는 '유사강간상해'를 포함하나?

A양은 같은 사건으로 두 차례나 경찰에서 조사받았다. 첫 번째 조사는 파출소에서 진술서를 쓴 직후 경찰서로 가서 이뤄졌다. 당시 조사를 담당했던 경찰관은 여자였다. A양은 B군과 C군에게 당한 피해를 대략적으로 진술했다. 그러면서 파출소에서 경찰서가 아닌 해바라기센터로 바로 가고 싶었지만 가지 못했다는 것도 말했다. 두 번째 조사는, 남자 경찰관이 담당했다.[25] 그 조사에서 A양은 B군으로부터 당한 일에 대해 상세히 설명했다.

"B군과 합의하에 성관계했다는데 사실인가요?"

"B군이 원래 가슴까지만 만지기로 약속했는데, 팬티를 벗기기에 가만히 있었고, B군이 성기를 삽입하려는데 잘되지 않자, 옆에 있던 소주병 입구 부분을 제 음부에 넣어 왔다 갔다 했습니다. 그래서 제가 아파서 빼라고 했는데, 빼지 않고 계속 반복하다가 다시 자신의 성기를 저에게 삽입하려 했지만, 잘 안 되니까 혼자 자위만 하고 나가버렸습니다."

"A양은 B군과의 성관계에 합의한 것인가요?"

"성관계만 합의하는 방향으로 갔지, B군 마음대로 소주병을 음부에 넣고 움직였을 때는 너무 아프고 수치스러웠습니다. 또한 소주병에 남아 있던 알코올이 음부로 들어와 쓰라리고 따가웠습니다."

"B군과의 성관계를 합의한 이유가 무엇인가요?"

"당시에는 맘에 들어 성관계에 합의한 것입니다."

B군의 행위는 엄연히 강간상해다. 강간은 성기의 삽입으로 성립된다. 거기에 "쓰라리고 따가웠다"라는 말에서 상해가 있었던 것을 알 수 있다. 그러니 이는 '강간상해죄'에 해당한다.

그런데 경찰관이 질문한 의도와 같이, 성관계 자체는 서로 합의한 것이라 하더라도, '소주병을 넣는 것'까지 합의한 것은 아닐 것이다. 그러니 소주병을 넣은 것은 분명 범죄다. 소주병처럼 물건을 음부에 넣는 것은 '유사강간죄'라는 다른 범죄로 성립한다. 그러니 A양의 상해는 경찰관 질문의 의도대로 그 성관계 자체가 합의된 것이라 해도, 최소한

....

19 성폭력 피해자에 대한 조사는 피해자가 원한다면, 피해자와 동성인 경찰관에게 조사받을 수 있도록 보장하고 있다. 그런데 이 사건은 피해자가 미성년인 여성임에도 1차 조사와 달리, 2차 조사가 남자 경찰관에 의해 이루어졌으니 이례적이다.

'유사강간상해'이다.

당시 B군은 C군에 대한 사건의 참고인이기도 하여, C군의 형사 재판에 B군을 증인으로 불렀다. B군에 대한 경찰의 수사는 없었기 때문에, 여전히 참고인으로 출석하였다. 나는 A양이 B군으로부터 당한 '강간상해'와 그 이후 경찰이 아무런 조치를 하지 않았던 것을 도저히 믿을 수 없었다. 그래서 혹시나 A양이 B군에 대해 과장된 이야기를 하는 것은 아닐까 하는 마음으로, B군에게 물었다.

"A양은 B군이 소주병을 자신의 음부에 넣었다던데, 사실인가요?"

증인은 자신의 범죄행위에 대한 답변은 거부할 수 있다. 이러한 권리는 증인신문을 하기 전에 재판부에서 안내한다. 그래서 나는 그가 답변을 거부하거나, 부정할 것으로 예상했다. 하지만 나의 예상은 무참하게 무너졌다.

"네, 근데 빼라고 해서 뺐는데요."

경찰과 검찰이 B군을 조사하긴 했지만, 아무런 조치도 하지 않았던 것이 이렇게 드러났다. 즉, 경찰도 검찰도 B군에게 잘못된 행동을 했다고 말한 적이 없으니, B군에게는 자신이 한 행위가 범죄라는 인식 자체가 없었다. B군이 아무렇지도 않게 답하는 모습을 바라보며, 나는 피가 거꾸로 솟는 듯한 분노를 느꼈다. 도저히 견딜 수가 없었다. 나는 국가인권위원회에 진정을 제기했다.

담당 경찰관이 나에게 보인 '적반하장'

B군의 범죄 사실에 대해 제대로 수사하지 않은 것을 들어 인권침해

로 국가인권위원회에 진정을 제기했다. 하지만 A양이 국가인권위원회의 조사를 원하지 않는다고 하여 각하결정을 받았다. 그대로 그냥 끝낼 수 없어, 경찰청에도 민원을 제기했다.

관련 자료를 첨부하여 "경찰이 B군의 유사강간상해를 충분히 인지하고서도 아무런 조치를 하지 않았다"라는 것과 "당시 성폭력 피해를 입고 경찰에 찾아 온 피해자는 가정폭력 피해 가정에 거주 중인 상태였는데, 해바라기센터에 가고 싶어 하는 피해자에게 경찰이 보호자의 동행 없이는 갈 수 없다고 잘못 안내하여 필요한 조치를 못 받고 그대로 귀가 조치해, 피해자가 해바라기센터의 도움을 받을 수 있는 기회를 박탈하였다"라는 취지로 제기한 것이었다.

며칠 뒤 당시 그 사건의 수사를 담당했다는 경찰관이 나에게 전화했다.

"손영현 변호사님이시죠? 제가 담당 수사관이었는데, 제가 설명을 좀 드릴게요. 해바라기센터는 저도 가라고 했는데 강하게 거부해 가지고 못 간 거예요."

"네? 해바라기센터는 보호자 동행 없이도 갈 수 있지 않나요? 그럼 수사 과정에서 유사강간상해 부분은 왜 인지하지 않으신 거죠?"

"그건 B군과의 합의하에 성관계했다고 했고, 피해자가 B군에 대해서 따로 처벌해 달라 어쩌자 그런 이야기가 없었어요."

"성범죄가 피해자의 고소가 있어야만 처벌되는 범죄는 아니잖아요."

"이 사건 솔직히 상당히 열심히 한 사건이거든요. 근데 계속 오해가 있으신 것 같아서 전화드린 겁니다."

일단, 민원의 대상이 된 경찰관이 민원인인 나에게 직접 전화했다는 것에 놀라웠다. 더욱이 이렇게 전화로 본인이 "상당히 열심히 한 사건"이라고 주장하는 것에 할 말을 잃고 말았다. 하긴 재판 중 공판 검사도 A양에게 "B군과는 합의하의 성관계였지요?"라고만 물을 뿐, B군에 대해서는 더 질문하지 않았다. 과정을 돌아보니 수사기관의 태도는 수사에서 재판까지 일관된 것이었나 보다.

그런데 정말 피해자가 정확하게 처벌해 달라고 자발적으로 적극적으로 요청하지 않으면 경찰이 어찌할 수 없는 걸까?[26]

최후변론을 통한 나의 마지막 외침

나는 이 사건을 담당하면서 피해자에 대해 국가인권위원회와 경찰청에 모두 진정했지만, 아무런 소득이 없었다. 이 사건을 마치며 최후변론에서도 한 번 더 강조했다. 그 마음을 이 책으로 한 번 더 전한다.

....

20 C군은 서울삼성병원에서 경계선 지능 이하의 지능지수 검사결과를 받은 사람이다. 고등학생 나이이지만 중학생들과 많이 어울렸고, 이런 C군을 중학생 동생들이 '뒷담화'하곤 했다. 이에 화가 난 C군은 '뒷담화'했다는 중학생 동생을 불러 엎드려뻗쳐를 시키고 휴대전화로 손등을 치며 그러지 말라고 했다. 이 중학생은 바로 C군을 폭행으로 신고했다. 하지만 C군의 누나가 이 중학생을 만나 사과하고 합의금을 전달했다. 이렇게 그 중학생은 경찰에 C군의 처벌을 원하지 않는다고 했다. 폭행은 피해자가 처벌을 원하지 않는다고 하면 법으로 처벌할 수 없는 '반의사불벌죄'이다. 이렇게 그 중학생이 경찰에 신고한 폭행은 가해자와 피해자 간의 원만한 합의를 근거로 종료되어야 할 사안이었다. 그러나 경찰은 이 사건을 '강요죄'로 의율을 변경하여 결국 기소했다. 이렇게 피해자의 의사에도 불구하고 새로운 범죄로 인지하여 기소한 것도 이 사건을 처리한 곳과 같은 경찰서의 같은 부서이다.

부디 이를 통해서나마 A양과 B군에게도 메시지기 전해졌으면 한다. 무엇보다 내 딸을 위해서라도, 앞으로는 이런 문제가 재발하지 않기를 바란다.

해바라기센터 등의 피해자 보호 절차에 법원의 관심이 필요합니다. 피해자 보호 절차 미준수에 대한 문제 제기는 통상적으로 피고인의 이익에 부합하지 않기 때문에, 변호인들이 이를 발견하더라도 법정에서 말할 수 없는 경우가 대부분입니다. 그러나 이 사건은 피고인에게 유리한 진술들이 사실상 공동피의자였어야 할 가해자의 진술로 모두 탄핵되어 기소에 이르렀다는 점에서 다행히 피해자 보호 절차에 대해서도 문제 제기될 수 있었습니다.

이 사건으로 가해자 청소년 그룹과 피해자 청소년 그룹 모두에게 잘못된 선례를 가르친 것은 아닌지 매우 조심스러웠습니다. 피해자의 음부에 소주병을 넣고, 잔여 소주가 질에 들어가 질내 상해를 남긴 사건이 있었습니다.

그 사건의 가해자는 참고인으로 검찰로부터 전화 조사를 받았습니다. 이 전화 조사 녹음파일을 들어보면, 피고인에게 유리한 진술들을 모두 탄핵하면서, 검찰 수사관에게 다른 건 더 없냐고 도리어 물었습니다. 수사관이 다른 건 더 없다고 하자, 가해자는 다소 안심하는 듯한 목소리 톤으로 바뀌었습니다.

아마도 가해자는 자신의 행위로 인해 수사받지는 않을까 하고 내심 걱정하는 마음이 들었는데, 막상 검찰 수사관과 통화를 하고 나니 안심하게 됐던 것으로 보입니다. 그렇기에 본 법정에서도 가해자는 아무런 죄책감 없이 피해자를 소주병으로 유사강간상해한 사실을 자백하였습니다. 이러한 자백에도 그 가해자는 아무런 일신의 변동 없이 잘 지내고 있으니, 아마도 그 가해자 청소년 그룹은 소주병으로 유사강간하는 것 정도는 죄가 아니라고 배웠을지도 모르겠습니다.

반면, 피해자는 자신의 어머니를 바꿀 수 없는 한, 앞으로도 가정폭력으로 힘겨운 삶을 이어가는 것은 물론이고, 추후 어떤 성폭력 피해를 당하더라도 자신은 어머니가 동행해 주지 않아 해바라기센터의 도움을 받을 수 없다고, 능동적이지 못한 어느 경찰관으로부터 잘못 배웠을 것입니다. 그리고 그 남자 경찰관 앞에서 자신이 집에 들어온 소주로 인해 따가웠다고 힘겹게 진술하였음에도 "합의하의 성관계"였냐는 말만 반복한 수사기관에 의해 소주병이 음부에 들어오는 것 정도는 성폭력 피해에 해당하지 않는다고 학습한 것은 아닐지 걱정스럽습니다.

저는 이 사건의 여러 쟁점 중 특히 이 부분에 대해서 가장 두려웠습니다. 혹여 저의 딸이 언젠가 성폭력 피해를 경찰에 신고했음에도, 아무런 도움을 받지 못하는 일이 발생할지도 모른다는 마음에, 반드시 개선되길 바라며, 경찰청에 소주병에 의한 유사강간상해를 충분히 인지힐 수 있음에도 수사하지 않은 것에 대해 민원을 제기하였습니다. 그 결과는 너무나 어처구니없게도, 그 수사관이 도리어 민원을 제기한 변호사에게 전화하여 "잘못한 것 없는 자신을 괴롭힌다"라며 언성을 높일 뿐이었습니다.

본 변호인은 고발을 통해 이 문제를 해결해 볼까 고민했지만, 피해자의 의사에 반하여 피해자가 같은 수사관에게 다시 조사받게 할 수는 없었습니다. 그렇다면 남은 방법은, 법원이 그들을 꾸짖는 것뿐이라 생각합니다. 특히 지방법원 중 가장 최고의 권위를 가진 귀원, 그중에서도 성폭력 전담 재판부의 꾸지람은 더더욱 큰 효과를 발휘할 수 있을 것입니다. 최소한 그 수사관이 적반하장으로 역정을 내는 것만큼은 개선될 수 있을 것이고, 앞서 말씀드린 가해/피해 청소년 그룹들은 자신들이 거친 과정들이 적절하지 않았던 것임을, 다소 거칠게 말하면 운이 좋아서 처벌받지 않았을 뿐임을 차후에라도 알 수 있기를 기대합니다.

함께 생각해 볼 이야기

미성년 성폭력 피해자에 대한 보호 절차는 여러 차례의 법 개정을 통해 정립되었다. '해바라기센터'가 어떤 일을 하는 곳인지, 이제는 모르는 사람이 드문 것 같다. 급기야 미성년 성폭력 피해자 스스로 해바라기센터에 가겠다고 말하기도 한다니, 참 다행스러운 일이다. 하지만 모든 제도는 실제 현장에서 실현되어야 비로소 '좋은 제도'인 것이다. 이렇게 마련된 제도가 피해자를 대상으로 제대로 운영되고 있는지는, 어떻게 점검할 수 있을까?

피고인은 피해자가 해바라기센터와 같은 전문적인 기관에서 조력을 받았는지를 두고 법정에서 다툴 수 없다. 사실 피고인의 입장에서도 피해자가 전문적인 기관의 조력을 받아, DNA 검사나 의사의 검진을 받는 것이 불리하다고만 할 것은 아니다. 오히려 객관적인 증거들이 더 쌓일수록 피고인이 더 올바른 판단을 할 수도 있고, 그 증거가 피고인의 억울함을 해소해 줄 수도 있다. 성폭력 사건 전담부에서 국선변호를 하면서 여러 성폭력 사건을 다루다 보면, 피해자의 진술만이 유일한 증거인 경우가 많다. 그렇다 보니, 억울하다는 피고인의 주장을 법정에서 다투기 위해서는 피해자를 법정으로 부를 수밖에 없다.

그런데 피해자를 법정에 세워 날카로운 질문을 하는 것이 피해자에게 2차 가해를 가한다는 비판에 가로막히기도 한다. 물론, 변호인이 피고인의 편에서 피해자를 공격하기 위해 진실을 찾는 시늉을 하는 경우도 있다. 반면에 때로는 변호인의 날카로운 지적을 막으려고 검사가 '2차 가해' 뒤에 숨으려 하기도 한다.

성폭력 피해자가, 더구나 사건 발생 후 상당한 시간이 지난 뒤에 법정에서 검사와 변호인의 질문에 답하는 것은 어려울 수밖에 없다. 특히 미성년자라면 더더욱 그렇다. 그래서 수사 중 녹화한 피해자의 진술 영상만으로 유무죄를 판난하고, 변호인이 피해자에게 질문하지 못하도록 규정했던 적도 있었다. 하지만 우리 헌법재판소는 변호인의 반대신문권 보장은 반드시 필요한 절차라며, 피해자를 법정으로 불러 변호인이 반대신문할 수 있도록, 기존 법규에 대해 위헌이라고 결정하였다(헌법재판소 2013. 12. 26.자 2011헌바108 결정).

이는 수사 중 녹화영상에는 피고인 측에서 필요한 질문에 대한 진술이 전혀 포함되어 있지 않기 때문이다. 변호인이 피해자에게 다각적으로 질문하는 것이 꼭 필요한 절차임을, 헌법재판소에서도 확인한 것 아닐까? 피해자에게 이런 불가피한 피해를 막는 방법은, 피해자에게 질문하지 못하게 할 것이 아니라, 피해자의 진술 이외에 다른 객관적인 증거들을 수집하는 방법을 모색하는 것으로 해결해 나가야 하지 않을까?

피해자 보호와 피고인의 방어권은 서로 길항작용(拮抗作用)의 대상이 아니라, 함께 보호하고 신장시킬 대상이지 않을까? 국가의 수사권은, 그렇게 국민의 권리를 보호하며 실체적 진실을 찾으라고 부여된 것이 아닐까?

더 커질 메아리

국선전담변호사로 일하며, 피고인보다 피해자가 더 나쁜 경우를 보기도 한다. 법을 악용하고, 피해자라는 지위에 숨어 이득을 취하는 사람들도 있다.

6천만 원짜리 리스 차량을 담보로 받고
80만 원을 빌려준, 절도의 피해자

피고인 E씨는 친구 F씨와 같은 범죄 집단에 속하여, 한 숙소에서 지냈다. 피고인 E씨는 타고 다니고 싶은 차가 있었다. 그는 자기 가족의 생계까지 함께 책임지고 있는 큰아버지 G씨에게 부탁하여, G씨의 명의로 그 차를 리스해 타고 다녔다.

그러던 어느 날, E씨는 친구 F씨와 함께 모르는 여성 2명과 2대 2로 놀았다. 그날 E씨는 그중 한 여성과 성관계를 가졌다. 다음 날이 되자 F씨는 E씨에게 "네가 미성년자와 성관계를 가졌으니, 합의하지 않으면 감옥에 갈 거다"라고 겁을 주었다고 한다. 돈이 없다는 E씨에게 F씨는 "니가 타고 다니는 차를 담보로 대출받아서 돈을 마련해라"라고 말하며 담보대출을 해줄 H씨를 소개해 주었다. 대전에 있는 H씨를 만나러 가기 위해 E씨는 F씨와 함께 차를 타고 갔다.

그렇게 만난 H씨는 그 차를 담보로 넘겨받는 조건으로 월 이율 30%에 120만 원을 대출해 주었다. 그러면서 선이자로 40만 원을 빼고 80만 원만 주었다. 그런데 그 차는 무려 6천만 원짜리 고급 세단이었다. 그런 차로 받은 대출액은 고작 80만 원인 것이다. 그러나 그 80만 원도 결국 F씨에게 넘어갔고, F씨 등이 유흥비로 모두 써버렸다고 했다.

그 직후 E씨는 다른 범죄로 교도소에서 징역형을 복역하였고, 1년이 지나 출소하였다. 그 사이 큰아버지 G씨는 그 차에 대한 리스비와 함께, H씨가 그 차를 타고 다니며 발생한 각종 과태료들을 부담하고 있었다. 그 차는 고급 세단으로, 월 리스비가 100만 원이 넘었다.

E씨는 출소하고 큰아버지 G씨를 찾아갔다. G씨는 그동안 차의 행적이 어떻게 된 것이냐고 따져 물었다. 그러자 E씨는 차를 되찾아오겠다며 그 차의 예비키로 받았던 열쇠를 챙겼다. 친구 두 명과 함께 주차금지위반 과태료에 적힌 위치로 찾아간 E씨는, 그 차를 어렵게 찾아냈다. 그러곤 그대로 타고 돌아왔다. 차가 사라진 것을 알게 된 H씨는 바로 수소문하여 E씨와 친구들을 추격했다.

셋이 있던 모텔방에 들이닥친 H씨는 자신의 휴대전화로 녹화하면서 "너희는 자유로운 의사로 여기 있는 거지? 나가고 싶으면 언제든지 나가면 돼. 그치?"라고 말하곤 합의서를 쓰게 했다. 합의서의 내용은, 세 사람이 각자 1,300만 원씩 H씨에게 합의금을 지급한다는 것이었다.

H씨는 E씨와 그 친구들을 특수절도로 경찰에 신고했다. H씨는 경

찰에 자신이 그 차의 정당한 점유자라는 것을 입증하고자, 앞서 80만 원을 대출해 주며 작성한 차용증에서 이율 부분은 이자제한법에 맞게 연 19.9%로 수정하여 제출하고, '자동차종합 상세내용'을 제출했다. 그 문서에는 그 차의 소유주가 리스회사이고, 운행정지등록된 사실이 적혀 있었다. 경찰은 E씨와 그 친구들을 특수절도죄로 수사하였고, 모두 특수절도죄로 기소되었다.

E씨는 앞서 모텔에서 당한 것을 경찰에 신고했고, H씨는 감금죄로 벌금 300만 원을 선고받았다. E씨의 친구들은 자기 집 근처에서 모두 재판받았지만, E씨는 다른 범죄로 서울중앙지방법원에서 재판받고 있던 중이어서, 나에게 배정되었다.

피고인 E와 피해자 H 중 누가 진짜 죄인인가?

나는 다른 사건으로 구속되어 있는 E씨를 구치소에서 만났다. 그는 모두 자백하겠다고 했다. 단지 피해자인 H씨와 합의할 시간이 필요하다고 했다. 이 사건은 참 복잡한 사건이다. 먼저, 리스 차를 다른 사람에게 담보목적으로 점유를 이전시키는 것은 횡령죄이다. 그리고 그 차를 담보로 넘겨받은 사람은 횡령이라는 범죄의 대상(장물)을 넘겨받은 것이라, 장물취득죄이다.

보통은 이렇게 불법적으로 점유하고 있던 차를 되찾아오는 것이 무슨 범죄가 되냐고 할 수 있겠지만, 우리 법은 장물에 대해서 절도를 인정하고 있다. 이는 점유권에 대한 범죄를 처단하지 않으면 그 장물을 추적할 수 없기 때문이기도 하다. 피해자인 H씨가 장물취득죄인 것과는 별개로 피고인 F씨가 유죄인 것은 법리적으로 보면 다소 명백하다.

그런데 나는 뭔가 계속 찜찜한 기분이 들었다. E씨의 큰아버지 G씨에게 연락해 보았다. G씨는 여전히 그 차에 대한 리스비를 부담하고 있었다. 게다가 E씨가 담보로 넘겨 반환하지 못하는 것 때문에 리스회사로부터 횡령으로 고소를 당해 고초를 겪기도 했다. 지금도 H씨가 받는 과태료와 자동차세까지 계속 부담하고 있었다. 심지어 E씨가 H씨에게 차를 돌려달라고 하니, 합의금으로 1,500만 원은 줘야 돌려줄 수 있다고 했다. E씨도 E씨지만, 당장 G씨의 사정이 딱했다.

리스한 차량이 반환되지 않으면 리스비도 계속 부담해야 했다. 이 사건은 단순히 E씨의 유무죄가 중요한 것이 아니었다. 당장 E씨와 G씨를 포함한 그 가족의 생계가 달린 문제였다. G씨는 자신의 어머니와 자신의 동생(E씨의 아버지)과 그 아들(E씨)의 생계까지 모두 책임지고 있었다. 거기에 매달 100만 원이 넘는 돈을 리스비로 내고, 자동차세와 과태료들도 계속 납부하고 있는 상태였다. 만약 G씨가 리스한 차량과 관련된 돈을 납부하지 않으면, 당장 G씨의 통장이 압류되는 것을 시작으로 모든 경제활동이 막혀버릴 터였다.

일단 G씨를 횡령으로 고소하는 것을 대리하기도 했던 리스회사의 채권 회수 담당자에게 연락했다. 그에게 G씨에 대한 채무 상황이 어떤지와 어떻게 해결할 수 있는지를 물었다. 상황을 파악해 보니, 차를 회수하는 것이 급선무였다. 그런데 H씨는 차를 돌려주는 조건으로 1,500만 원을 요구하고 있고, 설사 그 돈을 준다고 해서 해결될 문제도 아니었다.

일단 채권 회수 담당자에게, 한 가지를 제안했다. 그 차가 H씨에게 있음을 명백하게 확인할 증거를 제공할 테니, 리스회사가 H씨를 상대로 소송할 수 있겠냐고 부탁한 것이다. 하지만 리스회사 입장에서는 리스 계약자인 G씨로부터 리스료가 납부되고 있는 상황에서 굳이 추가 비용을 부담해 가며 소송을 진행하고 싶지 않은 눈치였다. 리스회사가 H씨를 상대로 소송하는 건 아무래도 어렵겠다는 생각을 하며, 다시 G씨와 연락해 봤다. 그는 최근 한 달 이내에 H씨의 주소지 근처에서 발생한 주차위반의 과태료 고지서를 받았다고, 내게 알려주었다. 이를 통해, H씨가 그 차를 현재 계속 이용하고 있는 것을 확인했다.

피해자 H가 스스로 차를 가지고 덫으로 들어오게 하는 방법은?

이제 남은 방법은 H씨를 법정으로 부르는 것이다. H씨를 증인으로 법정에 출석시키면, 아무런 죄의식이 없는 그는 문제의 그 리스 차량을 타고 법정으로 올 거라고 짐작했다. 그러면 '운행정지' 등록된 그 차를 운전하는 것 자체가 자동차관리법위반죄에 해당하므로, 경찰에 신고한다. 관할 구청에서는 그 차의 번호판을 영치[21]하게 되고, 그 차는 더

---

21 영치(領置)는 국가기관이 피의자 등의 물건을 보관하거나 처분하는 것을 뜻한다. 이 사건에서는 그 지역 관할 구청이 자동차관리법위반 차량의 앞 번호판을 떼서 가져가는 것을 말한다. 자동차관리법에서 번호판이 없는 차량은 운행하여서는 안 되기 때문에, 번호판을 영치하여 차량의 운행을 막는 것이다. 자동차세를 오래 체납하는 경우에도 번호판을 영치하기도 한다.

이상 운행할 수 없게 된다. 그렇게 차를 묶어둔 다음, 그 차의 소유자인 리스회사가 그 차를 가져갈 수 있도록 마무리하면 되겠다는 것이 내가 구상한 계획이었다.

잠시 자동차 관련 법령을 살펴보자. 자동차를 등록하고 사용하는 것을 일반적으로 규정하는 법이 자동차관리법이다. 자동차관리법에 따르면 자동차는 그 소유자 또는 소유자로부터 운행을 위탁받은 자만이 사용할 수 있다. 리스 계약자는 소유자인 리스회사로부터 그 운행을 위탁받았기 때문에 법에 따른 사용자가 된다. 그리고 자동차가 도난당하거나 하면, 그 차의 소유자는 '운행정지' 등록을 신청할 수 있다.

이렇게 운행정지 등록된 차량은 누구도 운행하여서는 안 된다. 이를 위반하고 차를 운행한 사람은 자동차관리법 제82조에 의해 벌금 100만 원의 벌금에 처해진다. 그리고 운행정지 등록된 차량에 대해서는 자동차관리법 제24조의2에 따라 등록부에 그 사실을 기재하는 것 외에도 관할 자치단체장은 경찰청장이 단속할 수 있도록 그 정보를 제공하고, 등록번호판을 영치하여야 하며, 그 영치 사실을 소유자에게 통지하여, 소유자가 회수할 수 있도록 하고 있다.

이러한 자동차관리법에도 불구하고 H씨는 그 차를 타고 경찰서에 가서, 버젓이 '운행정지' 등록된 사실이 적힌 '자동차종합 상세내용'을 경찰에 제출하였다. 그럼에도 경찰은 H씨를 자동차관리법위반으로 적발하지 않았을 뿐만 아니라, 운행정지 등록된 차를 발견하고서도 관할 구청에 통지하거나 번호판 영치를 돕지도 않았다. 이런 경찰의 무책임한 방기는 리스회사와 G씨의 고통을 가중시킨 것이다. 만약 그때 바로 그 차를 영치하였다면, 이 사건은 손쉽게 해결됐을 수도 있다.

내가 세운 계획은 이랬다. G씨가 법원 입구를 지키고 있을 때, H씨가 그 차를 타고 법원 주차장으로 들어온 순간, 경찰에 신고한다. 그러면 경찰이 출동하여 H씨를 현행범으로 입건하고, H씨가 다시 그 차를 타고 가지 못하게 제지할 것이다. 그 사이 관할 구청에 신고하여, 구청 직원이 나와 그 차의 등록번호판을 영치하도록 하는 것이다. 그 뒤, 리스회사 채권 회수 담당자에게 연락하여 차량의 위치를 알려주고 가져갈 수 있게 하는 것이다. 나는 H씨를 증인으로 불러 신문할 사정이 있는지, 증거기록을 다시 살폈다.

형사사건에서 민법 활용하기

먼저, H씨와 E씨 사이의 차용증은 민법상 무효로 볼 수 있었다. 월 30%의 이율뿐만 아니라, 6천만 원짜리 차를 맡기고 80만 원만 대출한 것과 담보대출을 하게 된 경위를 살폈다. 이는 불공정한 법률행위를 무효로 한다는 민법 제104조를 적용해 볼 수 있었다. 다음으로 장물에 대해서도 절도를 인정하는 판례에 대응할 논리가 필요했다. 이것도 민법에서 방법을 찾아냈다.

G씨는 리스회사로부터 차의 사용을 허락받은 점유권자이다. 점유권자는 민법 제209조에 따라 자력구제권을 가진다. 다만 자력구제권은 점유를 침탈당한 그 현장 또는 추적하는 경우에 한정하여 제한적으로 인정된다. 이는 법적 안정성을 위해 '사적 권리구제'를 제한하기 위한 것이다. 문제는 E씨가 H씨에게 그 차를 넘긴 지 2년 가까이 지난 시점에 이 절도가 발생했다는 것이다.

조금 더 꼼꼼히 증거기록을 살펴보았다. E씨는 H씨에게 차를 넘겼다는 사실을 G씨에게 말하지 않았다. G씨는 E씨가 계속 관리하고 있다고만 알고, 그동안 과태료와 자동차세까지 모두 납부해 왔던 것이다. E씨가 출소하여 G씨의 집에 왔을 때에야 비로소 차가 H씨에게 넘어갔다는 걸 알게 되었다. 여기서부터 다시 민법을 살펴봤다. G씨가 점유자이다. 점유자인 G씨가 친족인 E씨에게 (민법 제195조에 따라) 가사상 점유를 보조하게 했기 때문에, E씨의 사용이 가능했던 것이다.

이런 경우 점유자는 여전히 G씨다. 게다가 H씨는 그 차의 점유권을 담보로 제공할 권리를 가지지 않은 E씨와 담보대출 계약을 하였을 뿐이다. 따라서 그 계약은 무효이니, 법적 점유권자는 G씨라 볼 수 있다. 이를 토대로 'G씨는 E씨가 출소하여 집에 찾아온 날에야 자기 점유권을 침해당한 사실을 알게 되었고, 그 즉시 E씨에게 차를 찾아오라고 지시했으며, 그 지시에 따라 점유보조자인 E씨가 그 차를 자력구제로 찾아왔다'는 법리를 구성했다. 그래서 H씨가 사용하던 차를 E씨가 되찾아온 것은 민법상 자력구제권에 따른 정당행위이므로 무죄라고 주장했다.

최소한 법원이 수긍할 수 있는 무죄의 법리가 있어야, 피해자인 H씨를 증인으로 신문하자는 신청이 받아들여질 수 있다. 이렇게 H씨를 증인으로 신청하고, 점유자로서 E씨를 지시한 것임을 입증하기 위해 G씨도 증인으로 신청했다. 이렇게 H씨와 G씨가 같은 날 법정에 출석할 수 있도록 하고, 그 증인신문기일을 그 차를 되찾을 D-day로 잡았다. 가장 먼저 리스회사 채권 회수 담당자에게도 연락하여, 차량이 확보되면 빠른 시간 내에 회수해 줄 것을 부탁했다. 자동차등록번호판을 영치하지만, 자동차 열쇠를 압수하는 것은 아니니, H씨가 막무가내로 그 차를 운전하여 가버려 어딘가 팔아버릴지도 모를 일이었기 때문이다.

그리곤 G씨에게 연락하여 나의 계획을 알려주었다. 아무래도 혼자 감시하기는 어려울 것이니, 지인을 한 명 정도 데려오라고 했다. 관할 구청과 관할 파출소에도 미리 연락하여, 자동차관리법위반 신고를 할 계획인데, 그 신고에 따른 대응에 전체적으로 소요될 시간이 어느 정도인지 미리 확인해 뒀다. 그리고 그 신고 대상의 차량등록번호도 알려두고 꼭 필요한 일이라고 거듭 부탁했다. 증인신문기일에 다소 소란스러울 수 있다는 점에 대해, 법원에도 내용을 공유해 사전 양해를 구했다.

나의 설명에 판사는 "아이고, 의도는 알겠지만, 그런 사람이 차를 더 숨기려 하지, 타고 오기야 하겠습니까?"라고 하셨다. 맞는 말이었다. 하지만 H씨는 운행정지 등록된 차를 타고 경찰서에 간 인물이다. 게다가 해당 경찰서에는 그날 아무런 단속도 하지 않았다. 그 일까지를 계기로, 나는 '그가 이제 더너욱 죄의식을 갖지 않겠구나'라고 확신하였다.

생각지도 못한 법원 주차장의 5부제, 그러나 하늘은 스스로 돕는 자를 돕는다더니…

기다리던 증인신문 기일이 되었고, 정말 내가 계획한 대로 순조롭게 진행될지 우려스러웠다. 하지만 최선을 다했으니, 후회할 것도 미련이 남을 것도 없었다. 오후 2시 증인신문 일정에 맞춰, G씨는 동행한 지인과 함께 1시간 전부터 법원 입구를 지키고 있었다. 긴장된 마음으로 일찌감치 사무실을 나서려는 순간, G씨로부터 전화가 왔다.

"변호사님, H씨가 그 차를 다고 왔어요. 번호판 확인했어요."

"잘됐네요. 어서 경찰에 신고하시고, 같이 온 분은 어디에 주차하는지 따라가 보라고 하세요."

"변호사님. 그런데 그 차가 오늘 5부제에 걸려서… 법원 주차장에 못 들어가고, 돌아서 나갔어요. 어디로 갔는지 모르겠어요. 어떡하죠?"

"일단 경찰에 신고부터 하세요. 아셨죠?"

아뿔싸! 공공기관 주차장 차량 5부제 운영 문제는 미처 고려하지 못했다. 하필이면 오늘이 그 차량 등록번호의 끝자리가 출입 제한되는 날이라니! 나는 새삼스레 서초동이 너무 넓고 크다는 생각이 들어, 이미 떠나버린 그 차를 다시 찾을 일이 아득하기만 했다. 그 차가 어디에 있을지 도무지 알 수 없는 상황이라 그저 갑갑한 마음이었다. 증인신문 시간에 맞춰, 무거운 발걸음을 재촉했다.

그런데 법원으로 가는 길목, 옆 골목 갓길에 주차된 차량의 번호판이 유독 나의 눈길을 끌었다. 바로 그 등록번호였다! 그렇게 극적으로, 나는 등록번호가 일치하는 차량을 발견한 것이다. 색상과 차종도 동일한, 영락없이 바로 그 차량이다. 차 안에 누가 타고 있을지도 모르니, 일단 그 골목을 지나쳤다. 그러고는 몸을 숨긴 채로 그 차를 지켜봤다. 혹시 또 다른 곳으로 이동할지 모른다는 생각에 그 차를 예의 주시하며, G씨에게 연락했다.

"선생님, 그 차 찾았어요. 경찰이 오면, OOO매장 옆 골목에 세워져 있다고 말씀하세요."

"아이고, 다행입니다. 네, 알겠습니다."

긴박한 통화를 마치고, 1~2분쯤 기다렸을까? 경찰차가 와서 그 차의 뒤에 정차하더니, 경찰관이 등록번호를 확인하고, 운전자를 불러냈다. H씨였다. 출동한 경찰관 2명 중 한 명은 H씨를 현장에서 조사하고, 다른 한 명은 잠시 지켜보고 있었다. 나는 H씨가 눈치채지 못하게 조용히 움직여, 대기하던 경찰관에게 다가갔다.

먼저 나의 신분을 밝히고, 그 차에 얽힌 사건 내용을 간략히 설명했다. 그리고 목격자로서 진술이 필요하면 연락 달라고 했다. 또 이 차가 다시 사라지면 곤란하니, 관할 구청에서 등록번호판을 영치할 수 있도록 연계해 달라고 부탁했다. 나는 바로 관할 구청에 연락했다. 운행 정지된 차량의 위치 정보와 현재 경찰이 조사하고 있는 상황임을 알렸다. 필요한 조처를 하는 동안 어느새 증인신문 시간이 임박해 있었고, 황급히 법정으로 향했다.

증인신문에는 G씨도 증인으로 출석해야 한다. 나는 G씨에게 증인신문으로 자리를 비우는 동안 동행한 지인에게 부탁할 내용을 설명해 줬다. 그 차가 잘 영치되는지, 혹시 다른 누군가 그 차를 임의로 가져가려고 하지는 않는지를 잘 지켜보게 했다. 만약 누군가가 운행하여 가면, 그 즉시 경찰에 다시 신고하라고 당부했다. 그 당사자와는 절대로 직접 접촉하지 말라는 조언도 잊지 않았다.

그렇게 증인신문이 시작됐다. H씨는 여전히 정당하게 돈을 빌려주고 점유를 이전받았으니 자신은 그 차를 사용할 권리가 있다고 강변했다. G씨는 본인이 아직도 리스회사에 100만 원이 넘는 월 납입금을 불입하고 있다며 경제적 사정에 대해 읍소하였다. 한 시간가량의 증인신문이 끝나고, G씨는 다시 그 차를 지키러 갔다. 나도 그 차가 있던 곳에 가보았다. 그 차는 앞 등록번호판이 영치된 상태로, 그 자리에 그대로 주차되어 있었다.

　사무실로 돌아와, 리스회사 채권회수 담당자에게 연락했다. 차를 확보했으니 빨리 가져가 달라고 말이다. 그런데 그는 오늘이 금요일이라 (주말 직전이기 때문에) 다음 주 월요일에나 가능하다고 했다. 낭패였다. G씨가 앞으로 2~3일이나 더 그 차량을 지킬 수는 없었다. G씨도 생업이 있으니 말이다. 다시 그에게 다시 연락하여, 살짝 언성을 높였다.

　"선생님. 채권회수 업무를 오래 하셔서 잘 아시겠지만, 채무자가 채권자에게 채무변제 사항을 모두 제공한 상태에서, 채권자가 채무변제를 수령하는 데 문제가 발생한 경우에는, 채권자가 그에 따른 위험을 모두 부담해야 하는 것 아시죠? 채무자 G씨는 본인이 할 수 있는 것은 다 한 거예요. 여기서 채권자측 회수가 늦어지는 바람에 문제가 생긴다면, 서로 피곤해지지 않겠습니까? 방법을 좀 적극적으로 찾아주세요."

　"변호사님도 고생해 주시고 하셔서 잘 알겠습니다만, 저희가 지금 지방이라 당장 움직이기가 어려워서요. 거기 어디 안전하게 보관할 곳 없나요?"

　"허허! 서초동 주차비가 얼만데요. 여기에 3일이나 주차하면 비용이 한두 푼 나올 게 아닌데, 그럼 그 주차요금은 회사에서 부담하시나요? 그러지 마시고, 어차피 견인차 불러서 가져가실 거, 좀 일찍 가져가시면 안 되겠습니까? 이제 정말 마무리될 수 있을 건데요."

　"뭐, 변호사님도 고생해 주시고 했으니… 알겠습니다. 제가 빨리 가져가서 보관해 줄 업체를 찾아보겠습니다."

　그렇게, 저녁 6시쯤 그 차를 가져갈 업체가 섭외됐다. G씨와 그의 지인은 7시쯤 도착한 견인차가 그 차를 견인해 가는 것을 지켜본 다음,

다시 충청도 집으로 내려갔다.

법은 구체적 타당성을 통해 사회의 정의를 수립하는 것이 아닐까?

물론 피고인 E씨에게 무죄가 선고되는 기적은 일어나지 않았다. 애초에 무죄가 선고될 가능성이 높다고 생각하진 않았다. 하지만 법이 이루고자 하는 것이 무엇일까? 나는 이 점에 대해 최후변론하였다.

어찌 보면 저의 변호는 그동안의 대법원 판례에 의해 확립된 법리를 거스르고자 부딪혀 본 객기에 불과해 보일 수 있습니다. 하지만, 이러한 작은 시도와 도전이 구체적 타당성을 고려하는 데 이바지함으로써, 우리 법이 국민의 일반 상식과 법 감정에 부합하여 국민이 법을 더욱 존중하고 따르게 해줄 것이라 믿습니다.

사법정책연구원 원장이신 박형남 판사님은, 저서인 '법정에서 못다 한 이야기' 140쪽에서 자신의 출산 사실을 숨기고 결혼한 베트남 국적 신부에 대한 혼인무효소송의 일화를 소개하며, 구체적 타당성 속에서 법의 적용을 고민하는 것이 법의 형평이라고 말씀하시는 것 같았습니다. 그리고 디즈니 플러스의 드라마로 제작되어 화제가 되기도 한, 정혜진 국선전담변호사의 책 '변론을 시작하겠습니다'의 269쪽에는, 법리 구성에 대해 "우리 할머니는 이러한 결론에 대해서 뭐라고 하실까?"라고 스스로 묻는다는 독일법학자의 이야기를 인용하였다면서, "개념에만 너무 집착하여 포섭이 실질 가치를 반영하지 못하고 형식적으로만 행해지는 경우"에 대해 경계하여야 한다는 점을 강조하고 있습니다.

저는 이 사건의 무죄를 변론하면서 고민이 많았습니다. E씨, 리스회사 채권회수 담당자와 여러 차례 통화하면서, 이 사건에서 무엇이 가장 중요한 핵심 가치인가에 대한 고민을 수차례 해봤습니다. 그 과정에서, 앞서 말씀드린 박형남 판사님의 책 163쪽에 소개된 "볼로냐 대학에서 20년 유학하고 고향으로 온 법학자의 말이 일반 시민들에게 외계어로 느껴질 뿐"이라는 이야기가 떠올랐습니다. 우리 대법원도 판례를 변경하며, 실질적인 권리구제를 지속적으로 고민한다는 생각에 이르렀고, 이에 기초하여 피고인에게도 설명하였습니다.

가사, 유죄를 선고하시더라도, 법을 조금 더 안다는 것을 악용하여 피고인과 그 가족들을 괴롭힌 피해자와 법을 통한 문제해결 방법을 잘 알지 못했던 피고인과 그 가족들의 사정을 헤아려주시길 부탁드립니다. 그것이 우리 법질서를 더더욱 공고하게 지킬 수 있는 길이라고 믿습니다.

이 사건이 마무리될 즈음, 검찰이 피해자 H씨를 자동차관리법위반죄 한 가지로만 약식기소해 종결할 것이라는 소식을 접했다. 리스차를 담보로 받아 대출해 주는 것은 장물취득죄에 해당함이 확고한 판례인데, 신고가 없어 수사되지 않는 것이 과연 옳은지 의문이었다. 그래서 나는 2023년 12월 피해자 H씨를 장물취득죄로 고발하였다. 그런데 관할 경찰서에서 2024년 2월에 "자동차에 대해 질권이 설정될 수 없으니, 사실상의 처분권을 취득했다고 볼 수 없다"[28]며 불송치 결정했다

는 것을 통보받았다.[23]

    나는 무엇이 진정 옳은 것인지 잘 모른다. 하지만 말하지 않으면 아무것도 개선될 수 없다는 것쯤은 안다. 그렇다고 내가 모든 결과를 이끌 수도 없다. 나의 작은 날갯짓이 세상을 바꿀 것이라는 믿음은 오만이기 때문이다. 그저 나를 비롯한 우리가 각자의 자리에서 할 수 있는 일을 하는 것이면 족하지 않을까? 이번 나의 날갯짓은 불송치결정으로 끝났지만, 다음번 누군가의 외침은 메아리가 되길 기대해 본다. 단지 그 메아리에 나의 날갯짓이 조그만 밑거름이 되길 희망할 뿐이다.

....

22 리스차나 렌트카를 담보로 돈을 빌려주면서 그 자동차를 인도받은 것에 대해 "사실상의 처분권을 획득하는 행위는 장물취득죄에 있어서의 취득행위에 해당"한다는 점(제주지방법원 2016고정353판결)은 서울중앙지방법원 2015고정3643판결을 비롯해서 셀 수 없이 많다.

23 고발인은 경찰의 불송치결정에 대해 이의하여, 검찰에서 수사하도록 할 수 없다. 그래서 그 경찰서의 직상급 경찰청에 2024년 3월에 수사심의를 요청하였다. 그 결과 2024년 8월에서야 "수사결과는 부적정한 것으로 의결되어 귀하의 심의신청에 대해서 당해 수사기관으로 하여금 재수사하도록 지시"하였다는 통지를 받았다. 하지만 아직 그 '부적정한 수사결과'에 대한 재수사가 시작되었는지, '적정한 수사결과'가 도출되고 있는지 알 수 없는 상태다.

에필로그

이 책의 초고를 쓰고 있던 나에게 왜 책을 쓰게 됐냐고 묻는 사람들이 있었다. 글 쓰는 재주가 뛰어나지도 않고, 글쓰기를 즐겨 하는 사람이 아니기 때문에 나와 오래 교류해 온 사람이라면 당연히 궁금했으리라. 질문에 뭐라고 답해야 할지 고민했는데, 아무래도 그 대답은 내가 왜 변호사가 되었고, 변호사라는 직업에 대해 갖고 있는 '나의 개념'은 무엇인지 설명하는 것부터 시작해야 할 것 같다.

법(法)은 무엇일까? 변호사가 되기 전, 법을 만날 기회가 여러 번 있었다. 대학 4학년 때, 집회 중 체포되어 경찰서 유치장에서 2박 3일을 보내며 형사절차의 위중함을 느낀 것이 맨 처음이었다. 그 이후 검찰청에서 조사받고 밤늦게 나오면서, 의학전문대학원에 진학할 계획을 접고, 변호사가 돼야겠다고 결심했다.

로스쿨에 입학해서 내 손으로 처음 쓴 법률 문서는 나와 엄마 사이의 친생자 관계를 확인받기 위한 소장(친생자관계 존부 확인의 소)이었다. 로스쿨 2학년 당시 엄마가 돌아가셨는데, 이모들이 상속인으로서 모든 절차를 정리하도록 내버려 둘 수는 없었다. 결국 나는 나의 출생신고에 자신의 이름을 넣지 않고자 했던 엄마의 뜻을 거스를 수밖에 없었다.

이런 과정을 거치며, 법이 우리 삶의 시작과 끝에 모두 영향을 미친다는 것을 느꼈다. 그러니, 변호사라는 (변호사법에 따라, "기본적 인권을 옹호하고 사회정의를 실현한다는 사명으로 사회질서 유지와 법률제도 개선을 위해 노력해야 할") 직업을 선택하는 것은 어쩌면 자연스러웠다.

나는 내가 대한민국 변호사라는 것이 자랑스럽다. 나의 딸이 우리가 살고 있는 지금의 세상보다 더 나은 법과 제도 아래에서 살아갈 수 있길 바라는데, 변호사라는 직업이 그 과정에 보탬이 될 수 있기 때문이다. 특히 국선전담변호사로서 형사 법정에서 주장하는 변론은 그 피고인을 위한 변호임과 동시에, 우리 법체계에서 보완되어야 할 사항들에 관한 지적이기 때문에 자부심을 가지고 일하고 있다. 하지만 단순히 자부심만으로 어떤 직역에 성실히 종사할 것을 요구하기는 어렵다.

여러 언론을 통해 알려진 바와 같이, 국선전담변호사의 수당은 제도가 생긴 이후 지금까지 약 20여 년 동안 계속 동결되어 있다. 국선전담변호사는 법원으로부터 정해진 수당을 받지만, 직원 급여 등의 모든 비용을 그 안에서 부담해야 한다. 또한, 국선변호 외에는 다른 법률사무를 할 수 없도록 금지된다. 직원 급여 등의 모든 비용은 물가상승률에 따라 갈수록 높아지니, 매년 실질소득은 줄어들고 있다. 더욱이, 더 충실한 변호를 위해 검찰에서 더 많은 증거를 복사하거나, 구치소에 접견을 더 많이 갈수록 그 비용이 늘어난다. 결국, 아이러니하게도 열심히 일할수록 실질소득이 더 줄어드는 셈이다. 이런 상황이 지속되면 내가 좋아하는 '국선전담변호사'라는 일이 그 목적에 맞게 잘 작동하기는 어려울 수밖에 없다. 그리고 그 결과는, 나의 딸이 더 나은 법과 제도 하에서 생활하길 바라는 나의 바람을 방해하는 것이기도 하다.

국선전담변호사 수당의 현실화를 위해 몇몇 국회의원실을 방문하여, 실제적인 어려움을 호소하곤 하였다. 그럴 때면 "범죄자를 위한 예산을 증액하기 어렵다"라는 말을 듣기 일쑤였다. 법원이 국선전담변호사 수당을 현실화하려고 해도, 기획재정부가 예산안에 반영하고 국회의원들이 이를 동의해야 가능하니, 결국 수당 현실화는 요원해 보였다. (사실 법원의 예산안도 기획재정부를 거쳐 국회로 간다는 것에서 삼권분립이 제대로 지켜질 수 있는지 의문스럽기도 하다) 국민이 동의해야, 국가 예산이 편성될 수도 증액될 수도 있다는 생각이 들었다. 그래서 국선전담변호사가 어려운 현실 속에서 우리 헌법을 지키고 법과 제도를 점검하는 역할을 하고 있음을 알릴 수 있는 이야기를 여러 사람과 나눠보고 싶었다. 그렇게 이 책을 써보자는 제안을 하게 됐다.

여러 과정을 거쳐 이 책을 출간할 수 있도록 도와주신 박영사와 다른 저자 국선전담변호사들께 감사드린다. 더욱이, 나의 부족한 글을 밤새워 읽고, 비법률가의 입장에서 수정할 부분들을 지적해 준 '마눌님'과 바쁜 일정 속에서도 독자의 마음으로 평가해 준 후배들(김혜영, 원은설, 김가람)에게도 감사를 표한다.

마지막으로, 이 책을 선택해 준 독자들께 감사드린다. 이 책을 통해 국선전담변호사에 대한 관심만이 아니라, 우리나라 형사사법제도가 어떤 방향으로 어떻게 발전해야 할 것인지에 대해서도 애정 어리게 살펴주시길 부탁드린다. 독자께서도 우리 대한민국의 주권자인 국민이시기에….

2장

한낮에 타들어 가는 사람들

수잔 엄마
술꾼 도시 피고인들
느닷없이, 피고인
일상의 법정
길고 긴 변명
이삭 줍는 사람들과 나
반딧불과 북극성
그곳에 가면 알게 되는 것들
국민참여재판 이야기
감옥의 안과 밖
달콤 쌉싸름한 에너지 뱀파이어

수잔 엄마

엄마의 **수**없는 **잔**소리

"변호사님, 저 아들 때문에 너무 힘들어요. 어젯밤에 아들이 주사 맞은 자리에 제가 '호-'를 안 해줬다고 삐져서 아침까지 툴툴거리는 거예요. 여태 매일 이제 됐다고 할 때까지 해줬거든요. 그 '호-'를 언제까지 해줘야 하는 건지 ….."

"계속 '호-' 해달라는 아들보다, 그까짓게 뭐라고 '호-' 해줄 에너지도 없는 우리가 문제죠."

변호할 말을 찾아내는 것은 뚝딱뚝딱 정해진 시간에 쉽게 끝나지 않는다. 잔뜩 찌푸린 날씨에 찌뿌둥한 몸을 질질 끌고 다니는 기분이다. 시원한 비는 내리지 않고 마른 바닥만 벅벅 긁고 있는 그로기 상태로 집에 가니, 활기 있게 가족들을 맞이하기도 힘들다. 어린 아들의 어리광을 받아주면서 "호-" 한 번 해주는 것조차도 버겁다.

"어머, 변호사님. 이번에 새로 오신 변호사님 보셨어요? 깜짝 놀랐어요. 완전 아이돌이에요."

가끔은 직원들의 이런 호들갑이 들려오다가도, 얼마 되지 않아 말이 달라진다.

"헐, 저 진짜 깜짝 놀랐어요. 어제 저녁에 엘리베이터에서 만났는데, 두 달 사이에 아이돌이 완전 아저씨가 돼버렸어요."

나의 직장은 아이돌이 눈 깜짝할 사이에 아저씨가 되는 신기한 곳이다. 그 아이돌 같은 반짝임을 내 눈으로 직접 목격하기도 전에 안타깝게도 급속 노화가 진행된 듯하다. 대형 집단 사기 사건의 주범 사선변호인이 사임하면서, 아이돌 같다던 신입 변호사가 국선으로 그 사건을 맡게 되었다. 방대한 기록과 피고인의 수없는 요구 사항, 피해자들의 원성으로 그는 몸과 마음이 모두 힘들었다고 한다.

"변호사님 들으셨어요? 김 변호사님은 수족구, 코로나, 독감, 장염에 급기야는 메니에르병까지 걸리셨대요."

피로가 누적되어 면역력이 떨어져 버린 동료 변호사는 아이가 걸린 수족구를 시작으로 온갖 유행병에 다 걸리더니, 메니에르병으로도 한참 고생했다.

이렇게 "호-" 해줄 기력도 없고, 급속 노화와 면역력 저하를 경험하는 사람들이 모여 있는 국선전담사무실. 이곳에서 일하는 나의 증세는 '일단 눕자'이다. 약간의 틈이라도 생기면 일단 사무실 소파에 누워야 한다. 그래야 일어나 일을 할 힘이 생긴다. 퇴근을 하고 집에 가도 일단 한참을 누워 있어야 기력을 회복하고 밥을 차린다.

나에게는 통화보다는 메시지가 편한 '콜포비아' 증세도 있다. 말하는 것도 기운이 달려서 그렇다. 심지어는 아이들에게 하고 싶은 말이 있어도 생각만 하고 넘길 때가 많다. 살뜰하게 한 번 챙겨준 기억이 없는데 어느덧 훌쩍 자라 점점 함께할 시간이 줄어든다. 아이들에겐 이미 단골 식당이 여럿 생겼다.

50대가 된 지금, 나의 감정은 '불안'이 지배적이다. 애니메이션 〈인사이드 아웃 2〉의 한 장면처럼, '기쁨이'가 아니라 '불안이'가 감정 컨트롤 본부를 지휘 중이다.

형사 사건만 오래도록 담당하면서, 순간의 실수나 잘못으로 인생의 위기를 겪는 이들을 많이 만났다. 내 가족뿐 아니라 누구도 연루되지 않기를 바라는 사건들. 그런 사건을 담당하며 피고인들을 변호한 횟수만큼이나, 수없이 많은 걱정과 불안이 내면에 쌓여 있다. 국선전담변호사이자 두 아이를 둔 엄마가, 자라나는 아이들에게 말할 기운이 없어 글로 잔소리를 해본다.

엄마 잔소리 01 : 설령 함께 침대에 누웠더라도 명확한 합의가 없다면 신체 접촉은 금지다

아들아, 너는 눈치가 없는 아이라 생각해라. 독심술은 없다. 절대 상대방의 마음을 넘겨짚지 마라. 야릇한 분위기가 느껴져도 부디 혼자만의 착각이라 여겨라.

요즘의 모텔은 숙박이 아니라 놀이의 공간이 되었다고 한다. 친구들끼리 배달 음식도 시켜 먹고 OTT도 보고 게임도 하고 술도 마시고 쉬는 공간으로 말이다. 이럴 때 친구들 중 일부가 가고 누군가와 단둘이 남게 되는 상황은 피해라. 심지어 침대에까지 눕게 되었다고 해도 제발 침대를 버리고 그냥 일어나 나와라. 대중교통이 끊긴 시간이라도 택시비를 아까워하지 말자. 여기서의 모텔은 호텔, 콘도, 펜션, 친구 집, 우리 집, 자취방, 파티룸, 노래방, 사무실, 텐트 등으로 변형이 가능하다.

혼자만 분위기를 타서 신체 접촉을 하다가 준강간, 강간, 각 미수, 강제추행으로 법정에 서는 이들이 생각보다 많다. 나중에 "왜 다들 가는데 혼자만 남아 있었대요?", "왜 내가 누워 있는 침대에 와서 같이 누웠대요?", "나에게 마음이 있어서 그랬던 것 아니에요?"라고 반문해도 소용없다.

밀폐된 공간 안에 둘이 있다고 이심전심이 아니다. 말하지 않아도 아는 것은 없다. 신체 접촉을 하려거든 상대방의 의사를 말로 확인하고 또 확인해야 한다. 설령 거절당한다 해도 그 순간의 창피함이 경찰서, 법정, 교도소보다 낫다. 요즘은 녹음을 하기도 하고 성관계 동의 애플리케이션을 사용하기도 한단다. 그러나 녹음이나 애플리케이션으로 동의했음을 기록해야 하는 상황이라면 차라리 신체 접촉을 안 하는 것이 낫지 않을까? 원나잇은 굿나잇이 아니라, 평생 깨지 못할 악몽이 될 수 있다.

엄마 잔소리 02 : 해킹당해도 문제없게
스마트폰이나 컴퓨터를 청정구역으로 관리해라

아들아, 스마트폰은 어쩌면 흉기가 될 수도 있다. 편리하고 이롭게 하는 것만이 아니다. 늘 손에 들고 있는 그것으로 성적인 장면을 촬영하고 싶은 충동이 생길지도 모른다. 혼자만 간직하고자 했겠지. 그러나 예상치 못한 일이 생길 수 있다. 단 한 번의 터치, 단 한 번의 전송으로도 너의 인생이 골로 갈 수 있다.

동의가 있든 없든, 성적인 사진은 절대 찍지 마라. 동의 없는 촬영은 명백한 불법이다. 교제하는 사이에서 동의하에 촬영하였다고 해도, 추후 동의 여부가 문제 될 수 있고 입증도 어렵다. 또 다툼의 과정에서, 헤어지는 과정에서, 감정의 소용돌이에 휩쓸려 스스로도 자신이라고 믿기 어려울 정도로 바닥에 닿은 최악의 순간에, 그 촬영물을 무기 삼아 위협하고 싶어질 수 있다.

"너 내가 뭘 가지고 있는지 모르나 본데. 좋은 말할 때 연락해."

연락이 두절된 상대에게 화가 나 이렇게 말하는 사람들이 많다. 누구든 이리 되지 않는다고 장담할 수 없다. 상대의 약점이라고 치사하게 물고 늘어질 무기 같은 것은 아예 수중에 두지 마라.

무주의로 아이디와 패스워드가 유출될 수도 있다. 아니면 누군가 해킹할 가능성도 있다. 잠금장치가 풀린 한순간에 몰래 너의 휴대폰을 들여다보는 이도 있을 수 있다. 딥페이크 프로그램을 사용해 만든 사진을 혼자 보관했는데, 친구가 비밀번호를 풀어 확인하고 소문을 내서 사건화된 일도 있었다.

그저 야한 영상을 다운받거나 구매하려다가 성착취물을 소지하게 된 일도 많다. 공인된 OTT에서 제공되는 영상으로도 충분하다. 아마추어 포르노와 성착취물을 구별할 수 있는 능력은 엄마에게도 없다. 너의 갤러리나 클라우드가 쓰레기 없는 청정구역이길 바란다. 깨끗하면 걱정도 없다.

사진, 영상 이외에 채팅 내역도 많은 문제가 된다. 같이 누군가의 뒷담화를 하면 왠지 한편이라는 친근한 느낌이 들 수 있다. 음담패설도 마찬가지다. 모르는 이성과 성적인 대화를 나누는 것도 재미있을 수 있다. 그런데 그 대화를 함께하던 이가 언제까지나 너의 친구는 아니다. 다양한 이유로 그 대화 내용을 캡처해서 다른 이들에게 보낼 수도 있고 너를 위협할 수도 있다. 누가 어떤 이유로 대화 내용을 본다고 해도 스스로에게 타격이 없는 말들만 해야 한다. 비밀은 없다고 믿어라.

그리고 목적이 올바르지 않은 랜덤 채팅, 단톡방이나 모임에는 아예 들어가지 말고, 본의 아니게 초대된다면 바로 나와야 한다. 초대되고 바로 나왔다고 증명할 수 있게 스마트폰 화면 녹화 기능을 이용해 채팅방 퇴장 장면을 기록하기를 권한다. 한편, 피해를 입은 상황이라면 채팅방을 나오기 전에 대화 내용과 대화자를 모두 저장해야 한다.

엄마 잔소리 03 : SNS 프로필을 믿지 마라

어느 날 누군가 너에게 DM으로 말을 걸어온다. 딱 너의 이상형이다. 프로필, 게시물을 통해 확인한 사진들도 너무 근사하다. 이런 멋진 사람이 너를 좋아한다고까지 한다. 그러면서 선물을 보내주겠다고 하고, 실제로 선물을 줄 수도 있다. 그러다가 요구를 한다. 일단은 적은 금액의 돈, 단순히 계좌번호일 수 있다. 혹은 성적인 사진을 요구할 수도 있다. 그러곤 아무 문제 없을 것이라고 안심시킬 것이다. 네가 꿈꾸는 미래를 속삭일 것이다. 그러면 '너는 내 운명' 같을 것이다. 뭐든 다 해주고 싶을 것이다.

그러나 운명은 그렇게 만나지는 것은 아니다. 그저 프로필만 이상형이고, 말만 달콤하게 하는 것뿐이다. 실상은 네가 가진 것을 탈탈 털고, 빚의 구렁텅이에 처박아 넣을 사기꾼이다. 예쁘고 멋있고 우아한 모습 뒤에 다리에 털이 성성하고 담배를 뻑뻑 피면서 코딱지나 파고 있는 흉측한 아저씨가 있다고 생각해라.

재판까지 간 형사 사건은 아니지만, 이런 일도 있었다. 한 친구가 SNS 팔로워 수가 늘어나고 인기가 높아지자, 다른 친구들이 샘을 냈다. 가상의 여성 프로필을 만든 계정으로 그 친구에게 접근했다. 그러고는 거짓된 유혹에 넘어가는 친구의 반응을 공유하면서 서로 낄낄거렸다. 거짓에 속는 자도 되지 말고, 거짓으로 속이는 자도 되지 말자.

엄마 잔소리 04 : 적은 금액의 빚일 때
가족들에게 도움을 요청해라

그릇된 소비 습관 때문이든, 예상치 못한 사고가 나서든 빚이 생길 수 있다. 혼자 해결해 볼 요량으로 현금 서비스도 받으면서 돌려막기까지 해볼 수도 있다. 곧 한계 상황에 이르러 인터넷 검색을 한다. 고액 알바, 작업 대출 등 방법이 있을 것 같다.

그러나 인터넷에서 돈을 구하느니, 차라리 적은 금액일 때 솔직히 가족들에게 도움을 요청해라. 가족들에게 빌리고 이자 없이, 천천히 원금을 갚아가는 편이 낫다. 그다음은 은행 대출이다. 대출은 직접 지점을 방문해서 상담받고 해라. 그 이외 다른 방법은 취하지 않는 편이 좋다.

통상적인 아르바이트 시급보다 돈을 많이 주는 일은 의심부터 해라.

서류나 물건을 받아 전달하는 단순한 일을 하는데 일당이 높은 직무는 십중팔구 보이스피싱 현금 수거책이다. 일당 10만 원 벌자고 억 단위 사기 사건의 공범이 될 수 있다. 설령 믿을 수 있는 사이트 구직란에서 본 채용 정보라도 수상쩍게 일당이 높은 일은 하지 마라.

누군가 너의 낮은 신용도를 높여줄 테니 체크카드, 계좌 정보, 인증서 등을 달라고 하는 말에도 절대로 응하지 마라. 신용이 없는 이에게 대출을 해준다는 말 자체가 이미 거짓이다. 그 역시 범죄에 너의 금융 정보를 이용하는 것이다.

그러니 금전 문제가 발생하였을 때 잘 모르는 타인의 도움으로 해결하려 하지 마라. 너의 문제가 100배쯤 커질 뿐이다. 100만 원 빚이 1억 원이 될 수 있다.

엄마 잔소리 05 : 누군가 너의 약점을 잡아 협박하면 차라리 약점이 드러나는 것을 택해라

범죄자들의 수법이 진화하고 있다. 주의를 기울이고 조심히 살아도 한순간의 실수로 약점을 잡힐 수 있다. 성적인 문제든, 도박이든, 마약이든, 도둑질이든, 거짓말이든 무언가 약점이 드러나면 너의 평판이, 너의 인생이 무너질 것 같이 두려울 수 있다.

그러나 약점인 바로 그 문제가 드러나는 것이 오히려 복이다. 문제가 드러남으로써 고칠 수 있다. 문제가 드러나지 않으면 곪을 뿐이다.

누군가 약점을 쥐고 협박하면, 차라리 그 약점이 드러나는 편을 선택해라. 협박하는 이들이 너에게 돈을 달라고 할 수 있다. 아니면 차마

하고 싶지 않은 일을 시킬 수도 있다. 너의 기대와 달리, 한 번 응한다고 해서 협박은 끝나지 않는다.

텔레그램 링크로 초대된 방에 들어가 성착취물을 구매했던 사람이, 협박을 받아 아예 제작자가 되어버린 사례도 있다. 협박받는 상황에 대해 혼자 고민하지 말고 법적으로 조언해 줄 수 있는 사람과 상의를 해라. 잘못한 것이 있다면 겸허히 인정하고 법적, 도의적 책임을 지는 것이 낫다. 사람은 누구나 약하고 악하기도 하다. 그저 배움과 성숙의 과정에 있음을 잊지 마라.

엄마 잔소리 06 : 누군가의 잘못에 대해 사적 제재를 하지 마라

"내가 가만히 두나 봐라."

살다 보면 억울한 일을 당할 수도 있다. 너무 화가 나서 응징하고 싶은 순간도 있다. 가해자라고 생각하는 이가 벌인 만행에 대해 소문을 내고 싶을 수도 있다.

하지만 네 입장에서는 정보 공유 또는 후기일지라도, 자칫 잘못하면 명예훼손이자 모욕, 업무방해가 될 수도 있다. 일대일 관계에서 발생한 불편한 점은 당사자들끼리 해결하고, 안 되는 경우 법적 조치를 취하는 것이 낫다.

인간관계에서 손해를 보거나 속았다고 느낄 수도 있다. 값비싼 선물을 건네고 시간과 마음을 들이며 친밀하게 교제해 왔는데, 상대가 다른 사람을 더 좋아하는 일이 발생할 수 있다. 그동안 들인 공이 아깝고 본전 생각도 날 것이다. 치사하게 선물을 돌려달라고 해도 분이 풀리지 않는다. 그럴 때 SNS에 저격하는 글을 남기고 싶을 수도 있다. 그 사람의 실상을 까발리고 싶을 수 있다.

하지만 그런 글을 남긴다고 화가 풀리지 않는다. 너만 못나 보이게 된다. 그 글이 결국 너의 인생에 화근이 될 뿐이다. 상대는 너에 대한 가해자가 아니라 오히려 피해자가 될 수 있다.

엄마 잔소리 07 : 마약과 도박 중독, 네가 통제할 수 있는 것은 '처음 시작'뿐이다

스스로를 과대평가하지 마라. 호기심에, 재미 삼아 한 번만 해보자고 가볍게 시작해도 생각만큼 쉽게 빠져나올 수 없다. 이후의 인생은 중독과의 전쟁이 될 뿐이다. 너뿐만 아니라 가족들, 너를 아끼는 사람들 모두를 그 전쟁터에 끌어들이게 된다.

타인에 의해 시작될 수도 있다. 클럽이나 유흥주점 같은 곳에서 제공되는 술이나 음료에 마약이 들어 있었던 사건이 많아, 요즘은 휴대용 검사 키트도 나온다. 마약이 문제가 되는 곳에는 아예 가지 말고, 가더라도 또렷한 정신으로 깨어 있어 늘 자기 자신을 보호해야 한다.

친구가 도박으로 돈을 벌었다고 자랑해도 무시해라. 어쩌다 공돈이 생겨, 잃어도 그만이라는 생각에 슬그머니 도박을 시작했다는 사람이 많다. 잃으면 본전 생각에 멈출 수 없고, 따면 더 딸 것 같아 계속한다.

심심한 것이 나쁜 것이 아니다. 굳이 재미를 찾지 마라. 지루하고 단순하고 평범하게 규칙적인 일상을 꾸려 나가라.

엄마 잔소리 08 : 술에 대한 규칙을 정하고 꼭 지켜라

술 권하는 사회다. 드라마, 영화에서 술을 마시는 장면이 여과 없이 나온다. 유튜브에서는 술방이 인기다. 술에 대한 경각심보다는 술이 분위기를 좋게 하고 진심을 말하는 데 도움을 준다는 생각이 만연한 듯하다. 그러나 100세 인생에서 알코올 중독 없이 뇌섹남으로 살려면 절주, 금주가 꼭 필요하다.

기분이 좋지 않을 때 술을 마시지 마라. 술을 마신다고 해서 상한 기분이 풀리지 않는다. 관계가 좋지 않은 사람과 술을 마시지 마라. 관계가 개선되기는커녕 술을 마시다가 싸움이 나기 쉽다. 기분이 좋을 때 술을 마시더라도 한계를 정해라. 기분에 들떠서 만취하게 되고 돌이킬 수 없는 실수를 하기도 한다.

술과 성, 술과 운전은 절대 양립할 수 없다. 술에 취한 상태에서 성적 접촉이 생기면 가해자가 될 수 있고 피해자가 될 수도 있다. 술자리에 차를 가지고 가지 마라. 처음 계획과 달리 취해서 대리운전을 부르지 못하고 운전을 해버릴 수도 있다. 음주운전은 살인 행위나 마찬가지다.

술로 인한 모든 범죄를 예방하는 방법은 만취하지 않는 것이다. 술을 마셔야 하는 자리라면, 너의 심신 상태를 잘 살피고 술의 종류와 양을 정한 뒤 딱 그만큼만 마셔라.

엄마 잔소리 09 : 질척거리지 말고 뽀송하게 이별해라

만남과 이별을 잘해야 한다. 열 번 찍어 안 넘어가는 나무 없는데, 나무만 그렇다. 사람에게는 그런 방식이 통하지 않는다. 싫다고 하면 싫은 것이고, 그런 사람에게 노력하지 말자. 우연을 가장한 만남도 소름 끼칠 뿐이다. 절대 우연을 기대하면서 주위를 서성여서는 안 된다. 공동 현관 주위를 맴돌다가 택배 아저씨를 따라 들어가는 일도 피해야 한다. 스토킹에 주거침입이 될 수도 있다.

만나는 것뿐 아니라 전화도 안 된다. 감정에 휩쓸려 받지 않는 전화를 수십 통씩 거는 경우도 있다. 상대가 전화를 받지 않았다고 해도, 발신을 기준으로 스토킹 여부가 판단된다. 받지 않으면 두 통 정도만 깔끔하게 하자. 연락을 거절하는 이의 전화번호는 아예 삭제해 버리길 권장한다.

헤어질 때 질척거림은 금지다. 상대가 관계를 정리하자고 하면, 무 자르듯 단칼에 끊어내야 한다. 헤어질 때 마지막으로 문자라도 보내고 싶다면 좋은 내용으로 정리해 딱 한 번만 보내자. 여러 번에 걸쳐 한 단어씩, 한 문장씩 보내면 하나의 내용일지라도 문자 발신 수가 늘어나 수십 통의 문자로 받아들여질 수 있다. 질척거리지 말고 깔끔하고 뽀송뽀송하게 이별해야 한다.

헤어질 때 계산기를 두드리지 마라. 계산하게 되면 돌려받고 싶어지고, 그로 인해 자꾸 연락하게 된다. 그렇게 연락하다가 신고를 당할 수도 있고, 돈을 더 줘야 하는 상황이 생길 수 있다. 손해 보고 헤어지는 것이 오히려 남는 일이다. 혼자 계산한 본전은 절대 찾을 수 없으며, 찾아지지도 않는다. 좋은 추억으로 포장해 기억에 남기는 것이 최선이다.

헤어지는 연인만큼 조심스러운 것이 윗집과 아랫집이다. 누군가 머리 위에서 파티를 하는 것처럼 쿵쾅거린다 하더라도 자꾸 뛰쳐 올라가면 안 된다. 그것도 스토킹이 될 수 있다. 분노에 차서 초인종을 누르는 대신 차분히 경비실에 연락해라. 대면하지 않더라도 직접 세대 인터폰으로 연락하는 것도 금지다. 현관에 손편지를 부착하는 것도 싫어할 수 있다. 정말 참을 수 없다면 이사하는 것이 유일한 답일 수 있다. 안타깝게도 긴 법적 다툼 후 이사를 택하는 경우도 있다.

엄마 잔소리 10 : 너의 삶을 이끄는 가치를 찾아 추구해라

SNS와 같이 사람들이 자신의 삶을 전시하는 공간에 너무 오래 머물지 마라. 그 과시되는 삶은 보통 소득의 5배가 넘는 수준이다. 다른 사람이 모두 그런 삶을 살고 있다고 착각하지 마라.

몇 등인가, 얼마를 버는가, 어떤 차를 몰고 어떤 집에 사는가가 인생의 성공과 실패의 기준이 아니다. 오히려 어떤 가치를 지향하며 살 것인지에 대해 진지하게 고민해야 한다. 네가 삶의 중요한 가치를 따르기를 희망한다.

무엇보다 어떤 상황에서도 타인에 대한 진심 어린 배려와 예의를 잊지 않기를 간절히 바란다. 이러한 태도를 가지고 있다면 형사 사건에 휘말릴 위험은 거의 없을 것이다.

다른 것은 몰라도 합의금이 오른 것은 착각이 아니다. 형사합의금은 아파트 가격만큼이나 크게 올랐다. 예전에는 500만 원에 합의할 수 있었던 사건이 지금은 3,000만 원 이상을 지불해야 합의가 가능하다. 너를 위해서, 엄마를 위해서 부디 무탈하게 지내기를 바란다. 너의 무사고가 재테크이자 효도란다. 그 돈으로 함께 여행이라도 가자꾸나.

수없는 잔소리 중 이제 겨우 10개를 마쳤다.

술 난 도시 피고인들

어느 술꾼의 고백

글루텐, 알코올, 카페인과 도파민의 콜라보는 나의 힘이다. 라면, 맥주, 커피와 스마트폰만 있다면 아무 어려움 없이 지낼 것만 같을 때가 있었다. 무슨 일이 그렇게 많은지, 간편식조차 제대로 씹지 않고 삼키며 하루를 성급히 해치우듯 살아왔다.

그러고는 결과적으로 너무 피곤하고 시들시들해졌다. "40대는 무료 구독 기간이 끝나는 나이이기에 운동하고 먹는 것에 신경 쓰고 관리하지 않으면 바로 쇠락하고 만다"는 의사 선생님의 경고가 뼈를 때리듯이 와닿았다. 특히 나의 쇠락에는 술이 가장 큰 지분이 있었으리라.

근육이 흐물흐물 흘러내리고 여기저기 아파서 골골 신음이 터져 나오고 나서야 공진단, 녹즙, 홍삼, 각종 비타민, PT, 만보 걷기로 다시 몸을 만들곤 했다. 이렇게 몇 번의 사이클을 반복하니 어느덧 반백 살. "아직 인생 절반 살았어!"라고 외치는 한 살 선배의 선언에서, 나에겐 없는 삶의 단단한 코어가 느껴진다. '하- 50년을 더 산다고?' 생각만 해도 막막하다.

형사 사건의 대부분이 술과 관련 있다. 20~30대의 상당 기간을 알코올의 힘을 빌려 통과한 나는, 만취의 흐릿한 비틀거림, 숙취의 메슥거리는 지끈함, 다시 술을 찾고 싶게 하는 현실의 선명함, 그 쳇바퀴를 잘 알고 있다. 술꾼이었던 내가 경찰서까지는 가지 않았던 것은 돌아보면 값없이 받은 기적이다. 그저 운이 좋았다고 할 수밖에 없는 나는, 피고인이 된 또 다른 술꾼들의 불운한 시간 속을 잠시 동행하면서 그 빚을 갚아가고 있다.

법정에서 가해자의 술과 피해자의 술은 다르다

형사 변호 경험을 위해 사무실을 찾아온 법학전문대학원 학생과 함께 법정 방청석에 앉아, 한 항소심 사건의 피고인 신문 과정을 지켜보게 되었다.

"그동안 모은 돈 1,000만 원, 마이너스 대출 2,000만 원을 1심 선고 전에 공탁했습니다. 항소심 재판 진행 중에도 생활비까지 아끼면서 돈을 모으려 했지만 한계가 있었고, 지금 새로운 대출을 알아보고 있습니다."

준유사강간 사건의 피고인은 신문 과정에서 피해회복을 위하여 노력하고 있다고 호소하였다.

방청을 마치고 나오는 길에 학생은 충격을 받아 얼떨떨한 표정을 지으며 나에게 물었다.

"1심에서 3,000만 원을 공탁했는데 항소심에서 더 해야 하나요?"

"1심에서 실형 1년이 선고되었지만 특별히 법정 구속되지 않았으니, 피고인은 현재 진행 중인 항소심에서 피해자와의 합의나 수가 공탁 등을 통해 사정을 변경할 필요가 있어요. 만약 사정 변경이 없다면, 항소가 기각되고 1심에서 선고받은 실형을 그대로 살아야 할 가능성이 높아요. 수사기관에서부터 치열하게 다투면서 사선변호인을 선임하였고, 1심과 2심도 같은 방식으로 진행한 것으로 보이네요. 잘은 모르겠지만 합의금과 변호사 비용을 합치면 억 소리 나겠어요."

성범죄 사건의 경우 피해회복 비용뿐 아니라 변호사 선임 비용까지 포함하면 통상 수천만 원이 드는 것이 현실이다.

"같이 술을 마시다가 일어난 일인데, 엄청난 사건이 되어버렸네요. 이제 진지하게 술과 헤어질 결심을 해야겠어요."

학생은 피고인석에 있던 남성이 자신 또래의 평범한 젊은이라는 사실에 놀랐다. 그는 술을 마시면 이런 일이 발생할 수 있다는 두려움이 밀려온다며 술을 끊을 것처럼 말했다.

피고인에 대한 질문과 답변을 통해 알게 된 사건 내용은 만취 상태가 아니라면 도무지 일어날 수 없는 비상식적인 일이었다.

바에서 술을 마시던 피고인과 친구는 2명의 여성과 합석하게 되었다. 피고인과 피해자는 처음 만난 사이지만 금세 친해져 서로 기대고 연인처럼 진한 키스를 했다. 계속되는 그들의 스킨십에 친구들은 자리를 피해 떠났다. 이후 두 사람은 바에서 나와 24시간 영업하는 식당으로 갔다. 식당 구석에 나란히 앉은 두 사람은 키스를 하다가 유사성행위까지 했다. 피고인이 바지를 내리고 여성이 그 성기 쪽으로 상체를 숙이고 있는 광경을 본 한 식당 손님이 경찰에 신고하였다.

어느 여성이 다른 손님들도 있는 식당에서 자발적으로 이러한 일을 하겠는가? 심신상실, 항거불능 상태였다는 여성의 입장을 이해하지 못할 이유가 없다. 반면 또 제정신이라면 어느 남성이 식당에서 바지를 내리고 유사성행위를 요청하겠는가? 피고인으로 재판을 받는 남성은 자신 역시 술에 취해 제대로 기억이 나지 않는다고 주장하였다. 피고인은 피해자와 처음 만난 사이였지만 이미 진한 스킨십을 했고, 서로 술에 취해 민망한 일을 벌인 것은 사실이나, 자신이 피해자의 술에 취한 상태를 이용한 것은 아니라고 부인하였다.

이 사건 죄명은 '준'유사강간이다. 피해자가 술에 취해 심신상실, 항거 불능 상태에 있었고 피고인은 이를 이용해서 유사강간을 하였다는 것이 공소사실이다.

술을 마신 피해자의 상태를 이용해 성범죄를 하였다면 폭행이나 협박이 없어도 처벌된다. 피해자가 마신 술은 '준'유사강간, '심신상실, 항거불능'의 표현 속에서 피해자와 함께해 주고 있다. 사후적이고 미흡하긴 해도 '술'에 취한 피해자는 법적으로 보호되는 측면이 있다.

그러나 사건이 발생하면 가해자가 마신 술은 피고인과 함께 책임을 지지 않는다. 법정에 서면 '술에 취한 피해자'는 있어도, 술에 취한 피고인은 그냥 '피고인'일 뿐이다. 가해자의 술은 심신미약으로 피고인과 함께하지 않는다.[1] 그저 피고인만 법의 심판대에 남겨 둔다. 법정으로

---

1 성범죄의 경우, 〈성폭력범죄의 처벌 등에 관한 특례법〉 제20조, 〈아동·청소년의 성보호에 관한 법률〉 제19조에서 음주와 관련한 형의 감면을 제한하는 규정을 두고 있다. 또한 2018년 형법 개정으로 심신미약이 임의적 감경사유로 변경되었으며, 양형기준상으로도 만취 상태를 가중인자로 삼는 경우는 있으나, 감경인자로 반영하지는 않는다.

오는 순간 가해자의 손과 피해자의 손은 이처럼 다르다.

물론 피해자가 술로 인해 곤란을 겪는 경우도 많다. 그나마 이 사건은 목격자가 신고하였고, 식당 CCTV 영상도 남아 있는 상황이므로 피고인에게 형사 책임을 묻는 것이 가능했다. 하지만 자발적이든 비자발적이든 알코올이나 약물의 영향을 받아 심신상실 상태에 처하면, 피해자의 기억이 공백 상태가 되는 경우가 많다. 피해자가 기억을 잃게 되면, 가해자의 진술에 따라 사건이 재구성된다. 가해자가 교묘하게 빠져나갈 수 있으며, 피해자는 보호를 받지 못하게 될 수도 있다. 그러니 음주나 약물의 영향으로 기억을 잃는 것은 매우 위험한 일이다.

술자리 에피소드로 끝나지 않는다

"내가 이런 일을 벌였다고? 도대체 무슨 짓을 한 거지?"

혈중 알코올은 평소의 나와는 전혀 다른 폭력적인 행동을 유발할 수 있다. 술에 취한 상태에서 벌인 싸움은 인생을 순식간에 새로운 국면으로 몰아넣기도 한다.

결혼을 앞둔 피고인이 예전 직장 동료를 만났다. 이들은 동갑내기로, 꽤 오랫동안 친하게 지냈다. 오랜만에 만나 함께 공연을 보고, 식사 후 술자리도 가졌다. 피고인은 반갑고 들뜨고 편안했는지 유난히 술을 많이 마셔 취해버렸다. 어떻게 택시를 탔는지조차 기억나지 않았지만, 친구에게 '우리 너무 웃겨. 진짜 난리부르스임 ㅎㅎㅎ 조심히 들어가'라고 보낸 메시지가 남아 있었다.

그런데 친구는 다음 날 오전에 사진과 문자를 보냈다.

"너 기억 안 나? 네가 갑자기 나를 막 때리고 테이블을 뒤집고, 넘어진 나를 발로 찼어. 옆 방에서 손님이 와서 겨우 말렸어. 진짜 온몸에 멍들었고 상처투성이야! 보낸 사진 봤지?"

"무슨 소리야? 내가 그랬다고? 진짜 기억이 아무것도 안 나!"

"우리 아빠가 엄청 화났어. 오후에 같이 너 만나자고 하셔."

"굳이 너희 아빠까지 같이? 일단 알겠어."

친구 사이였던 피해자는 오후에 아빠와 함께 피고인을 찾았고, 300만 원의 합의금을 요구했다. 혼자 나갔던 피고인은 위협감을 느꼈고, 이에 대해 예비 신랑에게 하소연을 했다.

"너도 멍이 들었다며. 서로 다툼이 있었던 상황 같은데 합의금을 요구하는 건 너무 심한 것 같아. 그리고 그 친구도 술을 마셨으니 취했을 거고 기억이 잘 안 날 것 같은데, 네가 일방적으로 때렸다고 하니 좀 이상하다. 치료비로 몇 십만 원이면 몰라도, 합의금을 300만 원이나 달라고 하냐? 진짜 친구 맞아?"

예비 신랑은 친구가 이상하다고 했다.

"우리 집안을 어떻게 보고. 절대 합의하지 마라. 내가 아는 사람이 많다."

결국 예비 시어머니까지 이 사건을 알게 됐다. 차라리 고소를 당하면 법적으로 대응하자는 쪽으로 분위기가 흘러갔고, 결국 당사자들끼리 원만한 해결점을 찾지 못했다.

피해자는 고소를 했다. 고소 전에 이미 계속 병원을 다니며 상해 진단 주수도 늘려 놓았다. 트라우마를 이유로 장기간 상담 치료까지 시작했다.

피고인은 수시기 진행 중인 상황에서 예정되어있던 결혼식을 올렸고, 기소되어 나를 만났을 때는 임신 초기였다.

피고인은 남편과 함께 상담을 받으러 왔다. 피고인이 자리를 비운 사이, 남편은 갑자기 목소리를 낮춰 말했다.

"변호사님, 마음고생이 너무 심합니다. 부모님도 엄청 싫어하십니다. 지금 임신 중이라 아내는 일을 그만두었고, 배상금도 제가 마련해야 합니다. 이제와서 합의하더라도 전과자가 되는데, 아이가 태어나면 아이와만 살고 싶은 마음입니다. 혼인 신고는 안 하고 싶은데, 특별히 문제없겠죠?"

"그건 제가 상담해 드릴 문제는 아닌 것 같습니다. 그런데 처음에 합의하지 말라고 남편분이 만류하신 것이라면서요. 초기 대응을 감정적으로 하셔서 이렇게까지 된 것 같고, 아내분이 그렇게 나쁜 분이 아닌 것은 잘 아시잖아요."

피해자가 술을 마시던 중 친구들 사이에서 발생한 일이라고 하며 대수롭지 않게 넘겼다면, 이 사건은 술자리 에피소드로 끝날 수도 있었을 것이다. 그러나 피해자는 수개월 간 심리 치료비를 포함해 수천만 원의 배상명령 신청을 했다.

피해자가 과도한 피해를 주장하고 있는 것 같아, 피고인에게 인정하자고 권유하는 것이 망설여졌다. 정작 피고인은 술에 취해 무슨 일이 있었는지 기억도 하지 못하고 있었고, 임신 초기인데도 불구하고 찬밥 신세인 것 같아 마음이 쓰였다. 술자리에서 단 한 번의 실수가 우정을 깨뜨렸고, 그녀의 결혼마저 위태롭게 했다.

피해자는 맞은편에 앉아 있던 피고인이 갑자기 일어나 자신의 머리를 때렸고, 테이블이 약 90도 정도 넘어가 디귿자 모양이 되자, 옆으로 와서 테이블에 갇혀 있는 자신을 발로 찼다고 말했다. 한 손님은 옆방에 있으면서 처음부터 상황을 지켜보았는데, 피고인이 일방적으로 때렸으며 그 정도가 심해져서 자신이 와서 말렸다고 목격자로서 진술했다.

나는 직원 2명과 함께 작은 룸으로 나눠진 술집을 직접 방문해 보았다. 우리 직원들이 각각 피고인과 피해자의 역할을 맡았고, 나는 사진과 영상을 촬영했다. 직접 확인해 보니 룸이 너무 좁았다. 테이블이 피해자의 진술대로 90도로 넘어질 수 없었고, 옆에 서서 발로 찰 공간도 없었다. 또 창문은 불투명한 유리에 커튼으로 가려져 있어서 옆방에서 목격하기 어려운 구조였다.

직접 재연한 현장 사진과 영상을 제출하며 피해자와 목격자 진술에 허위와 과장이 많다고 변론했다. 하지만 초범인 피고인에게는 벌금형보다 중한 집행유예가 선고됐다. 피고인은 담담하게 결과를 받아들이려 했으나, 검사가 항소했고, 항소심까지 진행되면서 긴 기간 동안 마음고생을 심하게 했다.

★★

술에 취한 사람들은 평소에는 하지 않던 연락을 하곤 한다. 취해서 헤어진 연인에게 두서없는 메시지를 보내기도 하고, 전화를 해 횡설수설하다가 넘어서는 안 되는 선을 넘는 경우도 있다.

상대방의 요구로 결별한 피고인은 시간이 많이 흘렀음에도 전 연인을 잊지 못했다. 그러던 중 전 연인이 새로 만나는 사람이 있다는 이야기를 듣고는 큰 충격을 받아 술을 마시게 되었다.

"제발 사실대로 말해 줘. 너 ○○랑 언제부터 사귀기 시작한 거야? 나랑 헤어지기도 전에 단둘이 여행도 갔다는 걸 이제 알았어."

피고인은 술에 취한 상태로 헤어진 연인에게 연락했다. 자신이 생각하는 의혹에 대해 추궁하는 메시지를 보낸 것이다. 이후 상대방이 답변을 거부하자, 교제할 당시 받았던 노출 사진을 전송했다.

"너 내가 뭘 더 가지고 있는지 모르지? 어떻게 할지 감이 없지? 기대해. 1분 안에 대답하지 않으면 모든 걸 공개할 거야."

다음 날 술에서 깬 피고인은 자신의 스마트폰을 확인하고, 스스로도 경악을 금치 못했다.

"진심으로 미안해. 술을 마시고 큰 실수를 저질렀어. 너에게 보낸 사진 한 장 이외에 다른 사진은 애초에 없었어. 그 한 장도 이제 삭제해서 가지고 있지 않아. 공개하거나 유포할 생각은 정말 없었어."

피고인에게는 술에 취해 한 실수였으나, 피해자에게는 난데없는 취중 협박이었다. 이는 〈성폭력범죄의 처벌 등에 관한 특례법〉에서 금지하는 촬영물 등을 이용한 협박에 해당한다. 합의는 거절되었고, 피고인은 공탁을 통해 간신히 집행유예라는 선처를 받았다.

〈취중진담〉이라는 아름다운 노래가 있다. "진리는 와인 속에 있다"는 속담도 있다. 그러나 알코올의 영향으로 전두엽의 기능이 약화되면서 경계 없이 나오는 말을 진담이나 진리라고 하기는 어렵다. 전두엽은 뇌의 진화에서 중요한 역할을 하며, 기억력과 사고력, 감정, 생각, 행동을 조절한다. 한 의사는 "술을 마실 때마다 전두엽을 면도칼로 긁어내는 것과 같다"고 표현하기도 한다. 상상만 해도 섬뜩하다.

자동차와 술은 양립할 수 없는 조합이다

술은 예상보다 빠르게 깨지 않는다. 그러므로 술을 마신 당일뿐 아니라 다음 날에도 운전은 피하는 것이 바람직하다.

"전날 밤에 맥주를 단 한 캔만 마셨습니다. 그리고 친척을 병원에 모시기로 약속했기 때문에 아침 일찍 운전하던 중 사고가 발생했습니다."

"범퍼를 살짝 부딪힌 가벼운 사고였기 때문에 치료를 받거나 상해진단서를 받을 필요가 전혀 없는데, 6주 진단이라니 정말 황당합니다. 저는 이런 사고를 여러 번 겪었지만, 그때마다 치료 없이 그냥 넘어갔습니다."

"상대 운전자의 치료비와 형사 벌금을 모두 부담하게 되면, 곧 가게를 얻으려고 모아둔 보증금이 다 날아갑니다. 앞으로 어떻게 먹고 살지 막막합니다."

피고인은 쉬지 않고 억울함과 막막함을 하소연했다.

음주 다음 날 발생한 가벼운 접촉사고의 피해자는 공교롭게도 사고 얼마 전 수술을 받고 회복 중이었다. 이 사고로 인해 피해자는 상태가 심각하게 악화되었다며 수개월간 물리 치료를 받았다. 전날 마신 맥주 한 캔이 없었더라면 보험 처리를 통해 간단히 해결될 사고였다. 그러나 피고인은 음주운전으로 인해 피해자의 치료비를 모두 자비로 부담해야 하는 상황에 처하게 됐다.[2]

....

[2] 음주 상태에서 사고가 발생하면 종합보험에 가입되어 있더라도 보험금을 청구하기 위해 보험회사에 면책금을 내야 한다. 내가 국선변호 업무를 처음 시작했을 때, 대인사고의 면책금은 200만 원, 대물사고는 50만 원이었다. 그러나 점차 대인사고의 면책

경제직으로 쪼들린다는 그녀는 약식 명령에 따른 벌금을 낼 형편이 되지 않는다며 무죄 주장을 원했다. 그러나 사고 현장에서 측정된 혈중 알코올 농도 수치가 존재하기 때문에 실제로 무죄는 어려웠다. 그저 변호인으로서 피해자의 기왕증을 강조하면서 피고인이 이미 상당한 치료비를 지급한 것을 부각시켰고, 일부 벌금 감액을 받았다.

★★

만취 상태에서는 대리운전을 호출하였음에도 불구하고, 자신도 모르게 대리 기사를 기다리지 않고 운전할 수 있다.

"다음 날에 차가 꼭 필요했어요. 술자리에 차를 가져갔지만, 대리운전 서비스를 이용할 생각이었습니다. 늘 그렇게 해왔거든요. 제가 왜 운전석에 앉아 직접 운전을 했는지 이유를 모르겠습니다. 정신을 차렸을 때는 병원 응급실에 누워 있었습니다."

영업 일을 하는 피고인은 이동을 위해 항상 차량이 필요했다. 영업 활동의 일환으로 거래처와의 식사 자리가 많았고, 거래처 사람이 술을 좋아하는 경우에는 술자리도 마련했다. 사고 당일, 함께 술자리를 가진 일행들을 모두 배웅한 후, 마지막으로 자신의 귀가를 위해 대리운전기사

금은 1,000만 원, 대물사고는 500만 원으로 증가하였고, 현재는 사고 1건당 최대 2억 5,000만 원, 대물의 경우 최대 7,000만 원까지 면책금을 지불해야 보험 처리가 가능해졌다. 운전자 보험에서도 약관을 통해 음주운전 사고로 인한 형사합의금 보장을 제외하는 경우가 대부분이다.

를 불렀다. 피고인의 기억은 자판기 옆에 서서 대리운전기사를 기다리던 것에서 끊겼다. 겨울의 추위 때문인지 그는 차에 들어갔던 것 같다.

운전을 시작한 피고인은 신호 대기 중이던 소형 승용차를 브레이크 조작 없이 들이받았다. 그 승용차는 앞에 대기 중이던 트럭 아래로 밀려 들어갔고, 운전자는 결국 사망하게 되었다.

그가 그동안 충실히 이용한 대리운전 기록은 책 한 권의 분량을 넘었다. 그날의 대리운전 호출 내역과 기사로부터 온 부재중 전화 내역도 존재했다. 그는 변명을 하는 것이 아니었다. 만취한 상태에서 직접 운전할 것을 예상하지 못했지만, 결과적으로 돌이킬 수 없는 비극이 발생했다.

유가족과의 합의에 이르지 못해 실형을 선고받았다. 목숨을 잃은 피해자와 유가족이 평생 지고 갈 고통에 비하면 그의 형량은 상대적으로 짧았다. 술자리가 있다면 애초에 차를 가져가지 않는 것이 모두의 안전을 위해 바람직하다.

★★

직접 운전하지 않더라도 만취한 채로 택시를 이용하다가 문제가 발생할 수 있다. 피고인의 남동생은 취한 형을 챙기며 함께 택시에 탑승했다. 택시가 고속도로에 진입한 후, 피고인은 갑자기 잠에서 깨어나 뒷좌석에서 난동을 부렸고, 옆에 있던 남동생이 말리려 해도 소용이 없었다.

"여기가 어디야. 어디로 가는 거야. 도대체 왜 가는 거야? 다시 돌아기, 들어가잔 날이야."

피고인은 뒷좌석에서 소리치며 운전 중인 택시 기사의 머리를 가격하는 등 난폭하게 행동했다. 고속도로를 주행하던 택시 기사는 필사적으로 운전대를 잡고 겨우 갓길에 정차한 후 경찰에 신고했다. 이 과정에서 기사는 안와골절이라는 부상을 입었다. 긴박하고 위험한 순간이 택시 블랙박스에 고스란히 기록되어 있었다.

피고인은 평생 일용직 노동으로 홀로 딸을 키웠다. 갓난아이를 두고 가출한 아내는 끝내 가정으로 돌아오지 않았다. 딸은 성장 과정에서 방황하기도 했지만, 결혼하여 작은 빌라를 장만하고 잘 살아가는 듯했다. 몇 달에 한 번씩 밑반찬을 챙겨 방문하는 딸과의 4~5시간이 그의 노년에 유일한 즐거움이었다. 딸에게 해준 것도 없는데, 딸이 자신을 아버지라고 찾아와 주는 것만으로도 너무 고마웠다.

어느 날 아침, 사위는 아내가 자살했다는 소식을 전했다. 힘든 내색을 하지 않던 딸이 인사도 없이 세상을 떠난 현실과, 설령 힘들다고 말했어도 도와주지 못했을 자신의 처지가 한탄스러웠다. 장례식장에서 망연자실하여 술만 마셨고, 평소 건강이 좋지 않아 술을 마시지 않던 피고인은 만취해 있었다. 이에 동생이 형을 챙겨 함께 택시를 탔고, 도중에 깬 피고인은 다시 장례식장으로 되돌아가라고 난리를 피운 것이다.

피고인의 심정을 이해하지 못할 것은 아니다. 세상을 다 잃은 듯하여 술을 마실 수밖에 없었고, 장례식장에 계속 있고 싶어 돌아가고자 했던 것을 말이다. 하지만 운전자를 폭행한 것은 여러 사람을 위험에 빠뜨리는 행동이다. 피고인은 피해 기사가 원하는 합의금을 마련하지 못했고, 지인의 도움을 받아 치료비에 상당하는 금액을 공탁하였다.

취객은 경찰관에게도 버겁다

비 오는 새벽, 한 젊은 여성이 우산 없이 술에 취해 길에서 비틀거리고 있었다. 지나가던 두 남성은 이 여성이 걱정되었지만, 직접 도와줄 방법이 마땅치 않아 112에 전화를 걸어 상황을 설명했다. 취한 여성은 출동한 경찰관들과의 의사소통이 원활하지 않았다. 경찰관은 어렵게 그녀의 휴대폰에서 가족의 연락처를 확인했고, 연락을 받은 부모가 그녀를 데리러 오는 중이었다.

"안심귀가서비스 있잖아요. 집까지 데려다주세요."

"부모님이 지금 오시고 계십니다. 댁이 저희 관할이 아니고, 거기까지 안심귀가서비스를 제공하지 않습니다. 조금만 기다려주세요."

"안심귀가서비스, 광고에서 봤어요. 데려다주세요. 다 거짓말이었어요?"

피고인은 집에 데려다 달라고 계속 억지를 부렸고, 심지어 경찰 차량의 뒷문을 열려고 시도했다. 이를 저지하자, 이번엔 운전석으로 달려가 문을 열었다. 이를 막으려는 경찰관을 밀치고 욕을 하면서 차량 키를 빼서 바닥에 던졌다. 결국 경찰관을 밀친 행위로 인해 그녀는 공무집행방해로 입건되었다.

아직 대학생인 그녀를 위해 부모는 피해 경찰관에게 수백만 원을 지급하고, 수사 단계에서 합의했다. 과거에는 공무집행방해의 경우 피해 경찰관이 합의해 주는 경우가 거의 없었지만, 최근에는 합의가 많이 이루어지고 있다.

합의된 사정이 반영되어 벌금형이 선고되었으나, 피고인은 결국 형사 처벌 전력을 가지게 되었다. 만약 취한 여성이 무관심하게 방치되었다면 더 위험한 상황이 발생했을 수 있다. 그러나 이 행인들의 호의적인 112 신고가 해피엔딩으로 이어지지는 않았다.

★★

한 할아버지가 오랜만에 이웃 동네에 사는 친구의 집을 방문했다. 친구가 권하는 다양한 담금주를 대낮부터 해 질 녘까지 시간 가는 줄도 모르고 마셨다. 할아버지가 집에 가려고 나서자, 친구는 걱정이 되어 따라 나왔다. 큰 길가로 나가 택시를 잡으려 했지만, 만취한 그를 택시들은 지나쳤다. 애플리케이션으로 택시를 호출하는 방법을 모르는 친구가 택시를 잡으려 애쓰는 동안, 할아버지는 길에 대자로 누워버렸다. 쌀쌀한 겨울 날씨에 움직이지 않는 할아버지를 옮기기 힘들어, 친구는 112에 도움을 요청했다.

출동한 경찰관이 할아버지의 가족에게 연락했고, 그의 아내가 전화를 받았다. 그러나 몸이 불편한 아내는 직접 데리러 올 수 없고 자녀들에게 부탁해야 하는 상황이라며, 경찰관에게 집까지 데려다줄 수 있는지 물었다.

경찰관은 관할이 다르고 순찰 중이므로 가족들이 나중에 파출소로 와서 할아버지를 데려가야 한다고 설명했다. 할아버지는 경찰차 뒷좌석에서 순찰 내내 깊이 잠들어 있었다.

"선생님, 이제 일어나세요. 파출소로 들어가실 거예요. 일어나세요."

"뭐야, 여기가 어디야? 사람 살려! 이 차는 뭐야? 당신 누구야?"

경찰관에 의해 잠에서 깬 할아버지는 낯선 차에 타고 있는 상황을 파악하지 못하고, 납치되었다고 생각했는지 본능적인 두려움에 사로잡혀 심하게 몸부림쳤다. 그러고는 경찰관의 손을 뿌리치다가 그만 그의 얼굴을 치게 되었다.

경찰관은 할아버지의 손에 맞아 앞니가 미세하게 부서졌다고 사진을 제출했지만, 그 상처가 너무 미세해서 식별하기 어려웠다. 변호인으로서 공무집행방해의 고의가 없다고 주장하려 했으나, 할아버지의 딸은 이를 인정하고 경찰관의 피해를 회복하여 조속히 사건을 마무리하고 싶다고 말했다. 경찰관은 영구적으로 사용해야 하는 치아가 미세하게라도 손상되었으므로 손해가 크다며 500만 원을 요구했다. 금액이 과하다고 생각했지만, 경찰관은 민사소송까지 언급하며 금액 조정은 불가하다는 강경한 입장을 보였다. 결국, 딸은 경찰관이 제시한 금액을 모두 지급하였다.

일반인들이 주취자에 대해 112에 도움을 요청할 정도라면, 정말 도움이 필요한 상황일 것이다. 그러나 경찰관이라고 말이 통하지 않고 몸을 제대로 가누지 못하는 주취자들을 다룰 특별한 능력과 방법이 있는 것은 아니다. 경찰관들이 무한한 인내와 탁월한 지혜로 이 주취자들을 마찰 없이 안전하게 보호 조치하지 못할 수도 있다. 주취자 보호 조치를 취하려던 경찰관과의 실랑이로 인해 공무집행방해 유죄 판결을 받는 피고인들을 자주 접하다 보니, 112에 전화하는 것이 최선의 방법이 아닐 수도 있다는 생각이 든다.

일단 술을 함께 마신 일행들이 최선을 다해 주취자가 안전하게 귀가하도록 도와야 할 것 같다. 일행의 힘만으로 부족하다면, 다른 지인들까지 불러보는 것도 방법이 될 수 있다. 또 술버릇을 잘 알고 있다면,

만취 상대가 될 때까지 마시지 않도록 스스로 자제하고, 일행도 마시지 못하도록 하는 것이 좋을 것이다.

알코올 중독이 젊어지고 있다

"원하는 대학에 입학하고 가족들이 모두 축하해 주었지만, 갑자기 모든 목표를 이룬 듯한 기분에 힘이 빠져버렸어요. 그 후, 유일하게 의지를 가지고 한 일이 술을 마시는 것이었어요. 그래야만 무료한 시간을 견딜 수 있을 것 같았어요."

고등학교까지 학업을 열심히 하여 명문대에 입학한 피고인은 대학 입학이라는 목표를 모두 이룬 듯한 기분에 갑자기 삶의 의욕이 사라졌다고 했다. 이 시기부터 불면증과 우울증으로 술을 마시기 시작했고, 결국 휴학을 반복하다 자퇴에 이르게 되었다.

자퇴한 후에는 이제 성인이므로 스스로 돈을 벌어야 한다는 마음가짐으로 아르바이트를 시작했다. 음식점 서빙처럼 몸을 움직이는 일이 자신에게 더 잘 맞는다고 생각했지만, 체력이 따라주지 않았다. 몸이 힘들어 쉬는 기간이 점점 길어졌고, 몸이 힘드니 술을 더 많이 마시게 되었다. 건강 이상 증세가 나타나 가족들의 권유로 병원에 입원하였다. 그러나 입원 중에도 몰래 빠져나가 술을 마시고 취한 채로 병실에 들어왔다. 의미를 알 수 없는 말을 크게 소리치다가 이를 저지하는 간호사를 폭행해 의료법 위반으로 법정에 서게 되었다.

국내 성인의 76.9%가 음주를 하며, 이 중 35.6%는 건강에 해로운 수준으로 음주를 하는 것으로 나타났다. 2021년 국립정신건강센터의 정신질환 실태조사에 따르면, 지난 1년간 알코올 사용 장애를 경험한 유병률은 18세에서 29세가 사이에서 가장 높았고, 그 다음으로 30세에서 39세 사이가 높은 것으로 나타났다. 이러한 통계는 젊은 층의 알코올 사용 장애가 심각해지고 있음을 보여준다.

만약 내가 지금 20대라면, 과거의 나보다 술을 더 많이 마실 것 같다. 예전에는 술을 사기 위해 서로 얼굴을 다 아는 동네 슈퍼마켓에 들러야 했고, 매일 술을 사는 것이 조금 겸연쩍은 분위기가 있었다. 또 주로 친구들이나 선후배들과 함께 마셨다.

그런데 어느새 혼술과 혼밥 문화가 보편화되었고, 편의점도 많아져서 술에 대한 접근이 수월해졌다. 힘든 하루 일과를 마치고 스트레스를 풀고자, 또는 쉽게 잠들고자 술을 찾기 시작하면, 나도 모르게 매일 습관적으로 마실 것 같다.

미국 국립 알코올 남용 및 중독 연구소는 적정 음주량을 표준 1잔(알코올 14g) 기준으로 남성은 일주일에 8잔(소주 2병) 이하, 여성은 4잔(소주 1병) 이하로 정의하고 있다. 하지만 세계보건기구(WHO)는 건강을 위해 안전한 알코올 섭취량은 없다고 선언했다.

드라마나 영화에서 담배나 흉기를 모자이크 처리하는 경우는 흔하다. 그런데 음주 장면은 소주, 맥주부터 고급 위스키나 와인까지 여과 없이 보여진다. 유튜브와 같은 동영상 플랫폼에서는 술을 마시며 대화를 나누는 예능, 즉 '술방'이 많아졌다. 음주가 불러일으키는 악영향을 고려하지 않고 지나치게 음주를 일상화하고 평범화하며 심지어 미화하기도 한다.

가까운 것만 보고 멀리 있는 것은 보지 못하는 근시안처럼, 술에 취하면 인지기능이 제한되어 즉각적이고 두드러진 환경 단서에 반응하게 된다. 이로 인해 부정적인 결과나 사회적 규범 등 덜 두드러진 단서에는 주의를 기울지 못하게 되는 알코올 근시효과(Alcohol Myopia)가 발생한다. 술에 취하면 성적 흥분과 같은 충동 단서에 주의를 집중하게 되고, 성병, 원하지 않는 임신, 처벌 등 부정적인 결과는 고려하지 않게 된다.

또한 음주자는 운전 능력에 대해 과신을 하게 되며, 운전 중 발생할 수 있는 위험에 대한 인식은 저하된다. 음주 운전, 음주 상태에서의 폭력 범죄 및 성범죄 등 다양한 범죄가 음주와 관련되어 있으며, 이에 대한 처벌은 지속적으로 강화되고 있다. 사후적인 법적제재뿐 아니라, 음주 문화에 대한 인식 변화를 통해 음주 관련 범죄의 예방이 필요하다.

느닷없이, 피고인

법정에 오는 평범한 이웃들

일반적으로 사람들은 드라마나 영화에서 형사 법정을 접할 뿐 실제로 법정에 와본 적은 없는 경우가 많다. 나 자신이나 가족, 지인이 피고인이나 피해자가 되는 상황은 누구도 원치 않을 것이다. 그래서 법정은 나와 무관하면 가장 좋을 곳이다. 나도 국선전담변호사가 되고 나서야 법원과 구치소를 문턱이 닳도록 드나들고 있지, 그전에는 법정 안, 구치소 담 너머는 미지의 영역이었다.

"저는 경찰서 문턱 한 번 밟은 적 없이 착하게 살아왔습니다. 그런데 제가 왜 피고인이 되어야 하나요?"

형사 처벌 전력이 전혀 없는 사람들은 예기치 않은 사건에 휘말려 법정에 서게 될 때, 자신을 피고인이라고 부르는 것조차 강하게 거부하며 억울함을 토로하기도 한다.

간단한 욕설이나 시비, 사고로 법정에 서게 된 이들은 모두 평범한 이웃들이다. 2024년 사법연감에 따르면, 2023년 각급 법원에 접수된 형사 사건 수는 약 165만 건에 이른다. 그만큼 적지 않은 사람들이 법정에 시고 있는 것이다. 평소에 조금 더 조심한다면 느닷없이 피고인이 되어 법정에 서는 것을 피할 수 있을지도 모른다.

'새끼' 찾아 2시간

한 노년 남성이 급히 지방으로 가야 할 일이 생겼다. 그는 지하철을 타고 서울역으로 향하며 전화로 KTX 열차표를 예약하는 중이었다. 애플리케이션 사용에 익숙하지 않아, 전화 통화로 신용카드 번호를 불러주며 결제를 진행했다. 출발 시간 20분 전에는 예약해야 해서 다급한 상황이었다. 그런데 수화기 너머 직원이 카드번호를 잘 알아듣지 못하였다.

"고객님, 잘 안 들립니다."

그는 급기야 마스크를 벗고 휴대폰에 크게 소리치며 신용카드 번호를 다시 불러주었다. 그러자 지하철 보안관 두 명이 나타났다.

"마스크를 착용해 주십시오."

코로나19로 인해 지하철에서는 모든 승객이 마스크를 착용해야 하는 시기였다.

"아니, 내가 지금 급해서 카드번호를 불러주고 있는데 잘 안 들린대요. 잠깐 번호만 불러주면 됩니다."

"즉시 마스크를 착용하셔야 합니다."

실랑이 끝에 지하철 보안관이 "마스크 착용을 거부하므로 관계 법령에 따라 퇴거 조치하겠습니다"라고 하자, 그는 지하철 내에서 "이런 씨부럴 좆같네… 이런 씨부럴!"이라고 욕설하였고, 하차한 승차장에서

"씨발! 좆같은 새끼!"라고 말했으며, 개찰구에서도 "아이, 씨팔 새끼"라고 욕설을 하였다는 공소 사실로 약식 기소되었다.

공판 준비를 위해 피고인과 상담을 진행하였다. 그는 지하철 보안관의 하차 요구로 인해 KTX 열차를 놓치고 지방의 중요한 행사에 가지 못해 피해가 막심하다며 수천만 원의 손해배상 청구를 하겠다고 기세가 등등했다.

"내 손해가 너무 커요. 끝까지 갈 겁니다. 변호사님."

"민사소송을 하더라도 수천만 원의 손해를 입증하여 배상받는 것은 말처럼 쉽지 않습니다. 그리고 저는 형사 변호인이기에 무엇보다 욕설과 관련하여 선생님의 입장을 정리하는 것이 필요합니다."

"욕설요? 저는 욕한 적이 없습니다."

"증거 기록에는 선생님이 욕설을 하는 장면이 녹화된 영상이 있습니다. 같이 한 번 보시죠."

"영상은 볼 것도 없어요. 저는 욕설을 하지 않았다니까요."

"그럼 제가 영상을 보고 선생님 입장을 정리해도 괜찮습니까?"

"그러세요. 변호사님이 알아서 하세요."

그의 모든 마음과 정신은 억울함과 손해배상에만 집중되어 있어 유의미한 대화는 어려웠다. 서로 계속해서 말을 하는데, 그 말이 상대에게 닿지 않고 빗나가기만 하는 신기한 한 시간을 보냈다.

직원이 검찰에 비용을 지불하고 복사해 온 증거 영상의 용량은 만만치 않았다. 피고인이 지하철에서 큰 소리로 통화한 시간부터 경찰이 출동하여 모욕 사건 경위를 듣는 장면까지 모두 바디캠에 녹화되어 있었다. 두 명의 지하철 보안관이 바디캠을 착용하고 있었으니 녹화된 영상

분량은 2시간이 넘었다.

영상을 보기 전, 피해를 신고한 보안관에게 전화를 걸어 고소 취하 의사를 물었다. 만약 그로부터 고소 취하서를 받으면 모욕죄는 친고죄이므로 유무죄 판단 없이 공소기각이 될 수 있다. 하지만 보안관은 합의를 완강히 거부했다. 그는 피고인보다 더 흥분하여 피고인의 만행에 대해 쉬지 않고 이야기했다.

'일면식도 없는 이들이 지하철에서 잠시 만났을 뿐인데 그 짧은 시간에 이토록 깊은 감정의 골을 만들 수 있단 말인가.'

지하철에서 승객들과 직접 접촉하면서 얼마나 많은 힘든 일이 있었을지 짐작은 가지만, 보안관의 강한 말투에 나는 조금 놀랐다. 어쩔 수 없이 영상 파일을 모두 봐야 했다. 서로 감정이 격해져 오가는 대화를 2시간 이상 들으면 나는 메마른 흙먼지 구름 속처럼 매캐해진다. 그래도 토씨 하나를 놓치지 않게 집중해야 한다. 영상을 끝까지 봤지만 '씨발'이라는 말만 난무할 뿐 '새끼'라는 표현은 나오지 않았다.

공판 기일에 앞서 제출하는 의견서에는 "피고인의 당시 상황이 급박하였고, 언어 습관상 불쾌하고 화난 마음을 표현하기 위해 '씨발'이라고 한 것일 뿐 상대방을 모욕할 고의가 없었으며, 그 욕설은 모욕으로 볼 수 없다"는 취지의 내용을 담았다. 결국 그는 무죄 판결을 받았다.

판결문을 발급받아 보고 깜짝 놀랐다. '씨발'이 각 영상 파일의 몇 분 몇 초에 나오는지까지 기재되어 있었다. 판결문을 작성한 판사님은 나보다 더 애쓰신 듯했다. 판사님은 3월보다 연말이 되어갈수록 다크 서클이 턱까지 내려오고 야위어가는 모습이었다.

일상에서 상대방이 '씨발' 혹은 '씨발 새끼' 이런 말을 한다면 듣기에 불쾌하다. 이 불쾌함을 근거로 욕을 한 사람을 모욕죄로 고소할 수 있다고 생각한다. 하지만 모욕죄와 관련하여 피해자가 특정되어야 할 필요가 있기에 '새끼'라는 말이 모욕죄 성립 여부에 핵심적 역할을 한다.

'새끼'라는 말은 '놈', '년', '년놈'으로 변형될 수 있다. 언어는 인간의 가장 기본적인 표현 수단이며, 사람마다 언어 습관이 다를 수 있으므로 그 표현이 다소 무례하고 저속하다는 이유만으로 모두 형법상 모욕죄로 처벌할 수는 없다는 것이 판례의 입장이다.

피고인이 되어 계속 억울함을 호소하며 수사기관과 법정을 오가는 일이 힘들었겠지만, 시시비비를 가리기 위해 불쾌한 영상을 들여다봐야 하는 것도 피곤한 일이다. 공소사실에는 '새끼'라는 단어가 다수 기재되어 있었지만, 증거 조사를 자세히 해보니 '새끼'라는 말은 발견되지 않았다. 어쩌다 공소사실에 '새끼'라는 말이 들어가게 된 것일까? 피해를 호소하는 측에서 들었다는 욕설을 과장하여 진술하였고, 수사기관에서 영상 확인 없이 피해자의 말을 그대로 공소사실로 구성한 것으로 추측된다. 수사 초기에 한 번만 확인했더라면 좋았을 것이라는 아쉬움이 남는다.

사람들이 점점 팍팍해지고 있다. 조금만 기분이 나쁘거나 손해를 본 일이 있으면 신고하고 고소를 한다. 손해를 감수하라고 말할 수는 없지만, 단지 감정적인 이유로 법적 절차를 밟기 시작하는 것은 좀 더 신중해야 할 필요가 있다.

내 운동화, 네 운동화를 구별 못 한 대가

'벌써 구두 굽을 갈아야 할 때가 되었네.'

드물게 여유로운 아침 시간, 신발장에서 구두를 꺼내 신으려다 문득 닳아 있는 굽을 발견하곤 한다. 매일 그것만 신는 게 아니니 미처 몰랐다. 직장 생활을 하는 성인 여성이 한 가지 신발만 계속 신는 경우는 거의 없을 것이다. 내 신발장도 운동화, 스니커즈, 로퍼, 펌프스, 샌들 등 다양한 종류의 신발로 가득 차 있다. 나처럼 세심하지 못한 사람은 자신의 신발 상태를 잘 모르기도 한다.

나의 피고인이었던 그녀는 주말에 친구들을 만나러 외출하면서 모처럼 운동화를 신었다. 핫플레이스라는 고깃집에 가니 홀은 이미 만석이었다. 그래서 여러 좌식 테이블이 마련된 넓은 방으로 안내받았다. 신발을 입구에 벗어두고 들어갔고, 식사하는 동안 종업원들이 방 입구에 놓인 손님들의 신발을 정리했다. 식사가 끝난 후, 그녀는 친구들과 함께 나오면서 신발장에서 자신의 운동화를 찾았다. 그러다가 우연히 브랜드, 모델, 색상까지 같은 운동화 한 켤레가 더 있는 것을 발견했다.

운동화를 꺼내어 안쪽에 적힌 사이즈를 확인해 보니, 사이즈까지 그녀의 것과 동일했다. 그녀는 이렇게 똑같은 운동화가 있는 사실에 신기해하며 친구들과 같이 웃었고, 운동화를 이리저리 보다가 자신의 것으로 생각한 운동화를 신고 갔다.

얼마 후, 다른 여성 손님이 마찬가지로 신발장에서 자신의 운동화를 찾았다. 그러나 운동화를 신어본 후 고개를 갸웃했다. 자세히 보니 신발끈 묶는 방식이 자신과 달랐고, 발볼이 좀 늘어난 듯 헐거웠다. 그녀는 식당 CCTV를 확인하며 종업원이 신발장에 정리한 순서와 위치를 살폈고, 자신의 운동화를 다른 손님이 신고 간 것을 알게 되어 경찰에 신고했다.

식당에서 사용된 신용카드 정보를 조회하여 신발을 바꾸어 신고 간 사람의 신원이 특정됐다.

"식당에서 다른 사람 운동화를 신고 간 것으로 신고되었으니 경찰서에 와서 조사를 받으세요. 오실 때 그 운동화는 가지고 오세요."

그녀는 갑작스럽게 경찰관의 연락을 받고 머리가 하얘졌다. 경찰서에 가서 식당 CCTV를 확인한 뒤에야 비로소 자신이 신발을 바꾸어 신고 간 사실을 알게 되었다. 그녀는 경찰서에서 연락을 받기 전까지는 남의 운동화인 줄 몰랐기에 몇 번 더 신었고, 식당에 다시 연락할 기회도 없었다.

피해 신고를 한 여성은 이미 타인이 신었다는 이유로 자신의 운동화를 돌려받기를 거부했다. 대신, 자신이 경찰에 신고하고 진술하는 등 고생을 했으니 위자료 명목으로 신발값의 10배에 해당하는 합의금을 달라고 요구했다.

경찰관은 합의를 권유하면서, 합의를 하면 기소유예[3]로 선처 받을 수 있다고 했다. 하지만 타인의 운동화인 줄 알면서 고의로 신고 가서

....

3 기소유예처분을 받으면 수사경력자료표에 남게 되며, 형의 실효 등에 관한 법률에 따라 5년간 보존 후 삭제된다. 벌금형을 선고받은 경우에는 범죄경력자료표에 남고, 2년이 지나면 실효된다. 범죄·수사경력 조회 및 회보는 형의 실효에 관한 법률에 따라 발급사유가 엄격히 제한이 된다. 본인 확인 용도로 발급받는 경우 실효된 내용을 별도로 요청하지 않으면 통상 포함되지 않으며 '해당 자료 없음'으로 표시된다.

설도했다고 인정하는 것이 된다. 그녀는 오래 고민했다. 고심 끝에 합의하지 않고 무죄 주장을 고수했다.

결국 그녀는 벌금형으로 약식 기소되었고, 정식 재판을 청구하면서 나를 만나게 되었다. 경찰서로부터 연락을 받은 이후부터 국선변호인 상담까지 수개월 동안 마음고생이 심했다. 그녀가 속앓이하는 것을 지켜보던 가족이 피해자가 원하는 금액을 대신 지급하고 합의를 했다. 약식 명령이 내려진 이후에 피해자와의 합의서가 법원에 제출되었다.

"변호사님, 제가 직장도 있고 없이 살지도 않아요. 친구들과 신발장 앞에서 두 운동화가 너무 똑같다며 다 같이 웃었다니까요. 제가 똑같은 운동화를 조금 더 새것 같다고 바꿔 신고 가겠어요? 어쩌다 한번 신는 운동화고, 운동화 끈은 신발 살 때 매장에서 묶어준 것이라 제가 구별하기 어려웠어요."

두 운동화의 유일한 차이는 구매 시기였다. 피고인의 운동화 구매 시기가 두 달 정도 앞섰다. 결국 그녀가 얻을 수 있는 이익은 '조금 덜 닳음' 정도였다. 일반적으로 굳이 그 이득을 얻겠다고 절도를 하지는 않을 것이다. 하지만 결국 무죄 판결이 아니라 선고유예의 판결을 받았다.

레어템이나 한정판이 아닌 이상 신발을 바꿔 신고 가는 일은 흔히 있을 수 있는 일이다. 종종 학원에서도 아이들이 신발을 바꾸어 신고 간 것 같다는 공지가 오기도 한다. 학교 다닐 때 자기 물건에 이름을 쓰거나 네임 스티커를 붙였던 것처럼 신발에도 그렇게 해야 하나? 둔감한 어른들은 어떻게 해야 할까?

신발장 앞의 순간으로 돌아가 보자. 내 운동화, 네 운동화가 구분되지 않는 상황이라면 자의적으로 판단하지 말고 최소한 종업원에게 도움을 요청해야 한다. 그렇다면 나중에 사건화가 되어도 유리한 정황이 될 것이다. 신발값의 10배라니, 대량 생산 및 소비되는 운동화를 구별하지 못한 대가 치고 값비싸다.

전동 킥보드 유감

'이렇게 멀쩡한데 왜 버렸지? 아깝게.'

공유 전동 킥보드가 유행하기 시작할 무렵, 어머니는 아파트 재활용 수거장 앞쪽에 쓸 만한 킥보드가 벼락 맞은 나뭇가지처럼 널브러져 있는 것을 보고 아깝다는 생각이 들었다고 하셨다. 그때 만약 어찌저찌 킥보드를 끌고 집에 가져오셨다면, 절도가 될 수도 있다.

"엄마, 킥보드든 자전거든 길에 있는 것을 버려진 것으로 생각하고 기저오시면 절대 안 돼요. 다 회사에서 관리하는 물건들이에요. 그리고 재활용 수거장에서도 쓸 만하다고 보이는 걸 가지고 오면 안 된대요. 그것도 절도가 될 수 있어요. 얼마 전에는 중국집에서 냉동고 청소를 하면서 고기를 잠시 밖에 두었는데, 한 아주머니가 지나가다가 누가 고기를 버렸다고 하면서 주워 가서 친구분들이랑 맛있게 나누어 드셨대요. 결국 고깃값도 물어주고 벌금도 내야 했어요. 그러니 길에 아까워 보이는 물건이 있어도 그냥 두고 오는 게 나아요. 배보다 배꼽이 커져요."

나의 지인은 인도에 쓰러져 있는 전동 킥보드를 보지 못하고 걸려 넘어져 팔이 골절되는 부상을 입기도 했다. 사용 후 아무렇게나 내버려 두는 전동 킥보드 때문에 이런저런 사건이 발생하는 것 같아 유감이다.

★★

　30대 초반 남성이 약속 장소에 가기 위해 공유 전동 킥보드를 이용하다, 앞서가는 행인과 살짝 부딪혔다. 남성은 길에서 행인들끼리 부딪혔을 때처럼 "죄송합니다"라고 말하고 대수롭지 않게 지나쳤다. 그러나 이 살짝의 부딪힘은 합의금 200만 원, 약식 벌금 600만 원, 그리고 운전면허 취소 4년에 해당하는 큰일이 되어버렸다.
　그는 자신을 행인으로 인식하여 "미안하다"라는 말로 모든 것이 해결될 거라고 생각했지만, 부딪힌 사람은 경찰에 신고까지 하였다. 경찰은 CCTV를 통해 사고 지점과 시간을 확인하고, 공유 회사를 통해 이용자를 확인했다.
　전동 킥보드는 원동기장치자전거에 포함되므로, 그 운전자는 〈특정범죄 가중처벌 등에 관한 법률〉의 적용을 받는다. 사고 이후 필요한 조치를 취하지 않고 현장을 이탈하면 이 법 제5조 제3항에 따라 처벌받을 수 있다. 전동 킥보드를 운행할 때 행인과 부딪히면 차량으로 사람을 다치게 한 경우와 마찬가지로, 멈추어 서서 자신의 신원을 밝히고 다친 곳이 없는지 확인해야 한다.
　다른 사례도 있었다. 공유 전동 킥보드를 이용하여 출근하던 20대 여성이 보도에서 앞서가던 행인을 충격하였다고 신고되었고, 역시 CCTV를 통해 이용자가 특정되었다.
　"저는 진짜 킥보드 타고 가다가 인도에서 사람을 친 사실이 없어요. 어떻게 저를 찾았는지 궁금하네요. CCTV 몇 대를 분석하는 건가요? 대한민국 경찰이 수사를 이렇게 열심히 하는지 몰랐어요."

그녀는 행인을 충격한 사실이 없다며 흥분하였고, 수사를 비아냥거렸다. 또 피해자가 합의금을 노리고 거짓말하는 것이라며 화를 냈다. 하지만 보도에서 전동 킥보드를 운행하였기 때문에 〈교통사고처리 특례법〉 제3조 2항 단서 제9호가 적용되어 형사 처벌 대상이 되었다.

이 두 사건은 모두 전동 킥보드와 보행자 간의 사고였으며, 큰 부상은 발생하지 않았다. 피해자들은 2주 상해 진단서를 제출했으나, 상해가 인정되지 않아 무죄가 선고되었다.

하지만 선고 결과와는 관계없이 전동 킥보드의 보도 운행은 위법이며, 보행자들에게 위협이 되는 것이 사실이다. 법규에 따르면 전동 킥보드[4]는 자전거 도로나 차도로 통행해야 한다. 그런데 전동 킥보드가 차도에서 승용차와 충돌할 경우, 전동 킥보드 운전자는 크게 다칠 수 있다. 유감스럽게도 전동 킥보드는 보도 위에 있든 차도 위에 있든 여전히 불안하게 느껴진다.

신종 포장 방식과 융통성

2018년부터 서울 시내버스에서 음료 반입 금지 조치가 시행되어,

---

4 2020년 12월 10일부터 〈도로교통법〉상 전동킥보드는 '원동기장치자전거'에서 '개인형 이동장치'로 분류되었다. 음주운전과 관련하여서는 〈도로교통법〉 제156조 제11호가 적용되므로, 20만원 이하의 벌금이나 구류 또는 과료에 처해진다. 그러나 〈교통사고처리특례법〉과 〈특정범죄가중처벌등에관한법률〉에서는 전동킥보드를 〈도로교통법〉상 '차'에 해당한다고 보기에, 전동킥보드 이용자는 사고 발생 시 책임을 지는 '운전자'라는 사실은 변함이 없다.

뚜껑이 없는 음료, 테이크아웃 컵에 담긴 음료, 빨대가 꽂힌 캔 등 내용물이 쏟아질 수 있는 형태의 음료를 들고 버스에 탑승할 수 없다. 한편, 한 음료 브랜드는 테이크아웃 컵의 뚜껑을 없애고 투명한 컵 위를 비닐로 밀폐하여 아이스 음료를 진공 포장해 준다. 직원들은 얼음과 음료를 흔들어 섞으면서 새지 않는 것을 확인한다.

"뚜껑 없는 음료를 가지고 승차하시면 안 됩니다. 다 드신 후 다음 버스를 이용하세요."

"다른 버스는 다 잘 탔는데요. 아직 빨대를 꽂지 않았고 이 컵은 쏟아지지 않아요."

이런 포장 방식을 몰랐던 버스 기사는 승객에게 뚜껑 없는 일회용 컵을 들고 있으니 타지 말라고 저지했다. 절대 새지 않는 음료 포장 방식임에도 승차를 거부당하자, 승객은 하차를 거부했다.

승객은 버스 앞문 계단에 서서 타지도 내리지도 않고 실랑이를 하며 서 있었고, 버스 기사는 그녀에게 그만 내리라고 하며 앞문을 닫으려 하였다. 그러던 중 승객의 어깨가 문에 낄 뻔하기도 했다. 버스 기사는 다른 승객들에게 다음 버스를 이용하라고 안내한 후, 하차를 거부한 승객을 업무방해로 신고하였다.

그 승객은 20분 동안 버스 운행 업무를 방해한 사실로 벌금에 처한다는 약식 명령을 받았다. 이 약식 명령에 불복하여 정식 재판을 청구하며 나를 만나게 되었다.

피고인인 승객은 버스 기사를 상해죄로 고소해 두었다고 하며, 절대 합의하지 않겠다는 의지를 보였다. 다행히 부당한 승차 거부에 항의했을 뿐, 업무방해의 고의가 있었다고는 보이지 않는다는 이유로 피고인에 대하여 무죄가 선고되었다.

  버스 기사는 신종 포장 방식을 쓴 테이크아웃 컵에 대해 잘 모르더라도, 규제 취지를 고려하여 합리적으로 판단했으면 좋았을 것이다. 음료가 바닥에 쏟아지지 않을 정도의 포장이므로 특별히 승차를 거부할 필요가 없다고 말이다. 한편, 승객도 버스 기사가 고령이고 이러한 포장 방식을 알지 못하는 점을 넓은 마음으로 이해하고 다음 버스를 타면 좋았을 것이다. 서로 조금만 융통성을 발휘했더라면, 이렇게 쌍방 고소와 형사 재판에까지 이르지는 않았을 사안이지 않을까.

  타인이 뻔히 앞에 있는데도 자기 기분에 따라 욕설을 하는 모습, 내 신발이라고 생각하고 그냥 신고 가는 모습, 내 안전을 위해 전동 킥보드를 타고도 인도로 가거나 살짝 부딪힌 것을 괜찮다고 쉽게 생각하며 지나가는 모습, 다른 승객들을 무시하고 버스 기사와 언쟁을 벌이며 서 있는 모습에서 부족했던 것은 타인에 대한 아주 작은 배려나 예의인 것 같다. 만약 그런 배려의 마음이 있었다면 벌금형을 받을 일도, 시시비비를 다투어 형사 법정에 서는 일도 없었을 것이다. 비록 무죄 선고가 난 경우도 있었지만, 그 무죄를 받기까지 적지 않은 시간과 노력이 들어간다. 배려와 예의는 결국 나에게도 이롭다.

「고정」사건에 대한 고민

검사가 기소하여 형사 사건이 법원에 접수되면, 합의부 사건의 경우 사건 번호가 '2024고합○○' 형식으로 표시된다. 이는 2024년도 합의부의 몇 번째 사건인지를 나타내는 것이다. 단독 사건의 경우에는 '2024고단○○' 형식으로 표시된다. 「고합」 및 「고단」 사건은 기본적으로 피고인이 출석해야 하는 정식 재판 절차이다. 모든 형사 사건을 법원에서 공판으로 진행하는 것은 비효율적이므로, 경미한 사건에 대해 검사는 벌금형을 구하는 약식 명령을 청구할 수 있다. 판사는 그 청구에 대해 서면 심리를 진행하여 약식명령을 발부한다. 피고인이 약식명령을 고지받고 그 벌금을 납부하면 법정에 출석하지 않고 형사 절차가 종료된다.

약식명령을 고지받은 피고인이 불복하고 싶다면, 일주일 내에 정식 재판을 청구할 수 있다. 이 경우 사건번호가 「고약」에서 「고정」으로 새로 부여된다. 피고인이 정식 재판을 청구하는 경우는 주로 벌금을 감액해 달라는 입장과 억울하여 무죄이니 벌금을 낼 수 없다는 입장으로 나뉜다.

이 「고정」 사건은 일상생활에서 흔히 발생할 수 있는 경미한 사건이 대부분이다. 이런 사소한 일 때문에 "내가 전과자가 된다고!?", "벌금을 이만큼이나 내야 한다고!?" 하며 받아들이기 어려워하는 사람들이 많다. 그렇기에 「고정」 사건 피고인들의 억울함은 매우 크다. "제발 고정하세요"라고 말해야 할 정도로 흥분 상태이다. 너무 억울해서 "대법원까지 갈 거야"를 외치는 이들이 상당수이다.

「고정」사건은 혐의를 부인하는 경우가 많다. 부인하는 경우 증인신문, 여러 증거 신청이 필요하므로 절차 진행을 위해 국선변호인 선정이 빈번히 이루어진다. 무죄를 선고받을 만한 사안도 있지만, 당연히 벌금을 내야 하는 유죄 사안임에도 무죄를 주장하며 다투는 피고인들도 있다. 잘못을 인정하며 벌금에 대해 감액을 구하는 것이 아니라, 아예 내지 않으면 더 좋다는 심산으로 사실을 과장하거나 축소하여 왜곡하고, 심지어 거짓말까지 하면서 억지스럽게 무죄를 주장하는 이들을 변호하는 것은 고역이다.

「고정」사건에서 부인하며 다투는 이유가 타당하지 않고 심리한 결과 유죄가 확인된다면, 벌금액을 대폭 상향하고 소송 비용을 적극적으로 부과하는 것이 필요하다고 생각한다. 함부로 억울하다고 주장하지 않도록, 부인과 다툼에 상응하는 대가를 지불하도록 해야 한다. 그렇게 해야만 진정으로 억울한 「고정」사건에 집중할 수 있다. 또한 「고정」사건으로 인해 발생하는 과도한 업무를 줄일 수 있다고 생각한다.

일상의 법정

일상에서 1인 3역을 수행하기

개인의 일상 속에서는 팩트 체크가 힘든 순간이 많다. 그런데 일상에서 들려오는 그 수많은 말들을 1인 3역으로 마주해 본다면, 즉 변호사·검사·판사의 역할을 유기적으로 수행하면서 바라본다면, 거짓말에 속아 그릇된 판단을 내리는 경우가 별로 없을 것 같다.

일상에서 누군가를 비방하는 말이 들려오면, 그 비방당하는 누군가의 편에 서서 변호인의 마음으로 살펴보고, 횡재 같은 기회가 찾아오면 그 횡재의 말을 건네는 자의 이면을 검사의 마음으로 꼼꼼히 조사하며, 어떤 결정을 내려야 할 때는 판사의 마음으로 충분한 근거가 있는지를 깊이 생각해 보는 것이다. 이렇게 일상이 형사 법정이 된다면, 말에 휘둘리는 사건이 줄어들고, 실제 형사 법정은 오히려 한산해질 것이라는 상상을 해본다.

혐오의 시대

해외를 자주 오가는 친구가 공항에 일찍 도착해서 심심한지 메시지를 보냈다.

"라운지에서 밥 먹고 뭐 할 거야?"

"투자 유튜브도 보고, 과학·예능 유튜브도 보고 그러겠지."

문득 그 친구가 보는 유튜브 영상들이 궁금해졌다.

"유튜브 보는 것 좀 공유해 줘 봐."

"뭘 공유해. 그냥 너의 알고리즘을 따르면 되지."

"너의 알고리즘을 따르라"는 말을 들으니, 가까운 친구 사이라도 각자의 알고리즘을 따라 저마다의 세계를 구성하여 살아가는 것 같았다. 그 순간 우리 사이가 아득히 멀게 느껴졌다.

'공중파 방송'과 '4대 일간지'는 이제 레거시 미디어(Legacy Media)로 불린다. 대다수의 사회 구성원들이 저녁 8시나 9시에 제한된 채널에서 뉴스를 시청하거나 한정된 신문을 통해 뉴스를 접하던 시대는 지났다. 미디어의 발달에는 좋은 점이 많지만, 역기능도 있는 듯하다. 사람들에게 공통적으로 보편적인 지식이 형성되고 공유되는 것이 점차 어려워지는 것 같다.

집 안에서, 외부 모임에서, 또는 대중교통에서 각자의 스마트폰을 들여다보는 비슷한 풍경 속에서도 실상은 각기 다른 정보를 접하고 있다. 나의 아들은 주로 게임과 스포츠 콘텐츠를 보고 사회 뉴스에는 관심이 없다. 우리 부부는 각자 구독하는 유튜브 채널이 다르다. 뉴스를 접하는 채널과 콘텐츠가 달라 같은 문제를 완전히 다르게 이해하기도 한다. 각자의 알고리즘에 의해 각기 다른 정보를 접하게 되므로, 이제는 세대 사이나 성별 사이보다는 '알고리즘 차이'에 의해 집단적 특성이 나타나는 것 같다.

"이거 알아? 요즘 완전 핫해!"

"아, 핫해? 잠깐만, 금방 찾아볼게. 아, 이거구나!"

친구에게는 대세이고 유행인데, 나는 금시초문인 경우도 있다. 스마트폰으로 재빠르게 검색을 해야 겨우 대화를 이어갈 수 있다.

다양한 정보가 유통되고 있지만, 누구든 개인적으로 관심 있는 사항을 검색하여 보고 싶고 듣고 싶은 정보만 선택적으로 취할 수 있다. 자신의 관심사와 생각을 강화하는 정보에 더 많이 노출될 수 있는 것이다. 그러면서 비슷한 관심사와 생각을 가진 이들은 점점 결집하게 된다. 더 많은 주의를 끌기 위해 자극적이고 과장된 내용이 많아지기도 하고, 사실 확인이나 검증 없이 생산되고 유통되는 정보도 증가한다. 그러면서도 중요한 맥락이 빠진 단편적이고 짧은 형식의 콘텐츠가 늘어나고 있다.

확증편향의 오류는 사람들이 자신이 믿고 싶은 것에 대한 증거만을 수집하고 믿는 경향을 말한다. 이와 반하는 증거를 접하더라도, 이들에게는 눈에 띄지 않거나 귀에 들어오지 않으며, 자신이 원하는 증거를 발견하면 그것을 통해 믿음을 더욱 강화한다.

정보가 생산되고 공유되는 방식에 확증편향의 오류가 더해지면, 유사한 가치관을 공유하는 사람들이 손쉽게 편을 형성하게 된다. 정치·사회 문제에 관해 대립하는 각 진영에서 단편적인 사실들을 부각하며 감정을 섞어 말하는 모습을 보면, 소통이 불가능한 지독한 혐오의 시대를 살고 있는 것 같다.

★★

"사전투표는 조작 가능하니 본투표를 하라."

몇 년 전 내가 변호했던 피고인들이 주장한 내용이다. 그들은 정치 유튜브 채널에서 사전투표가 조작될 수 있다는 여러 가지 근거를 제시하며 본투표를 독려했다. 그러면서 사전투표에 대한 허위 내용의 동영상을 게시했는데, 이를 시청한 선거인들이 사전투표에 참여할 자유를 방해하였다고 하여 공직선거법위반으로 기소되었다.

재판은 피고인들의 희망에 따라 국민참여재판으로 진행되었는데, 결과는 만장일치로 무죄가 선고되었다. 피고인들의 발언과 동영상 게시는 사전투표의 공정성과 사전투표 참여 여부에 관한 선거인의 판단에 영향을 줄 수 있는 행위에 해당할 뿐, 이로 인하여 선거인의 사전투표에 관한 행위 그 자체가 직접 방해되었다고 인정할 만한 특별한 사정이 있다고 볼 수 없어 무죄가 선고된 것이다.

이 과정에서 피고인들은 재판을 통해 사전투표의 문제점에 대해 일일이 다투고 싶다며 방대한 자료를 제출하였다. 사실 변호를 맡지 않았다면 전혀 알지 못했을 내용들이었다. 당시 유튜브 채널에서 언급된 의혹들을 사실로 믿는 사람들이 있을지 의문을 가졌으나, 이후 여러 유명인들이 피고인들과 같은 의혹을 말하는 것을 듣고 놀랐다.

★★

한 작가를 우연히 피고인으로 만났다. 그 작가는 독자들과 소통하기 위해 유튜브 채널을 만들었고 자신의 작품뿐 아니라 시사 문제에 대해서도 자유롭게 이야기했다. 어느 날, 자주 찾는 채널의 영상에서 너무나 충격적인 내용을 접하게 되었다. 작가는 그 영상을 믿었고, 자신의 구독자들에게도 알려야겠다는 생각으로 자신의 채널에서 해당 내용을 언급했다. 하지만 그 내용은 대립하는 진영의 정치적, 사회적 이슈가 아닌 지극히 개인적인 불륜의 문제였다. 서로 편을 나누고 상대를 비방하기 위해 사실 여부도 확인되지 않은 사적인 문제를 이슈화한 것이었다. 당사자는 해당 내용을 언급한 콘텐츠를 검색하여 고소를 시작하였고, 작가의 유튜브 영상도 고소 대상이 되었다.

작가는 자주 접하는 채널에서 나오는 이야기이므로, 사실이라 생각하고 단순히 나도 동참해야 한다고 생각했을 수도 있다. 또 이미 유통되는 정보를 전달하는 것이기 때문에 특별히 문제가 없다고 판단했을 수 있다.

그러나 지극히 개인적인 문제를 공유하는 것이 문제가 될 수 있다는 건 법을 모르더라도 일반 상식으로 알 수 있는 일이다. 자극적인 정보를 접한 뒤 혐오의 감정으로 무분별하게 해당 정보를 공유하는 것은 나도 모르게 정보통신망을 이용해 타인의 명예를 훼손하는 불법적인 행위일 수 있다.

박제, 디지털 조리돌림

박제는 원래 동물의 가죽을 털이나 깃이 박힌 채로 벗겨 잘 말린 뒤 보존하는 표본으로, 단순 유희에 그치지 않는다면 천연기념물이나 멸

종 위기의 야생 동물 등 자연사의 한순간을 후세에 남겨 보존하는 일로서 가치가 있다.

하지만 요즘은 각종 다툼이나 사건과 관련하여 화면 캡처, 개인 신상 정보, 사진 등을 유포하여 디지털 낙인을 찍는 행위를 '박제'라고 표현한다. 특히 사적으로 주고받은 메시지 내용을 캡처하여 공개하는 일이 흔하게 일어나고 있다. 이런 경우 대화를 주고받은 맥락이나 말한 사람의 의도는 누락된다. 또 당사자가 해명할 기회도 없이 자극적인 몇몇 말들만으로 한 사람의 평판에 심각한 타격이 입혀질 수 있다.

한 여성이 교제하던 상대의 SNS 계정 비밀번호를 알고 있었다. 그녀는 결별한 뒤 그 상대의 계정으로 로그인하여 글을 올렸다.

"○○○은 여자친구에게 성병을 옮기고도 아무런 반성이나 치료도 없이, 다른 여자들을 계속 만나고 다니는 쓰레기입니다."

사실일 수도, 허위일 수도 있는 내용이 그 계정으로 연결된 사람들에게 순식간에 일파만파 퍼져 나갔다. 법적으로는 손상된 명예에 대해 처벌을 할 수 있다 해도 개인의 회복은 더디고 힘겹다.

사회적 공분을 일으키는 경우, 피의자로 특정되거나 피고인으로 기소되기도 전에 신상이 공개되는 경우가 빈번하다. 사건 내용에 대해 확인되지 않은 의혹과 추측이 확산되는 일도 자주 발생한다. 또 유명인에 대한 수사 같은 경우 개시만으로도 극히 단편적이고 확정되지 않은 정보가 무차별적으로 퍼지고, 해명은 늦어져서 소용이 없기도 하다.

수백만 직장인들이 사용하는 익명 커뮤니티 애플리케이션은 가입자의 어떤 정보도 서비스 내에 저장하지 않는다고 한다. 그런데 익명성이라는 울타리 뒤에서 실명을 거론하며 확인되지 않은 허위 사실을 유포하는 경우가 있다. 수백만의 이용자가 있고 익명성이 보장된다는 환경은, 마음에 들지 않는 이들에게 사적 제재를 가하고 싶은 충동을 부추길 수 있다. 이런 경우 사적 제재를 실행하는 가해자가 심각한 명예훼손의 범죄를 저질렀음에도 그 신상을 확인할 수 없어 고소조차 못 하는 피해자들이 있는 것으로 알고 있다.

조리돌림은 큰 죄를 지은 이를 징계하여 벌주느라 길에 끌고 다니며 고의로 망신을 주는 행위를 말한다. 형벌의 일종으로, 명예형에 속한다. 그런데 요즘은 인터넷 용어처럼 쓰이는 경우가 더 많다. 박제 행위가 조리돌림으로 이어지는 일이 태반이다. 법률에는 없지만 인터넷상에는 '내 마음에 들지 않는 죄'가 있고 '박제 조리돌림 형'이 존재하는 것 같다.

당신은 누구인가요?

(프로필만) 톰 크루즈

"당신을 나의 영화사에 고용하고 싶습니다. 월급은 5만 달러입니다. 미국에 와서 일하려면 이곳에서 준비해야 하므로 수수료를 지급해야 합니다. 수수료는 5천 달러입니다. 수수료를 보내면 비행기 티켓을 보내드리겠습니다."

피고인이 된 그녀는 문화 관련 사업에 관심이 있었다. 어느 날 세계 평화를 상징하는 기념품을 제작하여 다국적 문화행사에서 사용하면 좋겠다는 생각을 했다. 그래서 SNS에 그 기념품 사진과 의미에 대한 게시물을 올렸다.

그러자 톰 크루즈, 키아누 리브스 등 유명인의 프로필을 쓴 계정들이 댓글을 달았고 그 중 톰 크루즈와 그의 변호사라는 사람이 메신저를 이용해 간단한 영어로 혹은 번역기를 사용해 말을 걸어왔다. 피고인은 상대방의 프로필 사진이 톰 크루즈였고 스스로를 톰 크루즈라고 소개하니 믿었다고 한다.

프로필만 톰 크루즈인 사람은 피고인이 너무 마음에 든다면서 함께 일하자고 제안했고, 월 급여는 당시 환율로 6,500만 원에 달하였다. 피고인은 지인에게 돈을 빌려 수수료 명목으로 5천 달러를 나이지리아 계좌로 송금했다. 톰 크루즈가 왜 나이지리아 계좌로 송금하라고 하는지에 대해서는 의문을 품지 않았다고 한다. 지인에게 돈을 빌릴 때 그 딸의 취업을 약속하였으며, 미국에 가서 자신이 직접 일자리를 연결해 주겠다고 하였다. 하지만 프로필만 톰 크루즈는 기상천외한 감언이설로 수차례 송금을 요구하여 돈만 받은 후, 끝내 비행기 티켓을 보내지 않았고 더 이상 연락이 없었다.

(프로필만) 엘리자베스 여왕

"애야, 너무 낙심하지 마. 네가 입은 피해를 내가 모두 해결해 주겠다. 7만 달러를 보내줄 것이다. 네 고귀한 꿈을 잘 알고 있다. 너를 귀하게 여기고, 너를 위해 기도한다. 너를 영국 왕실 결혼식에 초대할 테니, 우선 3천 달러만 기부해 줘. 그리고 전 세계를 자유롭게 여행할 수 있는 왕실 전용 로얄 카드를 줄 테니, 2천 달러도 함께 보내줘."

힘들어하던 피고인에게 이번에는 프로필만 엘리자베스 여왕인 사람이 계속해서 SNS 메시지를 보내 왔다. 피고인은 기부금과 로얄카드 대금을 지인에게 빌려 송금했다. 이 계좌도 공교롭게 나이지리아 계좌였다.

이런 방식으로 계속 속아 여러 가지 명목으로 수차례 송금한 결과, 피고인이 지인에게 빌린 돈은 합계 1억 원이 넘게 되었고, 그 지인의 고소로 피고인은 사기죄로 법정에 섰으며, 선고 날까지 전혀 갚지 못해 실형을 선고받았다. 그런데 구속되는 순간까지도, (프로필만) 엘리자베스 여왕이 자신을 도와줄 것이라고 믿었다. 그녀는 천만 원만 있으면 미국과 영국에 가서 이들을 만나 모든 문제를 해결할 수 있다고 했다.

피고인의 믿음이 터무니없지만, 믿지 않았다면 어찌 나이지리아 계좌로 수차례 돈을 보냈겠는가? 내 눈에는 나이지리아 계좌를 사용하는 사기꾼 한 명이 프로필과 이름만 바꿔가며 유명인 행세를 하여 피고인을 속인 것처럼 보인다. 그러나 피고인은 끝까지 자신이 대화한 이들이 실제 유명 인물들이라고 믿었다.

★★

의료계에 종사하는 한 젊은 여성이 SNS에서 재미교포 지질학자인 남성으로부터 메시지를 받았다. 그는 한국 여성과 결혼하고 싶어 했다. 어느새 밤낮으로 대화가 계속되었고, 그는 귀한 선물을 보내겠다고 했다. 그런데 그 선물이 너무 고액이라 세관을 통과하지 못한 바람에 통관 비용을 지불해야 한다며, 국내 계좌번호를 알려주었다. 여성은 2,000만 원 정도를 송금했고, 결국 피해를 입었다.

한 중년 여성은 어느 전쟁터에 있는 재미교포 의사와 SNS로 대화를 나누게 되었다. 그는 군의관으로 복무 중이며, 이 임무를 마치면 한국에 정착하고 싶다면서 피고인과의 장래를 약속했다. 그는 피고인을 '꿀'이라고 불렀는데, 이는 'Honey'라는 표현이 그렇게 번역된 것 같다. 그는 자신의 돈이 여러 사유로 묶여 있으니 한국행 비행기 티켓값을 내달라고 요청했다. 피고인이 돈이 없다고 하자, 그는 계좌번호라도 빌려주면 자신이 그 계좌로 기금 모금을 하겠다고 말했다.

재미교포 지질학자에게 속았던 젊은 여성과 재미교포 의사에게 계좌 번호를 빌려준 중년 여성은 생각지도 못하게 엮이게 되었다. 젊은 여성이 통관 비용 명목으로 보낸 2,000만 원이 '꿀'이라 불리던 여성의 계좌로 이체되었고, 이 여성은 전쟁터에 있는 의사를 위해 비트코인을 구매해 그가 지정한 지갑으로 송금했다. 이들은 모두 로맨스스캠에 연루된 피해자인데, '꿀' 여성은 계좌를 제공한 사실에 대해 사기 방조로 기소되었다. 그녀기 제공한 계좌에는 많은 입출금 내역이 있었고, 추가 사건 병합이 여러 건 있었다.

어느 중년 남성은 SNS에서 말을 걸어온 무역업자와 여성에게 속아서 지인에게 돈을 빌려 송금했다. 그는 계좌 정보도 제공했다. 이 남성은 피고인으로 법정에 서서 최후진술을 하면서 자신이 곧 국제결혼을 할 것이며, 미국에서 상속받은 재산도 있어 피해를 회복할 수 있다고 확신에 차서 말했다. 선고를 앞두고 그는 나에게 전화해, 국제결혼을 위해 FBI에서 신원 조회를 하는데 그 비용이 200만 원이라고 해서 즉시 송금을 했다며 선고 기일 연기를 요청했다. 상담 중에도, 법정 공판 전후에도 피고인에게 당신이 속은 것이라고 수차례 말했지만 또 송금을 했다는 말에 나는 아연실색했다.

"그 돈은 어디서 나신 건가요? 돈이 있으면 피해 회복을 하셔야죠. 이제 제발 좀 정신 차리세요!"

나도 모르게 소리를 꽥 지르고 말았다.

채팅상에서 혹은 실제 만남에서 사기꾼들의 허무맹랑한 말을 그대로 믿는 이유는 무엇일까? 확증편향의 결과인가? 『시크릿』[5]에서 언급되는 끌어당김의 법칙이 실제로 작용하여, 온 우주가 나에게 한순간에 기회와 행복을 가져다준다고 믿고 있는 것일까?

모든 사기의 기본은 내가 통상적으로 받을 수 있는 보상보다 더 큰 보상을 제안하며, 이를 위해 먼저 돈을 내라고 요구하는 것이다. 만약 나에게 횡재 같은 기회가 온다면 놓치기 싫겠지만, 먼저 그 말들의 진위를 성실하고 꼼꼼하게 검토해 봐야 한다. 꿀 같은 달콤한 말은 횡재가 아니라 쓰디쓴 재앙이 될 수 있다.

★★

에이전시 :

고객님이 ○○씨 사진을 보고 마음에 드신다고 합니다. 고객님은 업무가 바쁘시기 때문에 주 1회, 월 4회 정도 만남을 가지면 됩니다. 매월 600만 원을 지급하겠다고 하십니다. ○○씨에게는 내실 비용이 없으며, 전부 고객님이 부담하실 것입니다. 앞으로는 저희와 대화하지 않고 직

---

[5] 론다 번, 『시크릿』, 김우열, 살림Biz, 2007

접 고객님과 대화하시며 일정 조율을 하시면 됩니다. 고객님은 ○○씨에 대해 확정하시기 전에 몸을 좀 확인하고 싶다고 하십니다. 전신 탈의한 사진과 탈의한 채로 어필하는 자세를 취한 사진 및 영상을 고객님께 직접 보내주시기 바랍니다. 고객님 연락처는 곧 보내드리겠습니다.

한 여성이 고액 아르바이트 광고를 보고 연락을 하자, 그들은 자신들이 고액 조건 만남을 주선하는 에이전시라고 말했다. 여성은 에이전시로부터 받은 고객 연락처로 메시지를 보내 인사를 한 후, 사진과 영상을 전송했다. 고객은 마음에 든다며 마지막으로 특정 자세나 행위에 대한 추가 영상을 요구했다. 그러나 사실 고액 조건 만남은 존재하지 않았고, 에이전시와 고객은 한 패였으며, 이들은 여성을 속여 받은 사진과 영상을 약점 삼아 여성에게 유포하겠다고 협박하기 시작했다. 금전 요구뿐 아니라 여러 불법적인 행위도 강요하였다. 이런 거짓 광고에 속아 약점을 잡혀 성착취물 제작에 응하는 등 성범죄 피해를 입는 경우가 많다.

온라인상에서 대화를 할 때, 상대방의 프로필과 말을 그대로 믿는 것은 매우 위험하다. 온라인에서 만나는 사람들은 기본적으로 모르는 이들이기 때문에, 항상 '당신은 누구인가요?'라는 질문을 마음에 품고 있어야 한다.

길고 긴 변명

타조 신드롬

타조는 겁이 나면 모래 속에 머리를 파묻는 습성이 있다고 알려져 있다.[6] 그래서 위기가 닥쳤을 때 문제를 회피하려는 심리를 타조증후군이라 일컫는다. 일생일대의 위기 상황에 봉착한 피고인들 중에는 무조건 아니라며 극구 부인하고, 수사 결과물인 증거를 보려고도 하지 않는 경우가 있다. 마치 모래 속에 머리를 묻거나, 손바닥으로 하늘을 가리는 모습이다.

어떤 변호사님은 피고인들과 상담할 때 시간이 얼마나 걸리든 그들의 이야기를 다 들어주신다고 한다. 그렇게 충분히 말하는 과정에서 피고인의 마음에 쌓였던 억울함이 풀리기도 하므로, 그 시간이 헛되지 않다고 말한다. 하지만 왜인지 '실컷 말하고 후련한 순간'이 쉽게 오지 않을 때도 있다.

---

6 하지만 실제로 타조는 위험한 상황에서는 빨리 도망치며, 모래 속에 머리를 묻는 것은 빠른 속도로 달린 후 체온 조절을 위한 행동이라고 한다.

한 사람이 상가 건물 파우더룸에서 손을 씻으려고 반지를 빼서 세면대 위에 올려놓았다가 그냥 갔다. 잠시 후 피고인이 와서 세면대에 놓인 그 반지를 자신의 손에 끼고 갔다. CCTV 해상도가 유난히 높아, 피고인이 반지가 놓여 있는 곳으로 정확히 손을 뻗어 집어 들고는 반대 손에 끼는 장면이 선명하게 담겼다.

"저는 단지 제 반지를 고쳐 낀 것뿐이에요. 저도 이미 반지가 많은데 왜 남의 반지를 끼겠어요? 왜 제 말을 믿지 않으세요? 이 일로 저는 일자리도 잃게 생겼어요. 3년 이상 일하면서 주워서 돌려준 시계와 안경이 몇 개인데, 제가 왜 남의 반지를 가져가겠어요?"

피고인은 자신의 반지를 고쳐 낀 것이라고 주장하며, 타인의 반지를 끼고 간 것이 아니라고 눈물을 흘리고 심지어 화를 내며 억울해했다. 너무 억울하다기에 영상을 몇 번씩 다시 보았다. 다른 변호사들에게 조언을 구해도 역시 절도라는 결론이었다.

무한 반복되는 그녀의 억울한 호소에 넋이 반쯤 나가버렸고, 그녀의 거친 손에서 반짝이는 여러 개의 금반지와 노란 기운이 쨍한 순금 팔찌, 목걸이만 자꾸 눈에 들어왔다.

'금을 참 좋아하시는구나'라는 생각이 들었지만, 입 밖으로 내지 않을 정도로 정신줄을 부여잡고, 마지막으로 그녀의 말을 겨우 끊고 말했다.

"영상을 마지막으로 한 번 더 함께 보시죠. 자꾸 회피하지 마시고 꼭 찬찬히 봐주세요. 이 영상을 판사님도 보실 텐데, 이러한 영상을 보고 주장하시는 대로 반지를 고쳐 낀 것으로 판단할 가능성은 거의 없습니다. 한 시간 이상 계속 억울하다고 같은 말을 반복하시는데, 안타깝게도 제가 선생님의 억울함을 풀어드릴 방법은 없습니다. 초범이시니 벌금을 감액하거나 선고유예의 선처를 받기 위해서는 잘못을 인정하고 피해를 회복하는 것이 최선의 방법입니다. 만약 저희 어머니가 이런 일을 겪으셨다 해도, 똑같이 말씀드릴 것입니다."

그러나 내가 하는 말은 피고인이 듣고 싶었던 말이 아니기에 그녀에게 닿지 않았다.

"누명을 쓰셔서 얼마나 힘드시고 억울하시겠어요. 제가 무죄를 받아드리겠습니다. 저만 믿으세요. 벌금을 내실 일은 없으실 겁니다."

사실 피고인은 변호인에게서 이런 말을 듣고 싶었을 것이나, 나는 결코 그렇게 말할 수 없었다. 피고인은 내내 못마땅해하다가, 나중에는 이 사건으로 인해 일자리를 잃게 생겼으니 자신의 실업급여까지 받아내라는 엉뚱한 요구를 하였다. 또 자신을 고객이라고 칭하며, 내가 고객에게 상냥한 서비스를 제공하지 않는다고 힐난했다.

피고인을 설득하는 것을 포기한 후, 내가 할 수 있는 마지막 말은 "무죄 가능성은 없으나, 원하신다면 무죄 주장은 해드릴 수 있습니다" 정도였다.

나의 고집스러운 '고객'을 위해, 나는 "무죄 주장을 하더라도 무죄가 나지 않을 경우를 대비해 벌금을 줄이려면 합의가 필요하다"고 여러 차례 강조했다. 우여곡절 끝에 피해자와 합의까지 이르렀다. 심지어 피해자는 외국인이어서 의사소통을 위해 통역사까지 두 명을 거쳐야 했다.

"합의도 하셨으니 인정하는 태도를 보이셔야 선고유예의 선처를 받을 수 있습니다."

법정 복도에서 피고인에게 다시 한번 인정할 것인지 고집스럽게 물어보았다. 피고인은 이글이글한 분노의 눈빛으로 나를 무섭게 노려보았다.

　피고인석에 선 피고인은 긴 침묵 끝에 눈물을 흘리며 인정하겠다고 말하였다. 그녀는 선고유예를 받았고 벌금을 내지 않게 되었다. 그녀가 그토록 원하던 무죄라는 결과는 아니지만, 그래도 고맙다고 문자를 보내왔다. 피해 회복까지 했으니 이 사건의 기억을 털어내고 평온하고 행복하게 지내시길 기원한다는 답장을 드렸다.

사실과 실체적 진실

　피고인과 감정 소모적인 신경전이 있다 하더라도, 객관적인 증거가 있는 경우 이를 받아들일지는 피고인의 선택일 뿐이므로 변호인의 고민은 적다. 그러나 아무리 증거 기록을 꼼꼼히 살펴보고, 피고인의 말을 충분히 듣고, 현장까지 가 보더라도 사실을 알 수 없는 경우가 있다.

　실체적 진실의 발견은 형사소송의 목적이 되는 이념으로 자주 집하는 용어다. 그런데 진실이 아니라 왜 '실체적' 진실일까? 바로 그 시간, 그곳에서 발생한 사건은 과거 속으로 사라지고 흔적만 남는다. 그 흔적을 소송 과정에서 적법한 사실인정 절차를 통해 재구성한 진실일 뿐, 절대적이고 객관적인 진실은 아니라는 의미에서 '실체적 진실'이라고 하는 것일까?

★★

　범죄의 발생과 그 책임을 묻는 형사 재판에서 피고인, 피해자, 목격자 등은 각자 자신의 입장에서 경험한 다양한 사실을 말한다. 그러나 이러한 사실들이 모두 진실이라고 할 수는 없다. 사전적으로 '사실'은 실제로 있었던 일이나 현재에 존재하는 일을 의미하며, '진실'은 거짓이 없는 사실을 뜻한다.

술에 취해 모텔에 들어간 후의 일에 대해 여성이 준강간으로 남성을 고소했다. 여성은 기억이 부분적으로 나는 상태라고 하고 모텔에 갈 계획이나 의사가 없었다고 주장하였다. 남성은 합의하에 모텔에 간 것이고 자연스럽게 성관계를 한 것이라고 부인하였다. 그런데 여성의 체크카드로 모텔비가 결제된 내역이 확인되었다.

여성 : 제가 술에 취했지만 모텔에 들어갈 때 일행인 남성이 계산을 했어요. 그 남성이 카운터 직원과 금액에 대해 실랑이를 하는 모습과 결제하는 모습을 본 것이 기억납니다.

남성 : 제가 비용을 지불한 것은 아닙니다.

통상 여성이 모텔비를 계산했다고 하면 계산할 수 있을 정도이니 만취 상태는 아니었고 비용까지 지불하였다면 자의로 모텔에 갔을 것으로 판단되기 쉽다. 카드 내역은 모텔에 갈 생각조차 없었다는 여성의 진술의 신빙성을 떨어뜨리고, 합의에 의한 성관계였다는 남성의 진술을 더 신빙성 있게 하는 정황증거가 될 수 있다.

과연 모텔비는 누가 낸 것일까? 추후 CCTV 영상이 확보되었는데, 골목에서 남성이 술 취한 여성의 가방에서 지갑을 꺼내 카드를 가지고 있었던 것이 확인되었다. 결국 여성은 직접 자신의 카드를 꺼내서 계산한 것이 아니었고, 남성은 자신의 돈을 사용한 것이 아니었다.

이들의 말은 사실이긴 하나, 진실은 아니었다. 남성이 여성의 카드를 꺼내어 그 카드로 결제를 하였다는 것이 진실인 셈이다. 모든 사건에 CCTV 영상이 존재하는 것은 아니다. 또 결제와 관련된 부분은 성범죄 사건의 정황 증거 중 일부에 불과하다.

「피고인은 물론 피해자도 하나의 객관적 사실 중 서로 다른 측면에서 자신이 경험한 부분에 한정하여 진술하게 되고, 여기에는 자신의 주관적 평가나 의견까지 어느 정도 포함될 수밖에 없으므로, 하나의 객관적 사실에 대하여 피고인과 피해자 모두 자신이 직접 경험한 사실만을 진술하더라도 그 내용이 일치하지 않을 가능성이 항시 존재한다.」[7]

수많은 불완전한 진술들 속에서 사실을 인정하고 실체적 진실을 찾는 여정은 이처럼 쉽지 않다.

피고인의 진실

술을 마신 남녀가 지하철역에서 잠들었고 경찰관이 귀가 조치를 하는 과정에서 이들이 청소년이라는 사실이 밝혀졌다. 누가 이 청소년들에게 술을 팔았는가?

청소년들의 소지품에서 피고인의 주점 영수증이 발견되었다. 그러나 수사는 다소 지연되었다. 경찰관이 청소년보호법 위반 사건으로 주점에 대한 조사를 알려왔을 때, 해당 주점의 CCTV 영상은 보관 기한이 지나 삭제된 상태였다.

---

7 대법원 2024. 1. 2. 선고 2023도12081 판결 중에서

"저희 매장은 신분증 검사를 원칙으로 하고 있으며, 손님이 청소년인 걸 알고 주류를 판매한 것은 아닙니다."

업주인 피고인은 신분증을 확인했다고 주장하며, 그 청소년들이 다른 성인의 신분증이나 생년월일을 변조한 신분증을 사용했을 가능성을 제기하였다. 오랫동안 주점을 운영해 왔지만, 피고인에게는 동종 범죄 전력은 없었다.

그러나 청소년들은 그 수점에서 아예 신분증 확인이 없었다고 진술했다. 술을 마신 사람들이 청소년의 나이에 해당하고, 그들이 바로 이 주점에서 술을 마신 사실이 확인되는 영수증이 있으며, 그들이 신분증 검사를 받지 않았다고 진술하는 이상, 수사기관은 피고인이 청소년에게 주류를 판매하였다는 공소사실에 대해 입증한 셈이다.

피고인은 청소년 보호법 위반으로 벌금과 3개월의 영업 정지 처분을 받았다. 해당 주점은 번화가에 위치해 월세 부담이 적지 않았다.

"3개월이면 월세가 2,400만 원이 넘습니다. 제가 10만 원 벌자고 청소년들에게 술을 팔았겠습니까?"

피고인의 절규와 호소에 나도 마음이 너무 무거웠다. CCTV 업체에 문의해서 덮어 씌워진 영상을 복구할 수 없는지 물어보았으나, 불가능하다는 답변이었다.

탄핵하지 못한 청소년들의 진술이 사실이 되고 실체적 진실이 되었지만, 나는 여전히 피고인의 말이 거짓이라고는 생각하지 않는다. 그러나 피고인의 진실에 도달할 방법은 찾지 못했다. 피고인은 다음부터는 CCTV 보관 기간을 더 길게 설정하겠다며 힘겹게 결과를 받아들였다.

가장 대립적인 순간의 실수

머리숱이 적어져 두피 문신 시술을 받은 고객이 피고인을 의료법 위반으로 고발하였다. 안마와 마찬가지로 문신 시술도 일반화되고 있으나, 현행 법체계에서는 의료법위반 또는 보건범죄단속에관한특별조치법(부정의료업자)로 처벌되고 있다.

적극적으로 단속하지는 않지만 신고가 들어오는 경우에는 수사를 할 수밖에 없으며, 보통은 고발된 한 건에 대해 벌금형으로 처벌된다고 알고 있다. 그런데 피고인의 경우 범죄일람표가 작성될 정도로 법 위반 횟수가 수십 회에 달하는 것이 특이했다.

피고인은 경찰에게 자신의 사업자 계좌 내역을 임의로 제출했으며, 계좌에 입금된 금액에 대해 어떤 시술 대가인지 자필로 기재까지 하여 제출했다. 이는 스스로 자신의 범죄 사실을 추가로 진술하고 그에 따른 증거를 제출한 것과 다름없다. 왜 이렇게까지 했는지 의아했다.

고발인은 피고인에게 다른 업소에서 재시술을 받을 예정이라고 하면서 재시술 비용과 위자료로 수천만 원을 요구했다. 이에 응하지 않자 고발을 진행한 것이었다. 피고인은 경찰 조사를 받을 때 고발인이 괜한 트집을 잡아 돈을 요구하는 심각한 블랙컨슈머임을 강조하는 데 몰두했다. 이와 함께 자신의 문신 시술에 전혀 문제가 없었다고 주장하며, 관련 자격증과 각종 대회 수상 내역, 심사의원으로서의 활동 경력, 그리고 많은 고객들의 감사 댓글을 자료로 제출했다. 피고인은 자신이 선량한 전문가임을 호소한 것이다.

경찰관은 피고인의 호소에 맞장구를 치며, 고발인을 공갈로 고소하는 방법도 안내해 주었다. 그리고 사업자 계좌 제출을 요구하였고, 피고인은 큰 경각심을 가지지 못했다. 그는 선량한 사업자이므로 숨길 것이 없다는 착각을 하였고, 계좌 제출이 어떤 결과를 초래할지 몰랐다.

"고발인에 대한 문신 시술은 전혀 문제 없었습니다. 다른 고객들은 모두 감사하다고 합니다. 고발인이 너무 악의적이고 이상한 분입니다. 제가 했던 포트폴리오와 고객 후기도 모두 수사기관에 제출했습니다."

"너무 많은 자료를 제출하신 것이 문제예요. 사업자 계좌까지 제출하셔서, 결국 범죄일람표만 늘어났습니다."

결국 피고인은 초범임에도 불구하고 집행유예라는 중한 처벌을 받았다. 계좌 내역, 포트폴리오, 고객 후기는 자신이 얼마나 많은 법 위반 행위를 했는지에 대한 증거로 사용되었다. 자신에게 불리한지도 모르고 쏟아낸 피고인의 진술과 제출된 증거들은 피고인을 수렁에 몰아넣은 셈이고, 이는 이미 엎질러진 물이라 변호인으로서도 어쩔 도리가 없었다.

분위기가 아무리 우호적이라 해도 피의자신문은 수사기관과 피의자가 가장 대립하는 순간이다. 억울한 부분이 있는데 피의자로 신문을 받게 되었다면 자기방어를 하며 말을 아끼고 실수하지 말아야 한다.

목적을 가진 언어

소크라테스는 남의 이야기를 하며 헛소문을 퍼뜨리는 한 청년에게 말을 하기 전에 세 가지 체에 걸러보라고 권유했다고 한다. 첫 번째 체는 "사실인가?"라는 질문이며, 두 번째 체는 "사실이 아니더라도 선의의 내용인가?"라는 질문, 세 번째 체는 "꼭 필요한 중요한 내용인가?"

라는 질문이다.

사실인지 확실하지 않고, 좋은 내용도 아니며, 필요한 내용도 아니라면 말을 해서 무슨 유익이 있겠냐는 교훈을 담은 이야기다. 일상에서도 이처럼 말을 가려서 하는 것이 중요하지만, 형사 절차에서는 말의 중요성이 더욱 크다.

피고인이나 사건 관계자들은 사실 일상적인 언어에 익숙하다. 반면 수사기관이나 형사 법정에서는 목적과 규칙을 가진 언어가 사용된다. 결국 공소 사실을 구성하고 이를 뒷받침하는 증거를 확보해야 하는 수사관이 묻는 질문에는 모두 의도가 있으므로, 그 의도를 잘 파악하고 답변해야 한다.

형사 재판의 시작은 검사가 법원에 제출하는 피고인에 대한 공소장이다. 공소장은 수사의 결과를 바탕으로 하며, 피고인에게 적용되는 죄명에 따라 시간, 장소, 방법, 목적 등 필요한 사항들이 포함된 공소사실을 담고 있다.

공소 사실 기재에 관해서는 정형화된 틀과 기재례가 존재한다. 폭행죄의 경우, 피고인이 언제, 어디서, 어떤 이유로, 피해자의 어떤 부위를 몇 회 어떻게 때렸는지를 공소사실로 정리해 기재된다. 복잡한 사건의 경우, 공소사실이 수십 장에 이를 정도로 길어질 수 있지만, 그렇게 긴 공소장에도 모든 사실이 기재되는 것은 아니며, 피고인을 유죄로 처벌하기 위해 필요한 내용이 압축되어 담기게 된다.

이 압축 과정에서 피고인이 수사기관에서 진술한 유리한 내용은 대체로 빠져나가 버린다. 말들이 체에 걸러진다고 하면 피고인의 변명은 체를 빠져나가고, 피해자의 진술은 체에 남아 공소사실로 구성되는 것 같다.

만약 누군가 가해자가 되거나 피해자가 되어 형사 절차에 들어가게 된다면, 이 절차에서 문제가 되는 범죄 및 범죄 성립 여부의 핵심 요건, 이를 뒷받침하거나 탄핵할 수 있는 증거, 그리고 증거를 확보할 방법에 대한 검토가 필요하다. 피고인이 되어 유죄로 인정될 경우, 유리한 양형 요소와 그 관련 자료 제출에 대한 고민도 중요하다.

무죄에 이르지 못한 변명

수오 마사유키 감독의 영화 〈그래도 내가 하지 않았어〉는 피고인의 온갖 노력에도 불구하고 결국 피해자의 진술로 인해 유죄 판결을 받게 되는 과정을 현실 법정의 실사판이라고 할 정도로 매우 사실적으로 담아내고 있다.

영화 마지막에 피고인은 다음과 같이 독백한다.

"나는 마음속 어딘가에서 재판관이 알아줄 거라고 믿고 있었다. 재판이 얼마나 혹독한 것인지 스스로에게 타이르면서도 '정말로 하지 않았으니까 유죄가 될 리 없다'고 생각했다." "나는 처음으로 이해했다. 재판은 진실을 밝히는 곳이 아니다. 재판은 피고인이 유죄인가 무죄인가를, 주어진 증거에 따라 임의로 판단하는 곳에 불과하다. 그리고 그곳에서 나는 유죄가 되었다. 그것이 재판부의 판단이다. 그래도… 그래도 내가 하지 않았어."

영화의 모티브가 된 사건의 피고인은 2000년 12월 5일 지하철에서 피해자에게 성기를 가져다 대고 음경을 꺼내 만지게까지 했다는 사실로 체포되고 기소되었다. 그는 그런 행동을 절대 하지 않았다며, 피해자와의 키 차이로 혼잡한 지하철에서 그런 행동을 할 수 없다는 재연 비디오를 촬영하고 CG 비디오를 제작하는 등 끝까지 무죄를 주장했으나, 결국 징역 1년 2개월의 실형을 선고받았다. 그러나 그는 포기하지 않고 대규모 스튜디오를 임대해 10여 명의 친구들과 함께 실제 전철 크기의 나무틀 모형을 만들었다. 70여 명의 친구들과 지인들이 도움을 주어 승객 역할을 50명이 하고, 나머지는 스태프로 참여하여 사건 당시 전철과 같은 상황을 연출했다. 이러한 재연을 통해 승객의 승·하차에 따라 피고인과 피해자의 위치가 달라지게 되어, 피해자가 진범과 피고인을 착각했을 가능성이 높음을 밝히고자 했다. 99.9%가 유죄인 일본 형사 재판에서 그는 2년 동안 갖은 고생 끝에 항소심에서 무죄를 선고받았다.[8]

어쩌면 판결은 새로운 증거가 나타나기 전까지 잠정적인 진실이라고 생각된다. 판결은 항소심, 상고심, 혹은 재심에서 달라질 수 있으니 말이다. 형사 법정에 있는 이들은 그저 잠정적인 진실에 다가가기 위해 진지하게 부단히 노력하는 사람들이 아닐까?

"너무 억울합니다. 변호사님, 저는 꼭 무죄를 받아야 합니다."

이렇게 몇 번이나 계속 말하며 나를 놓아주지 않는 피고인들이 많다. 유죄라는 명백한 증거가 있는 경우가 아니라, 무죄를 받아 마땅해

---

8   실제 사건 이야기는 피고인과 그 아내가 쓴 책을 참고했다.(야타베다카시·야쓰코, 『나는 하지 않았어』, 안윤선, 퍼니북스, 2009.)

보이는 사건도 무죄를 받기까지의 여정이 쉽지 않다. 누구에게나 끝끝내 무죄임을 입증할 수 있는 충분한 시간과 기회가 주어지지는 않는다. 변호인으로서 피고인의 주장과 사실, 진실 그 사이 어디쯤에서 애쓰다가 사건이 종결되기도 한다. 피고인들이 원하는 결과에 다다르지 못한 나의 길고 긴 변명이었다.

이삭 줍는 사람들과 나

빈 들판의 이삭

당시 72세였던 故 아녜스 바르다가 2000년에 소형 디지털카메라로 만든 다큐멘터리 〈이삭 줍는 사람들과 나〉는, 내가 다큐멘터리 감독이 되고 싶어서 영화제를 쫓아다니던 시절에 우연히 보고 반한 작품이다.

아녜스 바르다는 감자밭, 포도밭, 사과 과수원, 굴 양식장의 인근 바다 등 추수가 끝난 다양한 이삭줍기 현장을 찾아간다. 그녀의 여정 반대편으로는 대형 화물 트럭이 쉴 새 없이 지나간다. 이 트럭들이 의미 있게 대비되는 이유는, 그녀가 정해진 규격에 맞춘 상품이 되어 화물 트럭에 실려 운반될 것 같지 않은 사물들, 인물들, 풍경들, 순간들만을 포착해 유쾌하고 의미 있게 담아내기 때문이다.

또 아녜스 바르다는 자신의 성성한 백발의 머리와 검버섯이 핀 손을 클로즈업하여, 저 역시 긴 인생의 여정 막바지에 이르러 이삭처럼 소멸될 경계에 이르렀음을 담담히 영상에 담는다. 누구도 관심 가지지 않을 것 같은 자신의 순간을 주워 담았다. 또 미처 카메라 렌즈 뚜껑을 닫지 않아 의도치 않게 촬영된 분량도 폐기하지 않고, 이를 '렌즈 뚜껑의 댄스 장면'이라며 사용하였다. 정해진 시간에 시장에 가서 버려진 빵, 야채, 사과 등을 주워 끼니를 해결하는 이삭 같은 남자를 따라가며, 그녀는 그의 삶을 줍는다. 여러 겹으로 확장되는 이삭과 이삭줍기가 좋았다.

다큐멘터리에서는 프랑스 보스 지역의 감자밭에서 기계로 감자를 수확한 후, 모양과 크기에 따라 선별 작업을 거치는 장면이 나온다. 이 과정에서 조금 큰 감자들은 불합격으로 판별되어 폐기된다. 그렇게 버려진 감자들 사이에서 그녀는 하트 모양의 감자를 발견하고, 신기해하며 촬영하고, 몇 개 챙기기도 한다.

이 하트 감자는 내 기억에 오래 남았다. 비록 정해진 규격을 갖춘 합격 감자가 되어 화물 트럭을 타고 가 마트에 진열되지는 못하지만, 하트 감자는 실직한 가장이나 배고픈 아이들이 추수가 끝난 감자밭을 뒤적일 때 웃음을 주고 허기를 채울 수 있게 해준다. 나는 막연하게 '합격 감자'보다 '하트 감자'가 더 끌렸다.

다큐멘터리 감독이 되지 못한 나는 삶의 우여곡절을 겪으며 33살에 사법시험에 합격하였다. 그러나 판사로 임관하기에는 성적이 부족했고, 나이가 많았으며, 법학을 전공하지 않았고, 내세울 만한 유용한 전공이나 경력도 없었다. 2011년 사법연수원을 수료한 후, 모두가 취업하여 떠난 시장에 홀로 남겨진 이삭 같은 처지가 되었다. 그러던 중 4월에 겨우 취업하게 되었고, 로펌에서 옆 방 변호사님의 우연한 권유로 2013년 국선전담변호사로서 새로운 삶을 시작하게 되었다.

국선전담변호사 생활은 나름 만족스럽다. 다큐멘터리 감독이 되지는 못했지만, 나를 찾아온 피고인들이 수사기관에서 하지 못한 이야기, 공소 사실에 담기지 않은 그들의 인생 이야기가 나는 진심으로 궁금하다. 수사기관이 수집하지 않은 이야기와 흔적들을 모아 손질하여 법정에 제출한다. 텅 빈 들판을 기웃거리는 위기의 순간을 여러 차례 경험한 나는 피고인들을 편안하게 대할 줄 알고, 제법 유쾌한 분위기도 만들곤 한다.

나는 국선변호인에게 매달 지정되는 약 20건의 사건을 위해 내 시간과 에너지를 담은 20개의 하트 감자를 준비하고, 삶의 어느 순간에 위기를 맞아 찾아온 이웃들에게 나누어 준다. 법률 시장의 이삭 같은 나를 우연히 줍는 피고인들 덕분에 나 역시 한 달을 살아갈 돈을 벌고 있다. 서로를 주워 현재를 버텨내니, 서로가 이삭이 되어 이삭줍기를 하고 있는 셈이다. 이런 순간들이 쌓여 나만의 〈이삭 줍는 사람들과 나〉가 만들어진다.

하지만 생각보다 자주, 불필요한 이들이 나의 하트 감자를 줍는다. 이삭줍기의 원칙에 맞춰 유쾌하면서도 진지하게 일하는 나만의 리듬이 깨진다. 불편한 감정에 사로잡히고, 불필요하게 이용당하는 나의 삶의 순간들이 아깝기만 하다. 이런 일들이 반복되니 오래된 배터리처럼 충전이 원활하지 않다. 매달 내놓는 하트 감자가 푸르스름해져서 상태가 좋지 않은 것 같다. 누가 나의 하트 감자를 망가뜨리는 걸까?

하트 감자 브레이커 01 : 남은 설거지형

"평생 벌 돈은 이미 다 벌었어요."

40대 초반의 깔끔한 옷차림과 태도를 지닌 한 남성이 내 사무실의 조악한 접이식 의자가 불편한 듯 여러 차례 자세를 고쳐 앉더니, 허리

틀 곧추세우고 다리를 꼬고 앉아 나에게 처음 건넨 말이었다.

"좋으시겠어요. 그런데, 이 사건에 사선 선임 안 하시나요? 자본시장법은 제가 정말 해본 적이 없고 잘 모르는데, 돈도 많으신데 왜 국선을 하시는지 이해가 안 가네요. 증거 목록을 보니까 기록도 너무 방대해 보입니다."

"벌금 1,500만 원 약식명령 사건이잖아요. 이미 수사기관에서 수개월 동안 탈탈 털었는데, 다 불기소로 나왔고 이거 하나 기소한 거예요. 이 사건도 무죄 나올 건데, 제가 굳이 수천만 원 들여 사선 선임하겠어요? 변호사님, 기록 보실 것도 없어요. 제가 불러달라는 증인 불러서 물어달라는 것 물어봐 주세요. 이메일 주소 알려주시면 정리한 내용 보내드릴게요. 전혀 부담 가지실 것 없어요."

그는 사선 선임을 권유하는 나를 쉽사리 무력화시키고, 바쁜 듯이 사무실을 떠났다. 내 취향이 아닌 향수 냄새가 싫어서 잠시 방을 나갔다가 돌아오니, 우두커니 책상 모서리에 남겨진 테이크아웃 종이컵이 눈에 들어왔다. 모았다는 돈의 액수가 선뜻 가늠이 안 되니 크게 부러운 마음이 들지는 않았으나, 돈이 많다면서 달랑 자기 손에 음료 하나만 들고 와서 그걸 마시다 말고 내 책상에 놓고 가버린 뒷모습이 심히 아니꼽게 느껴졌다.

남겨진 컵의 내용물을 비우고 분리수거를 한 뒤, 나는 그가 볼 것도 없다던 기록을 일부라도 봐야 하기에 증거 목록 중 일부를 추려서 직원에게 등사를 요청했다. 기소되지 않은 사건 내용이 혼재되어 있어 사건 파악이 어려웠다. 수차례 읽고 또 읽어야 했다. 그가 다 정리해서 보냈다는 내용이 암호와 같아서 이를 해독하고 이해하려고 이것저것 찾아

보고 궁리해서 의견서와 증인신문 사항을 작성했다. 결국 그는 무죄를 받았고 알뜰하게 나에게 무죄 판결문까지 발급받아 달라고 요청하며 "거봐요, 제가 뭐라고 했어요. 무죄 나왔잖아요"라고 말했다.

그는 자신이 남긴 종이컵에도 신경 쓰지 않는 것처럼, 평생 쓸 돈을 쟁여놓은 자신에게서 1,500만 원의 벌금을 없애기 위해 국선변호인이 어떤 노력을 했는지 전혀 신경 쓰지 않는다. 누가, 대체 왜 이 '평생 부자남'에게 나를 국선변호인으로 선정해 준 것일까?

그는 그동안 세금을 많이 냈으니 남은 사건을 정리하는 데 국선변호인을 한 번 쓴 것이 무슨 대수냐고 할지도 모른다. 그는 내 하트 감자를 먹은 적 없고, 입맛에 맞지도 않았다고 하겠지만, 그는 자신에게 배정된 하트 감자 1개보다 더 많은 감자를 소비했다. 그가 나의 빈 들판에 들어오고, 나의 하트 감자를 소비한 것은 완전히 불쾌한 반칙이다.

하트 감자 브레이커 02 : 선임계 절약형

"변호사님, 여기 오기 전에 아시는 분께서 사건을 좀 봐주셨는데, 그분이 사건 정리를 좀 해주셨고 변호사님께 보여드리라고 하셨어요. 한번 보시도록 드려도 될까요?"

앳되고 단정한 모습의 20대 여성이 보험사기 사건으로 기소되었다. 예의 바르게 내미는 서류를 거절할 명분이 없어 받아 들었다. 그녀가 준 서류는 변호인이 공판에 앞서 제출해야 하는 공판심리의견서였고, 예상과 달리 지나치게 고퀄리티였다.

이 젊은 여성 피고인은 새벽 강남 주택가 이면도로에 촘촘히 주차된 여러 대의 차량을 자신이 운전하던 외제차로 긁고 충격했다. 그녀는 운전면허를 취득한 지 얼마 되지 않아 미숙한 상태에서 우연히 처음 가는 골목에 들어서게 되어 당황한 나머지 이러한 사고를 냈다고 주장했다. 골목의 막다른 벽에 부딪히면서 겨우 차를 세웠고, 너무 당황하여 남자친구를 불렀다. 남자친구는 보험사에 사고 신고를 하면서 자신이 운전자라고 말했다. 그녀의 보험은 '누구나 운전보험'으로, 운전자가 누구인지에 상관없이 보험 처리가 가능한 상황이었다. 그러나 보험사는 피해 액수가 크고 정상적인 상태에서 이런 운전이 어렵다고 판단하여 조사를 실시했다. 그리고 조사 결과 그녀가 호텔 바에서 나와 차량을 운전한 사실이 밝혀졌고, 남자친구를 운전자로 신고한 것은 자신이 음주운전을 했다는 사실을 감추기 위한 것이라며 보험사기로 고소했다.

"이 의견서를 쓴 분이 누구예요?"

"그냥 아는 분이 써 주었어요."

그녀는 아무리 물어도 웃기만 하며 그저 아는 분이라고 했다. 만약 아는 변호사가 써주었다고 했다면 그분을 선임해 직접 변호하라고 했을 텐데, 그녀가 딱히 말하지 않아 더는 할 말이 없었다. 그녀가 준 의견서에는 함께 기소된 남자친구에 대한 변론도 포함되어 있었다. 막상 의견서를 작성하려니 그녀에게 받은 의견서보다 더 낫게 작성되지 않아, 형식만 약간 수정해 그대로 제출했다. 다만, 내 이름으로 의견서를 내는 것이 찝찝할 뿐이었다.

피고인은 음주운전을 하지 않았으며 보험사기도 아니라고 부인하고 있어, 보험사 직원, 출동한 경찰, 각 피고인 신문 등의 절차가 진행되었고 공판은 수 개월간 지속되었다. 여러 차례 법정을 오고 갔다. 증인신문을 할 때도 그녀는 내게 공손하게 수준 높은 증인신문사항을 전달해 주었다. 불쾌하고 찝찝한 기분이 들었지만 피고인의 이익을 위해 거의 다 사용했다.

왜 수준급의 의견서와 신문 사항을 전달해 주는 제3의 인물이 직접 공판에 출석하지 않은 것일까? 그들의 기묘한 관계만큼 특이한 방식으로, 나는 얼떨결에 몰래 변론에 활용되었다. 초보 운전자가 고가의 외제차를 운전하다 사고를 내고, 사고 직후 즉시 폐차한 뒤 자차 보험금 지급 없이 다시 더 좋은 외제차를 구매한 것만 봐도 그녀는 충분히 사선을 선임할 능력이 있었다. 그럼에도 불구하고, 수 개월간 불필요하게 나의 하트 감자를 소비했다.

하트 감자 브레이커 03 : 밑져야 본전형

"저희는 정말 피해자예요. 윗집 여자가 이상한 거예요. 친척이 경찰이라고 하더라고요. 너무 편파 수사라 억울해요."

층간 소음 전쟁이 스토킹 및 상해 사건으로 형사 사건화되었고, 내가 국선으로 선정되었다. 아랫집에 사는 피고인이 위층의 소음에 못 이겨 인터폰을 하고 찾아간 것이 스토킹으로 치부되었고, 위층 사람이 불면 및 불안을 겪게 되었다고 진단서를 내면서 상해로까지 기소되었다.

아랫집 피고인은 층간 소음으로 인해 지속적인 피해를 입었음에도 불구하고 고소를 당하고 조사까지 받게 되어 억울함이 컸다. 수사 단계에서 변호인을 선임하여 대처했지만, 결국 약식 기소로 벌금이 부과되었다. 이번에는 국선변호인을 신청했고, 그 신청이 받아들여졌다. 정식 재판에서 유죄가 되면 벌금을 내면 되고, 무죄가 되면 벌금을 내지 않아도 되므로, 어느 경우든 변호사 비용을 지출할 필요는 없다고 생각한 것 같다.

"본인들에게는 매우 중요하고 억울한 문제라고 말씀하셨는데, 만약 무죄 판결이 나오지 않으면 민사 손해배상 소송까지 진행될 수 있습니다. 제가 신경을 써드리더라도 한계가 있음을 이해해 주셨으면 합니다."

사건이 복잡해질 수도 있기에 나는 사선을 권유했다. 피고인은 서울에 자기 집을 소유하고 있으며, 이미 수사기관에서도 변호인을 선임할 자력이 있었다.

"아닙니다. 국선으로 계속 진행하고 싶습니다. 잘 부탁드립니다, 변호사님."

위층에 찾아가고 인터폰을 한 횟수만큼 범죄일람표는 길어졌으나, 피고인은 일자별, 시간별로 하나씩 모두 부인하고 있었다. 그가 부인하는 이상 음성 파일, 영상 파일, 추가로 제출된 파일들을 모두 듣고, 보고 또 보면서 다툴 지점을 찾아야 했다. 수사기관에서 양측이 변호인을 선임하고 제출한 불필요한 감정적인 자료들로 인해 증거 기록은 서로에 대한 원망만큼 두꺼워져 있었다.

"변호사님의 노고에 늘 감사합니다."

수시로 전해오는 그의 감사 인사와 메일이 달갑지 않다. 정말 많은 노고가 들어가고 있었기 때문이었다.

"변호사님, 저희가 더 준비할 것은 없을까요?"

피고인과 그의 아내는 말만 하면 어떤 자료든 준비할 태세였다. 억울해 보이니 준비할 방향을 잡아주어야 했다. 이렇게 복잡하고 구체적으로 다루는 사건은 마치 보통의 사건 10개에 맞먹는 것처럼 느껴졌다. 해를 넘겨 공판은 계속되었다.

자력도 있는 이들의 계산기 두드린 국선 신청과 법원의 선정은 역시 반칙이었다. 결국 무죄를 받았고, 이 피고인 역시 무죄 판결문을 요청해, 그것도 내 돈으로 발급받아 주었다.

하트 감자 브레이커 04 : 예측 불가 폭탄형

"그 키오스크인가 뭔가. 아이스크림 주문하는데 뭐가 이리 어려워. 주문했는데 한참 기다려도 안 나와. 아이스크림 푸는 직원은 주문하고 기다리라고만 하니, 내가 화가 안 나겠어?"

예측할 수 없는 시한폭탄 같은 피고인은 아이스크림 통 위의 유리 뚜껑을 쾅 내리쳐, 스쿱으로 아이스크림을 퍼내고 있던 아르바이트생의 손을 다치게 했다. 어떻게 이런 행동할 수 있을까?

그는 가는 곳마다 폭발하듯 사건을 유발했다. 택시에 탑승한 후 택시 기사의 뒤통수를 때리기까지 했다. 뒷좌석에서 기사의 좌석을 발로 차며 앞으로 당기라고 했지만, 기사가 자신의 말을 이해하지 못했다는 이유였다.

마트에서는 드러누웠다. 계산을 했지만 집에 가니 물건이 없었다며 마트 종업원에게 고함을 쳤고, 결국 출동한 경찰관들이 밖으로 나가자고 하자 거부했다. 버스에서는 다른 사람의 휴대폰을 빼앗아 열린 창밖으로 던져버렸다. 그의 통화 소리가 너무 커서 거슬렸던 것이다.

국선 사무실에서도 기록을 보다가 서류를 바닥에 내동댕이쳤다. 법원 오후 공판에 한 시간이나 늦게 나타났지만, 제시간에 진행되고 있는 다른 사건을 제치고 먼저 자신의 사건을 진행할 것을 요구했다.

"열 명 모두 합의할 테니 합의 진행해요. 내 인생에 꼬이는 똥파리 같은 것들 빨리 해치우고 끝내야지."

그는 나에게 합의를 지시했다. 그러나 합의 준비를 마쳤다는 소식에 그는 갑자기 폭발했다.

"내가 왜 합의를 해! 내가 피해자야. 내가 손해배상을 받아야 하는 사람이야!"

나는 다시 한번 죄송한 마음으로 합의가 무산되었음을 피해자들에게 알렸다. 하지만 피고인은 또 말을 바꿨다.

"아르바이트생하고는 합의할 거야."

나는 다시 한 명과의 합의를 진행했다.

"변호사님, 왜 합의금이 계속 안 들어올까요?"

착한 피해자는 합의서를 미리 주었는데 합의금이 도무지 입금되지 않는다고 하소연했다. 정해진 일자가 한참 지나고 몇 번의 실랑이 끝에 겨우 합의금이 지급되었다. 합의 때문에 100통 이상의 전화와 문자를 주고받은 것 같다.

선고를 앞두고 피고인은 불쑥 찾아와 내게 일필휘지로 갈겨쓴 자신의 입장문을 주었다.

"한 글자도 빠짐없이 깨끗하게 타이핑해서 법원에 제출하세요."

차라리 제출하지 않는 편이 훨씬 나을 내용이었다. 그럼에도 불구하고 피고인은 내용 검토가 아니라 타이핑만 할 것을 강력하게 지시했다.

원본과의 동일성을 보여주기 위해 자필 문서도 같이 첨부하여 제출했다. 오해의 소지가 없도록 말이다.

변호인으로서 나는 그와 어떤 유의미한 대화도 나눈 기억이 없다. 이렇게 당당하고 무례한 피고인의 형사 절차를 꾸역꾸역 겨우 마무리했다. 증거기록 어딘가에는 그가 상당한 재산을 상속받았다는 내용이 있었다. 아마 그에게 필요적 국선 선정 사유는 없었을 것이다. 그럼에도 그는 나의 빈 들판에 찾아와 폭탄을 투하하여 초토화시켜 버렸다.

하트 감자 브레이커 05 : 빙산의 일각형

"변호사님, 증거 목록을 보시고 필요한 증거를 표시해 주세요. 증거 기록이 책 여덟 권이고 CD도 너무 많습니다."

"CCTV를 흰 종이로 가린 재물손괴 사건이고 벌금 사건인데, 증거기록이 그렇게 많아요?"

직원이 건네준 증거 목록을 보니 10장이 넘었다. 재물손괴에 등장한 '흰 종이 한 장'은 빙산의 일각에 불과했다. 수천 년 묵은 빙하와 같은 갈등의 심연이 나를 기다리고 있었다.

"예, 흰 종이로 CCTV를 가린 것은 CCTV의 효용을 해한 것은 아니라고 법리적인 문제를 제기하겠습니다. 관련 하급심 판결도 찾아놓았습니다."

"감사합니다. 변호사님. 그런데 말입니다. 저희가 왜 CCTV를 가렸어야 하는지, 그 정당한 이유에 대해서도 변론을 꼭 해주시기 바랍니다. 그리고 고소인, 그 관련자들 모두에 대한 증인신문이 필요합니다."

단체 내에서 의견 대립이 발생하여 파가 나뉘게 되었고, 이들 간의 민·형사 사건이 십 년 이상 계속되고 있었다. 많은 가처분과 판결이 있지만, 쉽게 이해도 되지 않았다. 누가 이 단체의 의사 결정을 하는지, 어떤 과정을 거쳐야 하는지도 불확실했다. CCTV는 누구의 것이며, 설치 권한이 있었는지에 대한 명확한 답변도 찾지 못했다.

나는 1심 사건을 담당하였으나, 항소심에서 이 단체와 관련하여 20건 이상의 사건이 병합되고 있다고 했다. 피고인들은 증인신문 후 증인의 녹취록을 요청하였다. 고소인이 증인으로 출석하여 거짓말을 하였으므로, 위증으로 고소할 것이라고 하였다. 이 단체는 사건의 화수분과 같아서, 그렇게 끝도 없이 계속 형사사건을 만들어 내고 있었다.

나는 빙산의 아주 작은 부분을 스쳤을 뿐인데도 힘이 많이 들었다. 이 모든 수고를 하고도 사회의 정의를 지키는 데 조금이라도 기여했다기 보다는 오히려 이들만의 감정적 반목과 이권 다툼에 시달렸다는 느낌뿐이었다. 나의 빈 들판에 불필요한 단체 관광객들이 깜짝 방문하고 간 것 같다.

이삭은 필요한 이들이 주워가길

형사소송법 제33조에 의하면, 필요적 국선과 임의적 국선이 있다. 구속된 피고인, 미성년인 피고인, 70세 이상인 피고인, 듣거나 말하는 데 모두 장애가 있는 피고인, 심신 장애가 의심되는 피고인, 단기 3년 이상의 징역 등에 해당하는 사건으로 기소된 피고인에게 변호인이 없는 경우 직권으로 국선변호인을 선정하도록 하고 있고 이를 필요적 국선이라고 한다.

대체로 이러한 사건을 담당할 것을 예상하였기에, 해당 사건들이 복잡하고 피고인이 죄를 부인한다고 해도 나는 전혀 유감이 없다. 예상했던 하트 감자보다 더 많은 시간과 에너지가 필요하더라도, 나에게 어떤 후유증을 남기지 않는다.

문제는 임의적 국선 사건이다. 피고인이 빈곤 또는 그 밖의 사유로 변호인을 선임할 수 없는 경우, 법원에 청구하면 국선변호인이 선정될 수 있다. 소득 기준이 정해져 있지만, 대체로 엄격하게 적용되지 않으며, 사선변호인 없이 형사 법정에서 다투려고 할 경우 절차 진행을 위해 국선변호인을 선정해 준다.

사선변호인을 선임할 수 있는 상황인데도 국선변호인이 선정되면, 이들은 국선변호인의 조력을 받기보다는 이를 활용한다. 영악한 이들은 국선변호인을 조련히기도 한다. 이들에 대한 나의 모든 시간과 에너지는 의미 없이 소모되며, 큰 회의를 불러일으킨다. 마치 아무렇게나 쓸 수 있는 무한 리필 화장지처럼 소비되는 기분이다. 경제적 능력이 있음에도 국선변호인을 선정하는 경우, 변호사 시장에도 큰 타격이 있다. 차라리 이렇게 운영될 것이라면 국선전담 제도가 없어지는 것이 더 나을 수도 있다는 생각까지 든다.

반딧불과 북극성

피고인과 함께 걷다

2023년 6월, 나는 동갑인 한 여성과 지하철역에서 올라와 가로수가 울창한 인도를 걸었다. 국선변호인과 피고인으로 만난 사이인데, 사무실이나 법정, 사건 현장 이외의 장소에서 이렇게 함께 걸어본 것은 처음이었다.

우리 두 사람은 그녀의 지능 검사와 사회 성숙도 검사를 위해 한 정신건강의학과 의원을 방문하는 길이었다.

"이쪽으로 쭉 가면 돼."

나는 팔을 뻗어 방향을 안내해 주었다. 그녀는 앞을 보고 곧장 걷기 시작했고, 나를 돌아보지도 않고 성큼성큼 앞서 걸었다. 나는 '아… 여기가 ○○팰리스 옆이구나' 하며 두리번거렸고, 휴대폰을 확인하고 몇 미터를 더 가야 하는지 살펴본 후 살짝 앞선 그녀를 바라보았다. 다소 정신이 없었다.

그녀는 당시 날씨에 비해 덥게 입었는데, 검은색 남방에 갈색 바지, 그리고 핑크색 작은 배낭을 등에 메고 있었다. 부유한 강남 동네에서 흔히 보이지 않는 복장이었고, 머리는 매우 산발이었다. 하지만 그녀는 상관없다는 듯 직진했다.

화려한 길가의 풍경과 사람들의 시선에 아랑곳하지 않고 당당하게 돌파하는 그녀의 모습은 인상적이었다. 나는 갑자기 이상한 기분이 들었다. 그녀의 그 단순한 걸음걸이가 마치 내가 오랫동안 찾아 헤맸던 정답처럼 느껴졌다.

나는 갈지자로 우왕좌왕하며 살아왔다. 두리번거리고, 비틀거리며, 휩쓸리듯이. 그런 나에게 그날의 장면은 그저 흘러가는 크로노스의 시간[9]에 카이로스의 시간[10]이 찾아온 듯, 순간이 불현듯 선명해졌던 기억이다. 그때가 그녀가 나에게 준 두 번째 선물이었다.

환한 웃음에 반하다

그녀에게서 첫 번째 선물을 받은 건 그보다 2개월 전인 2023년 4월, 사무실 상담실에서의 일이었다. 그전까지는 주로 그녀의 언니와 통화하며 재판 준비를 했는데, 법정 복도에서 그녀가 "왜 내가 먼저 왔는데 안 해주는 거야?"라고 갑자기 크게 울며 소란을 피우는 바람에 정신이 없었다.

이후로 계속 그녀의 사건이 병합되어 와서 결국 대면 상담이 불가피하다고 생각했다. 그래서 언니에게 바쁘더라도 꼭 그녀를 데리고 사무

---

9   물리적 시간으로 객관적·정량적 시간
10 질적인 시간으로 주관적·정성적 시간

실로 오라고 단호하게 말하여 상담이 성사되었다.

"증을 없애줘."

그녀가 떼쓰듯이 말했다.

"증?"

나는 순간 주민등록증을 없애 달라는 말로 이해했다. 손사래를 크게 치고, 곤란한 표정을 과장되게 지으며 말했다.

"어이쿠, 난 그건 못해. 증은 나도 못 없애."

그러자 그녀가 활짝 웃었다.

이렇게 순수한 미소를 본 적이 있었던가 싶을 정도로, 나는 그 미소가 정말 좋았다. 화사한 꽃처럼 예뻐 보였다.

그때 왜 그녀의 미소에 반했을까 곰곰이 생각해 보았다. 나의 미소는, 혹은 내가 접하는 미소는 주로 나이에 따라 함께 나이가 든 미소다. 계산되거나 그저 입가 주름처럼 버릇이 된 미소가 대부분이 아닐까. 반면, 그녀의 미소는 우리의 생물학적 나이와 상관없는 서너 살 어린아이의 미소였다. 그러다 보니 무방비상태였던 내 마음에 확 스며들어 버린 것 같다. 이 미소 때문에 나는 그녀가 요청했던 것처럼 '증'을 없애진 못하나, '증' 하나를 만들어 주자는 결심을 했다. 그래서 사무실과 법정이 아닌 낯선 정신과 의원까지 동행한 것이었다.

그녀와의 소통을 통해 '증을 없애 달라'는 말에서 '증'이 무엇인지, 그리고 왜 그 '증'을 없애 달라고 하는 것인지는 알아낼 수 없었다. 그녀가 가지고 있는 '증'은 주민등록증뿐이니, 나는 그녀가 없애 달라는 것이 주민등록증이라고 생각했다. 경찰서에 조사를 받으러 가면 자꾸 주민등록증을 내라고 하니, 그 '증'이 없으면 조사를 받지 않아도 될 것으로 생각해서 없애 달라고 요청한 것이라고 추측만 해보았다.

'조사받고 재판받는 것이 싫은가 보다. 그러면 잘못을 하지 말아야지. 나 원 참.'

'그런데 증을 없애 달라니, 너무 기발한데?'

마음의 소리가 마구 일어났다.

그녀는 몇 개의 단어로 간단히 의사소통했다. 내가 그녀에게서 가장 많이 들은 말은 "마음이 아파"였다. 수년 전 슈퍼마켓에서 억울하게 도둑으로 몰린 일이 아직도 마음에 남아, 계속 마음이 아프다고 말하는 것이라고 언니가 설명해 주었다.

그녀는 어린 시절 높은 곳에서 떨어져 머리를 다쳤지만, 형편상 병원에 가지 못했다. 초등학교에 입학했으나 몇 번 등교한 후 단체 생활이 어려워 그만두었다. 아버지는 오래전에 돌아가셨고, 어머니는 집을 나가 현재 언니와 둘이 살고 있었다.

전과 51범인 그녀에게 닥친 징역형의 위기

나에게 두 번의 의미 있는 순간을 선사해 준 그녀는 형사 처벌 전력이 매우 많았다. 무려 전과 51범이다. 그녀는 타인의 카드를 주워 사용한 일로 수십 차례 형사 처벌을 받았고, 주로 벌금형과 집행유예에 처해졌다. 술을 마신 후 식당에서 떼를 써서 업무방해나 공무집행방해도 몇 건이 있었다.

나는 길에서 분실 카드를 본 적이 거의 없는데, 그녀는 그런 카드를 너무 잘 발견했다. 길 이외에 무인 아이스크림 가게에서도 발견한 적이 있다. 특이하게 그녀는 또 버스 타기를 좋아했다. 서울에서 경기도의 여러 지역을 다니다 집에 돌아오는 일이 많았다. 주운 카드를 들고 버스를 타 경기도까지 가면, 마트에 들러 다른 것은 사지 않고 특정 담배만 한두 보루를 샀다. 그러고는 식당에 가서 삼겹살에 소주를 먹으려고 했다. 다소 심상치 않은 그녀의 모습에 식당에서 주문받기를 거절하면, 그녀는 큰 소리를 내며 떼를 썼다. "돈이 있는데 왜 주지 않느냐"고 따졌다. 소통이 안 되니 식당 주인은 결국 경찰에 신고를 했는데, 소통이 안 되는 것은 경찰도 마찬가지였다.

나는 2022년에 이미 국선변호인으로서 그녀를 만나 일곱 건의 병합된 사건을 맡았다. 여러 피해자의 연락처를 확인하고 합의를 진행하는 과정에서 그녀의 언니와 여러 번 통화했다. 언니는 과거 피고인이 정신과 약을 복용한 사실이 있다고 말했다. 나는 피고인이 다시 진료를 받아야 한다고 독려했고, 그 치료 관련 자료를 재판부에 제출했다. 집행유예 선고를 받은 후, 언니에게 이런 일이 다시 발생하지 않도록 잘 보살펴 주시고, 집행유예에 부과된 보호관찰 조건을 잘 이행해 달라고 신신당부했다.

그런데 다시 그녀가 피고인이 되어 내게 온 것이다. 지난번 재판을 받는 도중에도 타인의 카드를 주워 담배 한 보루를 사는 데 사용했고, 재판 후 집행유예 기간에도 그런 일이 반복되었다. 그렇다면 이번에는 실형이 선고될 가능성이 높았다.

장애인 등록이 되어 있지 않았다

내가 다시 그녀의 사건을 맡게 되었을 때, 그녀의 언니가 사무실을 찾았다. 나의 목소리에는 아마 짜증이 잔뜩 실려 있었을 것이다.

"아직도 피고인이 혼자 돌아다니나요? 돌아다니려면 교통카드를 주시고, 용돈도 충분히 주시거나 담배도 사 주시고, 술 마시는 요일을 정해주셔야 하지 않나요?"

언니는 나에게 날카로운 시선 한 번 보내지 않았고 못마땅한 표정도 짓지 않았다.

"제가 일을 하러 나가야 해서요."

"그러면 언니가 일을 하러 가시는 동안 동네 복지관에라도 갈 수 없나요?"

"그런 곳에 갈 수 있는 조건이 안 돼요."

나는 누가 보아도 명백한 장애를 가진 그녀가 장애인 등록이 안 되었다는 것을 비로소, 너무 늦게 깨달았다. 지난 재판에서는 합의하고 정신과 소견서 정도를 내는 데 그친 것이었다.

"아니, 왜 장애인 등록이 안 된 거죠?"

"어떻게 하는지 몰라요. 복잡한 것 같더라고요."

언니는 그녀보다 조금 나았지만, 온전한 사회생활을 하는 데에는 부족한 부분이 있는 것 같았다. 설명하고 요청하는 데 서툴렀다. 나는 그녀가 사는 동네의 주민센터에 전화를 걸어 장애인 등록을 도와줄 수 있는지 물어보았지만, 장애인 등록 이후에만 관여한다는 답변을 받았다. 발달장애인지원센터의 입장도 마찬가지였다.

나는 장애인 지원이 없더라도 갈 수 있는 곳이 없는지 복지관 등을 찾아 전화를 돌렸다. 한 복지관에서는 장애인 등록 절차는 도와줄 수 없지만, 가정 방문을 통해 현재 상태를 확인하고 도움을 줄 수 있는 부분은 돕겠다고 말했다. 복지사님만 그 집에 보낼 수는 없었기 때문에, 나는 처음으로 피고인의 집에 가게 되었다.

안방에 둘러앉아 복지사님이 여러 질문을 하고 사정을 확인하는 동안, 나는 안방 옷장에서 눈을 뗄 수가 없었다. 하단에 서랍장이 세 칸 있는 옷장인데, 그중 한 칸은 아예 없었고 위의 칸은 서랍 레일이 고장 나서 한쪽 끝이 주저앉아 있었다. 누가 자꾸 빼는 것을 막으려는지 노란 박스 테이프로 서랍장을 둘둘 감아 놓았다. 재활용 가구점에 가도 이 옷장보다는 나은 옷장이 많을 것 같았다. 무료 나눔 가구를 얻어오지도 못하고, 고장 난 서랍장을 고치지도 못한 채 그저 임시방편으로 감아 놓은 노란 테이프가 이들의 현실을 대변하는 것 같았다. 하루하루를 힘겹게 버티면서 살아온 언니에게 짜증을 내고 큰소리를 냈던 내가 부끄러웠다.

그 언니가 동생을 위해 내준 벌금이 약 4,000만 원이 넘는다. 합의금으로 쓴 돈도 상당했을 것이다. 언니는 급한 대로 대출을 받기도 하고, 주말에도 쉬지 않고 아르바이트를 했다고 한다. 나는 언니에게 무엇인가를 더 요구하는 것은 폭력처럼 느껴졌다.

피고인이 장애인 등록을 하고 장애인 수당을 받으며 복지관에 다니게 된다면, 낮시간 동안 길에 방치되지 않아 좋고, 언니도 많은 부담을 덜 수 있을 것 같았다. 지적장애인 등록을 위해서는 '임상 심리평가보고서'가 필요한데, 그녀가 현재 다니고 있는 정신과에서는 검사가 어렵다고 하면서 검사를 할 수 있는 의원을 소개해 주었다. 그렇게 된 연유로 낮에 시간을 내기 어려운 언니 대신, 내가 그녀와 함께 검사를 받으러 간 것이다.

그녀의 사회적 나이는 2~3세

임상 심리검사를 받기 위해 예약해 둔 병원에 도착하여 대기하는 중, 병원에서는 그녀와 나의 관계를 물었다. 국선변호인이라고 하자 직원이 의아하게 쳐다봤다. 나는 사정을 설명했다.

나는 순서를 기다리며 소파에 앉아 책을 보다가 오고 가는 사람들도 살펴보고, 물도 마셨다. 그녀에게도 물을 권했지만, 그녀는 꼼짝하지 않고 앉아 진료실 문만 응시하고 있었다. 역시 군더더기 없는 집중력이었다.

의사와의 면담 후, 임상 심리 전문가가 진행하는 검사가 이어졌다. 그녀가 먼저 들어가 검사를 받았고, 그 이후에 내가 들어갔다. 테이블 위의 종이에는 그녀가 삐뚤빼뚤하게 힘겹게 쓴 자기 이름과 그리다 만 삼각형이나 사각형이 보였다. 선생님은 나에게 그녀에 대해 여러 가지 질문을 하였고, 나는 몇 차례의 만남을 통해 알게 된 내용과 사건 기록을 바탕으로 성실하게 답변했다.

평가 결과는 다음과 같았다. 「일상의 제반 장면에서의 적응에 제약이 극심하겠으며, 독립적으로 적절하고 유연하게 대처하는 것이 불가능할 것으로 보여 항시적인 주변의 도움과 관찰, 보호가 제공되어야 할 것으로 사료된다. Intellectual Diability, Severe가 시사되며, 사회 연령 2.36, 사회성 지수는 14.75로 요보호정신지체 수준으로 나타났다.

한편, Full Scale IQ는 40, VMI(시각-운동 협응능력)에서는 3세 9개월 수준의 수행을 보였다.」

그녀는 신용카드의 의미를, 타인의 신용카드를 사용하면 안 된다는 것을, 식당에서 마음에 들지 않는다고 드러누우면 안 되는 것과 경찰관의 역할을, 그리고 경찰관의 지시에 따라야 한다는 것을 알고 있었을까? 법은 무엇인지, 법을 어기면 어떻게 되는지는 이해했을까? 평가 결과를 받고 나니, 그녀에게 법과 형사 절차 자체가 너무 버겁다는 생각이 들었다.

형사 미성년자와 발달장애인

그녀는 이번 재판까지 52번의 유죄 판결을 받았다. 심신 미약으로 감경되긴 했지만, 형법 제10조 제1항에 따라 책임 능력이 없다고 판단된 적은 한 번도 없다. 버스를 타고 이동하며 사고자 한 물건, 주로 담배를 정확히 구매하는 행동을 하였으므로, 심신상실 상태로 책임 능력이 없다고 판단하는 데 어려움이 있었던 것 같다.

그녀의 생물학적 나이는 40대 후반이었지만, 대화를 나누어 보면 사회적 나이는 유아 수준이라는 것을 알 수 있었다. 그래서 항상 경찰 조사를 받을 때 언니가 대신 진술을 해왔다. 언니는 CCTV를 보고 동생이 맞다고 확인하고, 동생의 잘못을 시인하며 피해 회복을 하고 벌금을 납부해 왔다.

그런데 만약 피고인에게 언니가 없었다면 상황은 어땠을까? 피고인은 혼자 생활할 수 없는 어린아이와 다름없었을 것이며, 조사나 재판은 진행 자체가 불가능했을 것이다.

형법 제9조에서는 「14세가 되지 아니한 자의 행위는 벌하지 아니한다」고 규정하고 있다. 14세 미만의 경우, 위법한 행위에 대해 처벌을 감수할 만큼 성숙한 인격체로 보기 어렵다는 이유로 형사책임 무능력자로 간주된다.

사실 피고인 또한 사회적으로 성숙한 인격체로 볼 수 없으며, 형사책임 무능력자라고 해도 과언이 아니다. 사회적 지능을 기준으로 한다면, 피고인은 2~3세에 불과하므로 형사미성년자가 된다. 피고인과 같은 발달장애인에 대한 형사 처벌에 관한 법 규정이 마련될 필요가 있다고 생각한다.

반딧불의 시간

줄줄이 사탕처럼 병합되어 오는 그녀의 사건들 앞에 징역형을 받지 않기 위한 궁리와 노력들은 하나도 힘들지 않았다. 나는 공판이 없는 틈틈이 피해자들을 위해 5만 원짜리 공탁을 여러 번 진행했다. 공탁계 직원이 금액을 다시 확인하면서 5만 원을 공탁하는 것이 맞냐고 물어보았다. 이렇게 적은 금액을 공탁하는 경우는 별로 없었을 것이다. 다행히 선고 이후 1년 이상 그녀에게는 새로운 사건이 생기지 않았다.

그녀와 함께한 국선변호의 시간은 나에게 소중한 기억이다. 아마 그녀가 특별히 나에게 바라거나 요청하는 것이 없었기에, 자유롭게 그녀 옆에서 동행할 수 있었던 것이 아닐까 생각한다.

그녀 이후, 나는 60대 발달장애인 남성의 강제추행 사건 두 건을 담당하였다. 구치소에서 만난 그는 거의 남아 있지 않은 치아를 거리낌 없이 드러내며 환히 웃었다. 그는 주거지 불명으로 구속된 후 재판을 받았고 두 건에 대해 모두 무죄를 선고받았지만, 아직 벌금을 납부해야 해서 노역장에 유치되고 있다. 출소 후에는 노숙을 하며 다시 사건에 연루될 가능성이 있어, 아무 연고도 없는 그의 출소 시간에 마중을 나가기로 결심했다. 노숙인지원센터에까지 인계해야 마음이 놓일 것 같다.

굳이 이렇게까지 할 필요는 없지만, 이렇게까지 하고 싶다. 이들과의 짧은 동행은 반딧불처럼 찰나일 것이지만, 북극성처럼 이 길을 가는 데 이정표가 되어줄 것이기에 나에겐 귀중하다.

그곳에 가면 알게 되는 것들

파란 휴지통만 보일 뿐

"남녀 공용 화장실의 첫 번째 칸을 사용하고 있었는데, 문이 덜컹거렸고 밖에서 이상한 소리가 났습니다. 고개를 들어 쳐다보니 검은 물체가 쓱 지나가는 것이 보였습니다. 밖으로 나가 보니 어떤 남성이 계단으로 도망치고 있었습니다."

피해자는 누군가 화장실을 들여다보다 도망갔다고 경찰에 신고했다. 출동한 경찰관에게 첫 번째 칸 화장실 문틈의 스폰지가 눌려져 있다며 가리켰고 그 스폰지 부위는 사진 촬영되었다. 이 사진은 누군가가 들여다보기 위해 손가락으로 눌렀다는 취지로 증거가 되었다. 이후 경찰은 계단으로 도망쳤다는 사람의 차량 이동 경로를 따라 모든 CCTV를 확인하여, 결국 차량 번호와 주소, 이름을 특정했다.

계단을 내려간 그 남성은 '성폭력범죄의처벌등에관한특례법위반(성적목적공공장소침입)'죄로 기소되었다. 피고인은 그 화장실의 세 번째 칸을 사용한 후, 첫 번째 칸 옆을 지나 세면대에서 손을 씻고 나왔을 뿐, 첫 번째 칸을 들여다본 적이 없다고 부인했다. 피고인은 청각장애인이었다. 그의 가족들은 그가 귀가 안 들리는 상태에서 습관적으로 내는 소리가 있는데, 그 소리를 피해자가 오해한 것 같다고 걱정했다.

피해자는 증인으로 나와, 밖에서 들린 소리가 '자위하는 소리'였다고 증언했다. 그 증언에 따르면 피고인이 화장실 문틈으로 내부를 들여다보며 문 밖에서 자위를 한 것이다. 청각장애인이 자신도 모르게 내는 소리는 남녀공용 화장실을 사용 중인 여성에게 낯설고 기이하게 들렸을 수도 있다. 그러나 피해자가 그 소리를 굳이 '자위하는 소리'라고 표현한 것에 강한 반발심이 일었다. 도대체 자위하는 소리가 어떤 소리인지 알 수 없었기 때문이다.

이런 사건을 굳이 기소한 것이 내내 못마땅했는데 피해자까지 추측을 사실처럼 말하니 가만히 있을 수는 없었다. 그 상가 화장실을 직접 찾아가 보았다. 화장실 첫 번째 칸의 문틈으로 안을 들여다보려 했다. 그런데 도무지 아무것도 보이지가 않았다. 그래서 1cm 정도 문을 열고 안을 훔쳐보았다. 그 상태에서 보이는 건 변기 옆에 있는 파란 휴지통뿐이었다. 변기조차 보이지 않았고 설령 사람이 앉아 있다 해도 신체가 보일 것 같지 않았다.

그리고 첫 번째 칸 바로 앞이 화장실 출입문이었다. 최초 진술 시부터 증언에 이르기까지, 화장실 출입문은 늘 열려 있고, 열린 상태로 도어스토퍼로 고정되어 있다는 진술이 일관되게 있었다. 실제로 직접 방문했을 때도 출입문은 열려 있었고, 출입문은 그대로 상가 복도와 접하고 있었다. 그 상가 층에는 식당과 병원 2곳이 운영 중이었다.

오후 5시, 오고 가는 사람이 적지 않은 그 시간에 피고인이 열린 출입문을 그대로 두고 첫 번째 칸을 들여다보며 자위를 한다면, 그의 뒷모습을 상가 복도를 오고 가는 모든 사람들이 그대로 볼 수 있는 구조였다. 발소리도 들을 수 없는 청각장애인이 그렇게 무모한 행위를 했을까?

화장실 문틈으로 보이는 파란 휴지통과 피해자 진술에 따라 피고인이 서 있는 모습을 재연하여 상가 복도에서 촬영한 사진을 제출하였다. 다행히 무죄가 선고되었다. 경찰관이 신고를 받고 출동했을 때, 문틈의 스폰지가 눌려 있는 모습만 촬영하지 말고 직접 한 번 들여다보았다면 어땠을까 하는 아쉬움이 남는다. 만약 내가 현장에 가지 않았다면 문틈으로 화장실을 사용하고 있는 사람의 신체 일부가 보이는지 여부를 전혀 알지 못했을 것이다. 사건 현장에 가보아야 비로소 알게 되는 것들이 있다.

CCTV가 사라지기 전에

"어제 술에 취해 여성분들을 추행하였고, 제가 말리니 저를 때리신 것 기억나시죠? 턱이 너무 이상해서 이제 병원에 갈 것입니다. 치료비를 청구할 것이고, 상해로 고소도 할 것입니다."

한 청년에게 피해를 주장하는 이가 문자를 보냈다. 몇 명의 지인들을 거치면 서로 알 수 있는 사이여서 먼저 연락을 해온 것이다. 청년은 나에게 조언을 구했다. 그는 기억이 전혀 나지 않는다고 했다. 오히려 자신의 코와 얼굴, 머리가 너무 아프다고 했다. 나는 상해 사건보다 추행 사건이 더 문제가 될 것 같아 급히 함께 사건 현장에 가보았다.

피해자가 주장하는 사건 발생 장소는 버스정류장이었다. 다행히 그 인근에 방범 CCTV가 있어 방범 CCTV의 관리번호를 확인한 후, 즉시 민사 절차상 증거 보전 신청을 하도록 했다. 얼마 후 확보된 CCTV 영상을 확인해 보니, 여자들이 우르르 몰려와 청년을 둘러싼 적은 있었지만, 청년이 이들을 추행한 사실은 없었다. 오히려 피해를 주장하는 이가 먼저 청년을 가격하였고, 맞아서 쓰러진 청년의 머리를 발로 차는 장면까지 있어 충격을 받았다.

만약 이렇게 증거를 확보하지 못했다면, 일방적인 진술에 의해 청년이 가해자로 몰렸을 것이다. 도리어 피해를 주장한 이가 일찍 연락하고, 사건 발생 장소와 시간을 알려주어 다행히 증거 보전을 할 수 있었다. 피해를 주장하는 이에게 확보된 CCTV 영상 중 청년을 발로 차는 장면을 캡처해 보내자, 더 이상 연락이 없었다.

사건에 연루되면 경찰에게 CCTV 확보를 요청하는 경우가 많다. 그러나 항상 제대로 확보되는 것은 아니다. 따라서 사건 발생 장소를 알게 된다면, 그 장소를 방문하여 CCTV 설치 여부를 확인하고 증거 보전 신청을 해두는 것이 더 확실하다.

★★

한 여학생이 길에서 강제 추행을 당했다고 112에 신고하였다. 범인이 여학생에게 다가와 전화번호를 요청했다가 거절당하자 기습적으로 가슴을 추행하고 도망갔다는 것이다.

경찰관은 며칠 후 사건 발생 장소를 방문했다. 일부 상점의 CCTV 영상은 보관 기간이 지나 확인할 수 없었다. 남아 있는 CCTV 영상을 확인하면서 원본 그대로 복제하지 않고, 경찰관의 스마트폰으로

CCTV 화면을 확대하여 촬영하였다. 피고인이 나오는 장면만 줌 기능을 이용해 촬영하여 화면 상단의 CCTV 상의 시각은 나오지 않았다. 경찰관이 제출한 영상이나 사진만으로는 피고인이 해당 장소에 있었던 시간을 확인할 수도 없게 되었다.

영상에는 피해가 발생하기 직전에 피고인과 피해자가 스쳐 지나가는 모습과 범행 후 인근을 지나가는 피고인의 모습이 있을 뿐이었다. 직접적인 범행 장면은 없었다. 피해 발생 전후에 그곳에 있었다는 이유로, 피고인은 범인으로 특정되어 기소되었다.

재판을 받는 도중, 피해자가 주장하는 피해 시간에 피고인이 인근의 다른 장소에 있었을 가능성을 확인할 필요가 있었다. 따라서 피고인이 직접 현장에 가서 피해 지점과 피고인이 있었던 다른 지점까지의 이동 시간을 확인하기로 했다.

"변호사님, 그 골목에 CCTV가 엄청 많던데요."

피고인은 사건 현장을 직접 방문한 후, 그 인근에 CCTV가 많다는 사실을 비로소 알게 되었다. 그러나 사건 발생일로부터 수개월의 시간이 지나 CCTV 영상이 남아 있지 않았다. 경찰관이 모든 CCTV를 확인해 주는 것은 아니며, 원본을 있는 그대로 잘 보관해 주지도 않는다. 따라서 사건에 휘말렸다면, 사건 현장을 방문하여 자신에게 유리한 증거를 신속하게 확보하는 것이 필요하다.

한 번은 이런 사건도 있었다.

"차 당장 빼세요. 여기 개인 주차장이에요. 주차하지 마세요."

피고인이 주차를 마치고 나오는데, 주차장 관리인이 이곳에 주차를 하면 안 된다고 하며 피고인을 잡았다. 주차장 관리인은 고령으로, 피고인이 자신을 때려서 이가 모두 흔들려 전부 교체해야 한다고 신고했다. 이로 인해 피고인은 폭행치상으로 기소되었으며, 치과 치료비는 거의 천만 원에 달했다.

피고인과 상담을 하는 중, 그는 CCTV 영상이 있으니 증거로 제출하고 싶다고 말했다. 인근 카페의 외부 CCTV 영상을 확보해 둔 것이라고 하였다. 영상을 보니, 피고인이 주차하고 가려는 순간, 갑자기 관리인이 뒤에서 그를 붙잡고 기의 헤드락을 걸며 목을 조르는 장면이 담겨 있었다. 피고인은 이러한 과격한 공격에서 벗어나기 위해 관리인의 팔을 풀려고 안간힘을 썼다. 그러던 중 피고인의 팔꿈치가 관리인의 얼굴을 치는 모습이 그대로 기록되어 있었다. 고령의 관리인이 그렇게 헤드락을 걸었을 줄이야… 결국 피고인의 행위는 정당방위로 인정되었다.

운포자와 교통사고전담

○ 정말 다친 것일까?

'다들 잘하는 것 같은데, 나는 왜 이렇게 운전이 겁이 나는 것일까?'

몇 차례 장롱면허 탈출 시도의 결말은 여러 가지 작은 사고였다. 엎친 데 덮친 격으로 2014년부터 교통사고 사건의 국선변호를 맡고 있다. 변론을 준비하면서 블랙박스 사고 영상을 계속 보게 되니, 사고에 대한 두려움은 더욱 커져만 가고 운전은 점점 멀어져만 간다. 운전에는 능숙하지 않고, 나의 튼튼한 다리는 믿음직하다.

인도에서 발생한 어느 교통사고의 피해자는 허리를 치료받았다. 은행 앞 경사진 인도에서 후진하는 승용차의 뒷범퍼에 등허리가 부딪혔다는 것이다. 그러나 도로 경사가 있다 해도 허리가 충격받는 것은 어려워 보였다. 블랙박스 영상이나 CCTV 영상이 없었기 때문에 재연영상을 제출하면 판단에 도움이 될 것 같았다.

 피고인이 운전하고, 나는 피해자의 위치에 서서 신체의 어느 부위가 충격받는지 확인해 보기로 했다.

 "조심하세요!"

 "피하세요!"

 지나가는 행인들이 사고가 나는 줄 알고 깜짝 놀라며 나에게 피하라고 소리쳤다.

 "괜찮습니다. 사건 때문에 재연하는 것입니다."

 "죄송한데, 잠시만 제 휴대폰으로 촬영을 부탁드려도 될까요?"

 삼각대 같은 장비를 준비하지 않아 낯선 이에게 도움을 요청해서 촬영을 마쳤다. 재연해 보니 무릎이 접혀 앞으로 넘어지면 몰라도 허리까지는 충격이 되지 않았다.

 이 재연 이후 피해자에 대한 증인 신문을 했다. 피해자는 기왕증은 없었다고 하며, 계속 허리를 차에 부딪혀 치료를 받았다고 증언했다. 국민건강보험공단에 문서제출명령을 신청해 피해자의 치료 이력을 확인하니, 사건 이전에 정형외과에서 허리를 치료받은 이력이 여러 차례 있었다. 결국 피해자의 상해는 인정되지 않았다.

○ 피해자를 정말 보지 못한 것일까?

 승용차 운전자가 늦은 밤 길에 누워 있는 피해자를 확인하지 못하고 충격하여 사망사고가 발생했다. 피고인은 피해자를 발견할 수 없었다고 억울해했다. 사고 당시 블랙박스 영상이 있었으나, 구형이라 해상도가 낮아 검은 화면 이외에는 거의 보이는 것이 없었다.

사고가 난 시간대에 맞춰 밤에 사건 현장에서 피고인을 만났다. 피고인이 옷가지 등을 준비했고, 그 안에 부피감을 줄 수 있도록 다른 옷으로 채워 길에 뉘어 놓았다. 운전자의 눈높이에서 길 위의 옷가지가 보이는지를 확인하기 위해, 피고인이 운전하고 나는 조수석에 앉아 운전자의 눈높이쯤으로 카메라를 들고 촬영했다.

"어, 보이긴 보이네."

"당시엔 가로수가 있었고, 지금처럼 밝은 것이 아니었습니다."

눈치 없는 것 같은 나의 혼잣말에, 피고인은 퉁명스럽게 대답했다.

이후 내가 든 카메라가 아닌, 운전 중인 그도 옷가지를 발견하였다. 현장 확인을 마치자 막차는 끊겨 있었다. 처음부터 택시를 타고 귀가할 생각이었지만, 피고인은 그 새벽에 무심히 인사조차 없이 먼저 가버렸다. 섭섭하긴 했지만, 뭔가 진실의 퍼즐을 하나 맞춘 것 같아 마음은 한결 가벼워졌다.

그날 촬영한 영상은 피고인에게 딱히 유리하지 않아 제출하지 않았다. 피고인에게 유죄가 선고되었지만, 피해자가 도로에 누워 있었던 사정 등이 참작되어 사망사고임에도 불구하고 형사 합의 없이 벌금형이 선고되었다.

○ **피할 수 있는 사고였을까?**

피해자가 새벽에 무단횡단한 사정과 수사 단계에서 유가족과 합의한 점을 고려하여, 검사가 교통사고처리특례법위반(치사) 사건에 대해 약식 기소한 사건이 있었다. 그러나 법원에서는 약식명령을 내리지 않고 정식 재판에 회부했다.

"약식 기소되어 벌금을 내려고 했는데, 정식 재판에 회부되었다고 해요. 왜 그런가요?"

"약식 판사님이 약식 명령을 내리지 않고 정식 재판에 회부한 것인데, 특별히 이유를 기재하지 않기 때문에 벌금형보다 더 중하게 처벌해야 한다는 의견인지, 아니면 무죄를 다투어 보아야 한다는 의견인지 알 수는 없어요. 보통 '무죄끼'가 있다는 이유로 정식 재판에 회부되는 경우는 거의 없다는 풍문이 있습니다."

"저는 당시 과속한 것도 없고, 특별히 법규 위반 사항도 없었어요. 갑자기 보행자가 나와서 브레이크를 밟긴 했는데… 어쨌든 결과적으로 사망하셨고, 종합 보험 처리 과정에서도 이상하게 제 과실이 많다고 나와서 형사 합의까지 마쳤어요. 재판을 받으려니 많이 불안하네요."

피고인은 정식 재판에 회부되어 벌금형보다 더 중한 처벌을 받을 가능성에 대해 크게 걱정했다. 그래서 피고인에게 국민참여재판을 진행하는 것이 어떤지 의견을 물었다.

국민참여재판으로 진행하는 경우, 대체로 하루에 진행되므로 시간적인 제약이 있다. 교통사고 같은 경우 쟁점이 간단하고, 영상이 있는 경우가 많으며, 사실관계나 법리가 이해하기 쉽다. 또 일반인들도 운전하는 경우가 많아 국민의 눈높이와 보편적 정서로 판단을 받아보는 것이 유의미하다고 보았다.

2015년 무렵 국민참여재판을 많이 경험해 보지는 않았지만 '교통사고 사건은 현 국민참여재판에 적합하다'는 생각이 들었다. 무엇보다 이 사건은 '정식 재판 회부'라는 변수 때문에 판사님보다는 배심원들에게 판단을 받는 것이 더 나을 것 같았다.

이 사건에서는 운전자가 주의의무를 위반한 '과실'이 있는지의 여부가 쟁점이 되었다. '예견할 수 있는가?(예견 가능성)', '예견하였다면 피할 수 있었는가?(회피 가능성)'를 충족하면 운전자의 과실이 인정된다. 보행자가 편도 4차로의 정지해 있는 차량 사이로 건너왔는데, 피고인은 무단횡단하는 사람을 예견하기 어려웠고, 보행자를 발견했을 당시 브레이크를 조작하더라도 사고를 피할 수 없었을 가능성이 크다는 것이 피고인 측의 입장이었다.

블랙박스 영상을 보면서 '저런 상황에선 피할 수 없지'라는 감정이 드는 것은 사실이지만, 막상 왜 피할 수 없는지 설명하기는 어렵다. 이 막연한 감정의 구체적 근거를 확인하기 위해서는 도로교통공단이나 국립과수사연구원에 교통사고 분석을 의뢰하는 절차가 필요했다. 분석 결과는 피고인에게 유리했다.

함께 국민참여재판을 진행한 변호사님과 교통사고 발생 현장을 살펴보았다. 로드뷰로 살펴볼 수 있지만, 직접 가서 보면 새롭게 눈에 들어오는 것이 있다. 인근에 횡단보도가 있으며, 무단횡단을 금하는 플라스틱 봉이 중앙선에 설치되어 있고, 보도와 차도 간에도 울타리가 설치되어 있었다. 도무지 무단횡단자가 있을 만한 환경이 아니었다. 운전자인 피고인이 무단횡단하는 사람을 예상할 수 없는 도로 환경임을 사진으로 제시해서 강조했다. 다행히 배심원 평결은 만장일치로 무죄였다.

나만 그런 것이 아니다

"6월 16일 새벽 한 시 반입니다."

영상 속에는 도로 위를 주행하는 오토바이 운전자의 헬멧이 보이고, 뒤에 탑승하여 촬영하는 사람이 현재 시각을 말하고 있다.

오토바이는 편도 4차로 도로의 1차로를 주행하고 있으며, 도로 곡선 구간에 설치된 횡단보도의 그늘막 아래에는 검은색 옷을 입은 사람이 서 있다. 가로등이 있으나 그늘막의 그림자와 검은색 옷이 비슷하여 구분이 잘되지 않는다. 검은색 옷이 나무인지 구조물인지 사람인지 식별하기 어렵다. 이 영상을 촬영한 이는 일반 국선변호사이고, 횡단보도에 검은색 옷을 입고 서 있는 이는 우리 사무실의 국선전담변호사이다.

피고인으로 만난 오토바이 운전자는 심야에 보행자 신호가 아닌 상황에서 무단횡단을 하는 사람을 충격하여 사망에 이르게 하였다. 이 사건에 일반 국선변호인이 선정되었고, 국민참여재판으로 진행되면서 국선전담변호사가 추가로 선정되어 함께 재판 준비를 한 것이다. CCTV 영상이 없어서 피고인과 두 명의 변호인이 함께 재연 영상을 촬영했다. 무단횡단 장면을 재연하는 것은 너무 위험하다. 그렇기에 피해자가 출발했던 그 지점에 변호사가 검은 옷을 입고 서 있는 것으로 대신했다.

도로교통공단에 운전자 과실과 관련하여 사실조회를 보냈지만, 낮 시간대를 기준으로 재연하여 사고 분석을 한 보고서가 제출되었다. 사건 당시와는 차이가 있고 피고인에게 유리하지 않았다. 그렇기에 부득이 심야에 이렇게 직접 촬영한 영상을 국민참여재판의 배심원에게 제시하였다. 이런 노력을 통해 변호인들은 배심원들에게 피고인이 피해자를 발견할 수 없어 사고를 피할 수 없는 상황이었다고 설득하여 무죄 평결을 이끌어 냈고, 결국 무죄 선고를 받았다.

검찰에는 「공판어벤져스」라는 모임이 있다고 어느 간담회에서 우연히 들었다. 공판검사들이 국민참여재판에서 효과적으로 업무 수행을 하는 방법을 서로 연구하고 경험을 공유한다고 한다. 그에 비해 국선변호사들은 전적으로 개인의 역량에 의지하여 재판에 임하고 있다. 그럼에도 불구하고 피고인을 위해 힘없이 있을 수 없기에 이렇게 새벽을 달리는 수고를 한다. 나만 그런 게 아니다. 모든 국선변호사들이 애쓰고 있다.

"돈 없는 사람들은 어떻게 하라는 거죠? 전문가 고용은 그림의 떡일 거예요. 곁에서 '이게 아닙니다'라고 외치며 변호해 줄 사람은 못 구하죠. 미국에서 정의는 아주 많이 비싸네요."

실제 형사 재판 과정을 담은 법정 다큐멘터리 〈계단: 아내가 죽었다〉에서 피고인이 한 말이다. 2001년 아내가 사망하여 1급 살인으로 기소되었고, 2003년에 배심 재판이 시작되었다. 그 준비 및 진행 과정에서 약 80만 달러의 비용이 들었다. 배심원은 유죄 평결을 내렸고 아이러니하게도 피고인은 비싼 대가를 치르고도 정의에 이르지 못했다. 그의 변호인은 "부스러질 정도로 충격을 받았다"고 말했다.

80만 달러, 한화로 10억이 넘는 돈을 재판에 사용할 수 있는 이는 흔치 않을 것이다. 그만큼의 상당한 대가가 지불되지 않더라도, 피고인을 위해 '이게 아닙니다'라고 외치며 그 옆에 함께 서는 일의 무게감은 상당하다. 그렇기에 대가를 지불받지 않더라도 그곳에 굳이 가보는 것 같다.

국민참여재판 이야기

36.5°C 체온이 담긴 판결

'여러분이 배심원이 되어주세요. 국민의 생각 하나하나가 담긴 판결은 따뜻한 체온으로 전해집니다. 여러분의 참여는 보편적 정서를 대변하고 재판에 대한 신뢰성을 높입니다.'

국민참여재판 홍보 포스터의 문구이다. 국민참여재판제도는 「국민의 형사재판 참여에 관한 법률」에 따라 2008년부터 실시되고 있는 제도이다. 만약 어느 날 집에 「귀하를 국민참여재판의 배심원으로 초대합니다」라는 배심원 선정 기일 통지가 온다면, 한번 참여해 보기를 권장한다. 이는 흔치 않은 경험이 될 것이다. 법원 관할에 거주하는 수십만 명의 성인 중 무작위로 선정된 약 120명에게만 통지가 이루어지기 때문이다.

국민참여재판에서는 무거운 책임감과 사명감을 지녀야 하는 판단의 자리에 일반 국민들이 앉게 되고, 이는 사법 영역에서 국민주권주의를 실현하는 방편이 된다. 배심원들은 법정에서 공방을 지켜보며 피고인의 유·무죄에 대한 평결을 직접 내리고, 유죄로 평결하는 경우 양형에 대해 재판부에 의견을 제시한다. 재판부는 이를 참고하여 선고한다.

변호사로서 배심원들 앞에서 변론을 하는 것은 진땀이 나기도 하지만, 모처럼 심장이 쿵쾅거리고 쫄깃해진다. 마치 현실의 변호사가 아니라 드라마 속 변호사가 되는 것 같다. 2024년 기준으로 세후 48만 3,500원 정도의 '국참' 수당이 입금되기도 전에 모처럼 미용실도 가고 의상도 따로 준비한다. 그러나 쇼핑은 잠깐의 기분 전환일 뿐, 준비 과정은 치열하다.

배심원들에게 무죄 추정의 원칙, 증거 재판주의, 검사의 입증 책임, 의심스러울 때는 피고인의 이익으로 한다는 형사 재판의 기본 원칙뿐 아니라 해당 사건의 사실관계 및 관련 법리, 쟁점을 명확히 설명하면서 설득해야 한다.

공판 중심주의가 온전히 구현되는 국민참여재판은 변호인이 정신을 바짝 차리고 매너리즘에서 벗어나 다시 기본과 초심으로 돌아가는 경험이다. 끙끙대며 준비할 때면 마치 머리에서 지진이 나고 김도 나는 것 같다.

〈12인의 성난 사람들〉은 1957년에 제작된 영화로, 배심원들의 평의 과정을 소재로 하고 있다. 한 소년이 과연 아버지를 죽였는지에 대한 질문이 제기된다. 처음에는 단 한 명의 배심원만 무죄 의견을 내놓는다. 미국은 만장일치를 원칙으로 하기에, 한 명이 유죄 의견으로 바꾸거나 열한 명이 무죄로 돌아서야 한다. 영화가 진행되며 결국 소년에 대한 무죄의 만장일치 평결에 도달하게 된다.

영화 속 작은 평의실은 선풍기마저 고장 났는지 작동하지 않고, 배심원들의 상의는 땀에 다 젖는다. 그 숨이 막힐 것 같은 덥고 답답한 방에서는 결론이 나기 전에 나갈 수 없다. 어쩌면 그 상황은 형사 절차 속에 있던 이들의 깊은 고뇌와 닮아 있다.

마지막 지푸라기라도 잡고 싶은 피고인의 절박함, 검투사들의 승부처럼 치열한 검사와 변호인의 공방, 그리고 배심원들의 집중된 이목이 국민참여재판 법정의 온도를 높인다.

왜 하필 그는 미니 원피스를 끌어당겨서
: 나의 첫 국민참여재판

"『더 시크릿』 책 읽어보셨어요? 저는 끌어당김의 법칙을 적용한 것입니다."

지하철에서 몸매가 드러나는 미니 원피스를 입은 여성을 동의 없이 촬영하여 약식명령으로 벌금에 처해진 피고인이 나에게 한 말이다. 『더 시크릿』에는 자신이 구하는 것을 구체적으로 이미지화하여 마치 현실인 것처럼 믿고 긍정적으로 살면 그 원하는 것이 실제로 이루어진다고 적혀 있다.

이성 교제와 결혼을 원했던 그는 이상적인 배우자의 모습을 심상화하기 위해 이상형에 가까운 여성들의 사진을 촬영하였다. 실제로 수사기관에 압수되어 있는 그의 휴대폰을 확인하니, 평소 끌어당김의 법칙을 실천하면서 작성한 노트가 있었다. 이상적인 배우자와 한집에 살면서 식사하는 장면 등 아직 실현되지 않은 상황을 실현된 것처럼 상상하며 그때의 기분과 감사함을 적어두고 있었다.

그런데 그가 실제로 책에서 제시한 것과 같이 끌어당김의 법칙을 자신의 이상적인 배우자에 적용하며 시각화 도구인 비전보드를 만들기 위해 사진을 찍었다고 한들, 그렇다고 해서 성적 욕망 또는 수치심을 유발할 수 있는 타인의 신체를 당사자의 의사에 반하여 촬영할 고의가 없었다고 할 수 있을까? 나는 왠지 몰카범의 의뭉스러운 변명 같다는 생각이 들었다.

카메라나 그 밖에 이와 유사한 기능을 갖춘 기계장치를 이용하여 성적 욕망 또는 수치심을 불러일으킬 수 있는 사람의 신체를 대상자의 의사에 반하여 촬영한 자는 〈성폭력 처벌 등에 관한 특례법〉 제14조에 의해 처벌된다. 가슴, 성기, 치마 속 등을 촬영하는 경우 당연히 처벌된다. 치마 밑으로 드러난 허벅다리 부분을 촬영한 경우도 유죄로 인정된다.

이 사건에서는 다리를 꼬고 지하철에 앉아 있는 여성의 전신이 촬영되었으나, 치마 길이가 짧아 허벅지 부분이 상당히 드러나 보였다. 특정 부위를 확대하여 편집하는 경우, 기존 판례와 유사한 형태의 사진이 제작 가능해 보였다.

당연히 피해 여성의 입장에서는 불안하고 불쾌한 일이다. 그럼에도 그가 촬영한 사진 속 여성의 모습은 현재 우리 문화에서 쉽게 접할 수 있는 모습이다. 동의 없이 촬영한 행위가 초상권 위반이 아니라 반드시 성범죄로 처벌을 받아야 하는지 의문이 들었다.

'성적 욕망 또는 성적 수치심'의 개념은 동시대 평균 일반인의 입장에서 확인되어야 하는 개념이기에 국민참여재판으로 진행하면 의미가 있을 것 같았다. 그러나 마음 한편에는, 이런 피고인을 위해 '굳이 벌금보다 훨씬 더 많은 세금을 사용하여 국민참여재판을 해야 하나?'라는 회의가 느껴졌다.

그러나 성범죄자로 처벌되는 것은 피고인에게 벌금액 이상의 큰 낙인이 된다. 이런 방식으로 사진을 촬영하는 사람이 피고인만은 아닐 것 같았다.

변론의 요지는 「이 정도 미니 원피스 차림은 일상적인 차림으로 성적 욕망 또는 수치심을 유발하는 신체라고 보기는 어렵다」라는 것으로 단순하다. 그러나 설득의 과정을 구축해야 하므로 각종 자료를 찾고 정리하는 데 상당한 시간이 들었다.

궁리 끝에 배심원들의 이해를 돕기 위해 신체 일부 부각 여부가 다르고 노출 정도가 다른 사진 이미지들을 단계별로 한눈에 볼 수 있게 정리하였다. 그리고 「찌는 더위 초미니 스커트 강세」, 「불경기 여름보다 짧아진 미니스커트」라는 제목의 신문 기사에 포함된 사진을 제시하며, 피고인이 촬영한 사진과 유사한 사진들이 언론 보도에서 특별히 문제의식 없이 제공되고 있으며, 일반인들도 쉽게 접한다는 주장을 뒷받침하였다.

법에서는 '성적 욕망 또는 수치심을 불러일으킬 수 있는 사람의 신체'라고만 명시되어 있을 뿐, 구체적으로 신체의 어느 부위를 한정하지 않기 때문에 자칫 확대 적용될 가능성이 있다. 외국 입법례[11]를 찾아

---

11 미국의 비디오관음방지법(Video Voyeurism Prevention Act)은 개인이 사생활을 보호받을 만한 합리적인 기대가 있는 상황에서 고의로, 그리고 피촬영자의 동의 없이 개인의 사적인 영역(나체, 속옷 입은 성기, 음부, 엉덩이, 유륜 부분이 드러난 여성 가슴)을 촬영한 경우를 처벌하고 있다. 영국은 성범죄법(Sexual Offences Act)에서 관음행위를 규정하고 처벌하는데, 관음행위란 성적 만족을 얻을 목적으로 동의 없이 다른 사람의 개인적인 행위를 지켜보고 촬영하는 것으로 정의되며, 개인적인 행위란 프라이버시가 제공된다고 합리

보니, 프라이버시가 보호될 만한 상황에서 이런 기대를 침범하여 나체, 속옷을 입은 성기, 유륜이 드러난 가슴 등을 촬영하는 것은 처벌된다고 되어 있었다.

외국 입법례와 함께 몰래 치마 속을 촬영하거나 화장실이나 목욕탕에서 벗은 신체를 촬영한 범죄 사실에 대한 판결문을 준비했다. 그런 상황이 아닌 이 사안까지 처벌할 경우 부당하게 형사 처벌 영역이 확대될 우려가 있다는 취지였다.

7명의 배심원 중 5명이 무죄 의견을 내었고, 재판부도 이 배심원 평결을 존중하여 무죄를 선고하였다.「공공장소에서 비춰지는 모습을 그대로 촬영한 것으로 특별히 허벅지나 다리 부분을 부각시킨 것은 아니며, 전신을 대상으로 한 것이고, 짧은 원피스라고 하더라도 같은 연령대 여성의 통상적인 정도를 넘어서는 과도한 노출이 아니고, 소형 파우치로 일부 허벅지를 가리고 자연스럽게 앉은 여성의 모습이며, 피고인은 자신의 반려자도 유사한 모습이기를 희망하는 모습에서 전체적인 모습을 촬영한 것으로 볼 수 있다」는 무죄 이유가 판결에 담겨 있다. 소형 파우치로 허벅지를 가렸다는 것은 변호인으로 주장하지 않았던 부분인데, 배심원들이 그런 세부사항까지 살펴준 것에 놀라웠다.

미니스커트뿐 아니라 스키니진, 레깅스 차림의 여성을 촬영하여 처벌되는 사례가 있다. 이러한 옷차림에서도 전신을 먼 거리에서 찍었는지, 특정 부위를 부각하였는지 등이 처벌 여부에서 중요한 요소가 된다.

....

적으로 기대할 수 있는 상황에서 성기, 엉덩이, 가슴을 노출하거나 속옷만 입고 있는 사람, 화장실을 사용하는 사람의 행위라고 규정하고 있다.

무죄를 받았지만 그와 함께할 안도나 축하는 없었다.

"이 사건에서 무죄를 받았더라도, 동의 없이 촬영된 사진은 문제가 되니 더 이상 촬영하지 마세요."

재판 후 헤어지면서 나는 냉정하게 다시 경고했다. 변호인으로서 직업적으로 법의 테두리 안에서 피고인을 위해 성실히 변호하지만, 피해를 입은 피해자를 헤아리는 마음이 없는 것은 아니다. 이 사건에서 무죄를 받았다고 해서 내가 몰카범과 같은 편이거나, 몰카를 옹호하는 것은 아니다. 그저 나의 변호라는 것이 유죄를 무죄로 만드는 것이 아니라, 무죄를 무죄로, 유죄에 대해 가장 적절한 책임을 묻는 데 도움이 되기를 바랄 뿐이다.

이런 행위도 추행일 수 있다니
: 아슬아슬 4:3, 어쩌면 마지막 무죄 평결

초등학교 1학년 여아가 학원을 가기 위해 친구와 함께 엘리베이터를 탔다. 70세가 넘은 노인이 사무실을 방문하기 위해 그 엘리베이터에 탔다. 그 안에서 사건이 발생했다. 노인은 피고인이 되었고 여아는 피해자가 되었다.

피고인은 피해자의 뒷목과 귀 부분을 양손으로 감싸 끌어당기며 "맘마 먹었어"라고 말하고 손으로 피해자의 머리를 쓰다듬어 추행하였다는 공소사실로 성폭력범죄처벌등에관한특례법 위반(13세 미만 강제추행)으로 기소되었다. 피고인은 억울하다며 강하게 국민참여재판을 희망하였다.

엘리베이터 안에 CCTV가 있었고 다행히 그 영상이 보존되었다. 공소사실에는 '끌어당겨 안았다'고 되어 있으나 영상을 확인해 보니 피고인의 팔이 살짝 굽혀지는 정도이고 몸이 밀착되지는 않았다. 꼭 끌어안은 것이 아니라 어정쩡한 자세였기에 그나마 다행이었다.

'뒷목과 귀'를 '끌어당겨 안았다'는 공소사실의 표현이 성적으로 민감한 부위를 추행한 것으로 해석될 우려가 있었다. 우선, 피고인이 피해지를 꽉 안지 않았다는 점을 강조하기 위해 아들과 내가 끌어안는 정도가 다른 여러 단계를 연출하여 촬영하고 배심원들에게 보여주었다. 또 피해 학생은 어깨까지 내려오는 긴 머리 스타일을 하고 있어 유사한 헤어스타일의 이미지를 찾아 제시하며 피고인이 뒷목 피부를 만지지 않았음을 설명했다. 엘리베이터에서 발생한 다른 추행 사건의 뉴스 영상도 재생하여 이 사건과 비교할 수 있도록 했다.

피고인이 요청하여 피고인 신문을 진행하였다. 피고인은 고령이었고, 그가 가진 성적 관념과 현재 시대의 성적 관념은 많이 달라져 있다. 그런데 이에 대해 피고인은 세심한 고려 없이 평소 생각대로 답변하기 시작했다. 자기주장이 강한 피고인의 말에 인상을 쓰거나 표정이 굳는 배심원들이 많아 걱정되었다.

배심원들의 의견은 무죄 4명, 유죄 3명으로 아슬아슬하게 무죄 의견이 1명 더 많았다. 「피고인이 피해자의 맨살을 만진 것은 아니며, 피고인이 피해자의 귀를 잡았는지 여부도 명확히 확인되지 않았다. 또한 피고인이 피해자를 자신의 몸에 밀착할 정도로 힘껏 끌어안은 것도 아니었다. 피고인이 접촉한 피해자의 머리 부분(뒷목, 뒤통수, 귀 부분)이 사회 통념상 성적으로 민감한 신체 부위라고 단정하기 어렵고, 피해자가 당황하고 놀랐다는 진술은 피고인이 갑자기 피해자를 안고 머리를 쓰다듬어 불쾌하고 무서웠다는 취지로 해석될 수 있다. 따라서 피해자가 피고인의 행위로 성적 수치심이나 혐오감을 느꼈다고 단정할 수 없다」는 내용이 무죄의 이유로 제시되었다.

함께 재판에 참여한 이 변호사님은 4:3의 배심원 평결을 받으면서 아동의 성적 정체성과 가치관 형성을 보호하려는 일반인의 인식 변화를 체감하였고, 몇 년이 지나면 유사한 사안에서 국민참여재판으로 무죄를 장담할 수는 없겠다고 말했다. 나도 어쩌면 이와 유사한 사안에서 마지막 무죄 판결이 될 수도 있을 것이라는 생각을 했다.

"아빠, 모르는 아이들을 귀엽다고 쓰다듬거나 가까이 가면 절대 안 돼요."

재판이 끝난 후, 이 변호사님은 아버지께 신신당부를 했다고 한다.

최근에는 대화 도중 상대방이 가려고 하자 이야기를 다 듣고 가라고 손목을 잡은 행위도 강제추행으로 인정되었다. 차라리 물리력을 행사했다고 하여 폭행죄를 묻는다면 이해할 수 있겠지만, '강제추행죄'는 지나친 형벌이 아닌가 싶다. 이렇게 강제추행을 폭넓게 인정하면 피해자가 성적 수치심을 느낄 상황이라고 볼 수 없는 경우에도 부주의한 신체 접촉으로 인해 성범죄자가 되는 사람이 증가할 수 있어 우려가 된다.

국민참여재판을 희망하는 이와 반대하는 이

「성범죄자들, 국민참여재판 가면 절반이 무죄 났다」

국민참여재판 제도가 성범죄자들에게 악용되고 있다는 인상을 주는 제목의 신문 기사가 많다. 2008년부터 2020년까지 국민참여재판에서 강도 사건의 무죄율은 8.0%, 상해 사건의 무죄율은 6.2%인 반면, 성범죄 사건의 무죄율은 21.9%에 달한다. 성범죄 사건에서 배심원이 무죄 평결을 내렸음에도 불구하고 재판부가 유죄 평결을 내린 경우의 비율은 14.2%로, 평균 6.5%에 비해 2배 이상 높은 수치를 보이고 있다.

'살인, 강도, 상해 사건에 비해 성범죄 사건의 무죄율이 높고 평결과 선고의 불일치율이 높은 원인이 무엇일까?'

배심원이 잘못된 성 고정관념(Gender Stereotyping)이나 기존의 통념에 따라 판단한다는 문제점이 그 원인이라고 지적된다. 성범죄 피고인의 입장에서는 객관적 증거가 없어 유죄가 명백하지 않고 억울한 사정이 충분히 있을 수 있다. 그러나 통상 재판을 받으면 유죄 가능성이 크기 때문에, 피고인은 마지막 선택지로 국민참여재판을 희망하는 것이다. 이는 법원의 「성인지 감수성」과는 다른 일반 국민의 기존 통념에 기대를 걸어보는 것이다.

★★

채팅으로 알게 된 여성이 자신의 컴퓨터를 고쳐달라고 하여 피고인이 여성의 집으로 가게 되었다. 수리를 마친 후에는 여성의 집에서 같이 식사를 하였다. 피고인이 집에 가려고 하니 여성이 "벌써 가냐"고 하여 더 머무르게 되었다. 시간이 지나 피곤한지 여성은 침대에 누웠고, 피고인에게 "옆에 누워도 돼"라고 하였다. 피고인은 옆에 누워 있다가 어느 순간 스킨십을 하게 되었고, 거부가 없어서 성관계까지 시도하였다. 그런데 여성이 갑자기 "너 뭐 하는 거야"라고 하였다. 피고인은 놀라서 바지도 채 다 입지 않은 상태에서 뛰쳐나왔고, 여성은 바로 경찰에 신고하였다.

일반인들, 심지어 나조차도 피고인과 마찬가지로 '밤에 더 있다가 가라고 하고 옆에 누우라고 하며 스킨십도 거부하지 않았다면, 성관계에 묵시적인 동의가 있는 것 아닌가'라고 생각하기 쉽다. 그러나 피해자는 피곤하면 누워서 잠시 쉬라는 것이었고, 스킨십을 거부하지 않은 것은 잠시 잠들었거나 순간적으로 당황해서 그런 것이고, 스킨십이나 성관계에 동의한 사실이 없다고 했다. 법원은 피해자의 진술을 존중하고 받아들였다. 이처럼 피고인과 피해자, 일반인과 법원 사이에는 성범죄에 대한 미묘한 간극이 있는 것 같다.

사실 이러한 간극에 마지막 희망이라도 걸고 싶어 피고인이나 그 변호인이 국민참여재판을 신청할 수 있으나, 성범죄 피해자 또는 법정대리인이 국민참여재판을 원하지 않는 경우 법원은 배제 결정을 내려 통상 재판으로 진행할 수 있다.

피고인이 부인하면 통상 피해자가 증인으로 법정에 나와야 하고, 증인신문 과정에서 2차 피해를 입을 우려가 있기에 이런 규정을 두었지만, 현재 형사 절차에서는 다양한 피해자 보호 장치가 마련되어 있다. 가명 사용, 비디오 등 중계 장치에 의한 신문, 차폐 시설 설치, 신뢰 관계가 있는 자의 동석, 심리 비공개 등을 통하여 피해자의 신상 등을 보호한다. 영상 신문을 하는 경우 피해자는 별도의 공간에 신뢰관계인과 함께 있다. 최근에는 피해자가 얼굴을 보이는 것도 싫다고 해서 화면을 등지고 증언한 적도 있다. 그렇게 뒷모습만 화면에 나옴에도 피고인은 차폐 시설 뒤에 있었다. 이중 삼중으로 피해자 노출을 막고 있다.

　피해자가 법정에 나와서 증언하는 것이 부담스러울 수 있다. 피고인 측에서 피해자의 수사기관 진술에 모두 동의하여 굳이 피해자에 대한 반대신문을 하지 않겠다고 해도, 피해자는 자신의 사건이 배심원들에게 알려지는 것도 싫고 자살 충동을 느낀다는 의견서를 제출해 국민참여재판이 배제되기도 한다. 사실상 성범죄의 경우 피해자가 반대하면 국민참여재판은 거의 이루어질 수 없다.

국선전담의 하드캐리

　"변호인도 잘 알지 못해 추가로 공부를 해야 하고, 배심원 앞에서 주장을 펼친다는 것이 굉장히 부담스럽다."

　이는 사선변호인들이 형사사건에서 국민참여재판을 신청하지 않는 주된 이유이다. 이외에도 국민참여재판의 공판기일이 언제 열릴지, 선고는 언제쯤 나게 될지 등 기일 예측성이 떨어지고, 재판부가 배제 결정을 하는 경우도 많아 선뜻 피고인에게 권유하기 힘들어 신청하지 않는다고 한다.

　2022년까지 실시된 국민참여재판의 80%에서 국선전담변호사가 변호를 하였다. 2008년부터 2022년까지 국민참여재판이 실시된 2,894건 중 2,189건(75.7%)에서 국선변호인이 선정되었으며, 국선전담변호사가 1인이라도 선정된 사건은 1,740건(79.5%)이다.

　국선전담변호사의 경우 국민참여재판을 하면 30~50만 원의 추가 수당과 사건 배당 시 3건의 가중치를 부여해 준다. 하지만 매월 20건

이상의 사건을 받는데 3건을 빼준다고 하여 업무 경감이 느껴지지 않는다. 또 국민참여재판의 업무량에 비해 너무나 적은 수당은 어떤 유인도 되지 않는다.

그럼에도 피고인이 희망하는 경우 국민참여재판을 해야 하기도 한다. 한두 번은 경험 삼아 할 수 있고 국민참여재판에 적합하다고 생각하는 사건에 대해 권유하기도 하기만, 그 이외에는 의무감으로 할 수밖에 없다. 사선변호인들이 외면하는 국민참여재판을 국선전담변호사들이 열정과 의무감으로 하드캐리하고 있는 상황이라고 해도 과언이 아니다.

감옥의 안과 밖

구치소에 소년이 있었다

한 소년의 형사 재판이 진행되었다. 소년보호사건이 아닌 일반 형사 재판 절차로 진행되어, 소년은 소년분류심사원이나 소년 교도소 대신 구치소에 수용되었다. 앳된 얼굴, 왜소한 체구에 도무지 어울리지 않는 죄수복을 입은 소년을 변호인 접견실에서 처음 만났다. 수형 번호와 함께 이름이 불리더니 내 쪽으로 걸어 나오는 소년을 보고 나는 안절부절못하였다. '저런 소년이 구치소에서 성인들과 한 방에서 생활하다니, 이래도 되는 것인가?'

내 앞에 앉아 차분히 답변하고 질문하는 소년의 눈망울은 반짝이고 있었다. 태연한 교도관들과 달리, 나는 이 상황이 아찔했다. 무엇인가 해야 할 것 같아 여기저기 알아보고 검색도 해보았지만, 뾰족한 해결책은 찾을 수 없었다.[12] 나는 출구 없는 미로 속에서 오래 헤맸다.

이 소년의 어머니는 나와 비슷한 나이였다. 나도 아들을 키우는 입장이라 도무지 남의 일 같지가 않았다. 교도소 담장 위는 일부 정치인들이나 기업인들만 걷는 것이 아니었다. 인터넷으로 연결된 세상에서는 아이의 닫힌 방 안에서도, 교도소 담장 위를 걸을 아슬아슬한 일들이 일어나고 있다는 것을 이 사건을 통해 알게 됐다. 사건의 피해자들을 떠올리면 그들이 겪을 고통에 가슴이 아팠고, 소년을 떠올리면 속절없이 인생의 기회를 잃은 것 같아 망연자실했다.

★★

재판 확정까지 3년이 소요되었다. 고등학교 입학을 앞두고 갑자기 구속된 소년은 학생 시기를 구치소에서 보낸 셈이다.[13] 소년의 1심 재판이 끝난 후, 나는 더 이상 변호인이 아니었지만 소년과 편지를 주고받고 접견도 갔다.

사춘기 아들에게 말을 거는 것처럼 조심스럽게, 나는 내가 그 시기에 보던 드라마 이야기를 꺼내며 소년에게 말을 걸었다. 소년은 그런 이야기에도 예의 바르게 호응해 주었고, 자신이 인상 깊게 본 드라마에 대해서도 이야기했다. 나는 소년의 드라마 취향을 칭찬하며, 그 드라마의 포토에세이북을 보내주기도 했다. 갇혀 있는 소년에게 조금이라도

---

12 소년법 제11조는 소년 수형자를 소년 교도소에 구분하여 수용하도록 하고 있다. 형의 집행 및 수용자의 처우에 관한 법률 시행규칙 제59조의3(수용 거실)에서는 「① 소년 수형자 전담 교정시설이 아닌 교정시설에서는 소년 수용자를 수용하기 위해 별도의 거실을 지정하여 운영할 수 있다」고 규정하고 있어, 이는 의무 사항이 아니다.

13 당시에는 없었지만, 2023년 3월부터 서울남부교도소에 만델라 소년학교가 운영 중이다. 이곳은 15세에서 17세 소년을 위한 진단 교정 시설로, 학업을 계속할 수 있는 환경이 조성되어 있다.

숨통이 트이길 바라며, 피식 한 번의 웃음이라도 주기를 바라는 마음이었다. 그리고 그 드라마 속 장면들처럼 소년의 인생에도 행복하고 평범한 순간들이 있기를 바랐다.

그러던 어느 날, 소년은 나를 알아보지 못했다. 통상의 피고인보다 적지 않은 기간 동안 교류해 온 한 소년이, 멍한 눈빛으로 영문을 모르겠다는 표정을 지으며 내 앞에 앉아 있었다. 머리가 하얗게 되는 충격이었다.

그의 어머니와 함께 알아본 결과, 소년은 구치소에서 약을 복용하기 시작했고, 그 약의 이름을 검색해 보니 조현병 치료제였다. 제대로 된 진단과 치료를 위해 소년범으로 선고받은 단기형 형기를 복역하고 출소할 수 있는지 알아보니, 단기형의 가능성은 거의 없었다. 소년을 제대로 변호하지 못해 이렇게 구치소에 있게 하고, 중형을 선고받았다는 죄책감마저 들었다.

구치소 밖, 여전히 상처받은 피해자들

처음 상담할 때, 소년의 어머니는 사선변호인 선임을 검토한다고 하였다. 이 소년 사건에서 소년만큼이나 피해자들에 대한 마음도 쓰였다. 그래서 나는 변호인을 선임할 돈이 있다면, 피해 회복에 사용하는 것도 의미가 있다고 조언했다.

한순간의 범죄로 피해를 입은 당사자와 그 가족들은 범죄 이전의 삶으로 돌아가기 힘들다. 피해자나 그 가족들이 피고인의 엄벌을 바라며 재판 진행 과정을 놓치지 않기 위해 법정 방청석에 앉아 있는 경우가 있다.

"어떻게 저런 사람을 변호할 수 있습니까!"

이렇게 외치는 피해자의 마음을 알기에 마치 돌팔매를 맞을 죄인처럼 고개를 숙이고 조심스럽게 법정을 빠져나간다.

형사 공판 절차에서는 형벌권을 행사하고자 기소한 검사와 이를 방어하는 피고인이 대립하며, 판사가 판단을 내린다. 피고인은 판단자인 판사에게 반성문을 제출하고, 용서를 구한다고 진술한다. 그러나 피고인이 피해자에게 직접 사과하거나 용서를 구할 기회는 대체로 주어지지 않는다. 오히려 직접 대면할 경우 또 다른 피해가 발생할 수 있으므로, 피고인이 직접 찾아가거나 편지, 전화 등으로 연락하는 것을 자제하거나 금지한다. 또 피해자의 연락처 등은 〈개인정보 보호법〉에 의해 제공되지 않기에, 피고인과 피해자가 모르는 사이인 경우 연락을 할 수도 없다.

이런 영문을 모르는 피해자들은 "피해를 입히고도 어떻게 지금까지 미안하다는 말 한마디 없고, 용서를 구하지를 않는가? 왜 법정에서만 미안한 척하느냐?"며 분노한다. 그리고 피해자들은 재판부에 피고인의 엄벌을 구하는 탄원서를 제출하기도 한다.

피고인의 변호인은 피고인과 입장을 같이하기 때문에 피해자와 대립되는 위치에 있다고 여겨진다. 그러나 사건의 증거기록에는 피해자들의 진술이 포함되어 있으므로, 변호인은 피해자들의 사정도 어느 정도 파악할 수 있다. 그렇기에 대부분의 변호인은 피고인에게 피해 회복을 위해 노력할 것을 강하게 권고한다.

피고인이 자신의 범행을 인정하고 피해 회복을 원하며 합의금을 마련할 수 있는 경우, 법원을 통해 피해자들의 개인정보 제공 동의가 확인되면 변호인은 피고인과 피해자 간의 합의를 중재하는 역할을 한다. 현행 형사 재판에서는 회복적 사법 프로그램[14]이 따로 없어 변호인이 합의 시도를 통해 그 역할을 대신하고 있는 것 같다.

'피고인은 피해자와 원만히 합의하였습니다.'

이 한 문장은 합의서의 핵심이 된다. 이 문장에 이르기까지 많은 우여곡절을 겪는다. 그러나 변호인의 중재로 피고인이 피해자에게 금전적 배상을 하고 합의가 성사되면, 피해자를 홀로 내버려 두지 않았다는 작은 안도감을 느낀다. 법원에 합의서를 제출하러 가는 길의 발걸음은 그 어느 때보다 가볍다.

소년과 삼촌

내 변호의 시간은 끝났으나 소년의 재판이 계속되던 그 긴 시간, 어느 때쯤 소년이 갑자기 나에게 자수 방법에 관해 서신으로 물었다. 그 서신에서 자수라는 말과 함께 새롭게 등장한 말은 삼촌이었다. 구치소 내 봉사원[15]을, 소년은 삼촌이라는 말로 친근하게 부르고 있었다. 나는

....

14 가해자와 피해자 간의 화해를 모색하는 논의가 이루어지고 있으며, 경찰 단계에서는 2019년부터 〈회복적 대화모임〉이, 검찰 단계에서는 2006년부터 〈형사조정제도〉가 시행되고 있다.
15 소년 미결수용자를 위한 구치소가 없어서 일부 구치소에는 '소년방'이 마련되어 있다. 소년방에 보통 4-5명의 소년과 2명 정도의 어른이 함께 지내며, 이 소년방을 관리하는 어른을 봉사원이라고 한다.

속상한 마음이 드는 동시에 걱정이 되었다.

회사를 운영하다가 사기죄로 수용 중인 삼촌은 소년에게 모든 죄에 관해 자수하여 처벌을 받으면 나중에 채용해 주겠다고 했다. 그 말을 들은 소년은 예전에 해킹한 사실을 자수하고 싶다고 했다. 피해 신고도 없고 이제와 증거도 찾을 수 없는 상황인데, 갑자기 모든 죄를 자복해야 하는 것처럼 다급해 보였다. 방에서 삼촌과 소년은 많은 이야기를 나누었고, 그로 인해 미치는 영향이 컸을 것이다.

삼촌은 보석으로 잠시 출소했다가 실형 선고로 다시 구속되었다. 그런데 그때부터 삼촌은 소년의 샤프 소리가 너무 크다며 트집을 잡기 시작했다. 소년은 접견을 간 나에게 힘들다는 말을 했다. 해가 넘도록 소년을 지켜보아 왔지만, 소년에게서 힘들다는 말을 들은 것은 처음이었다.

그러던 어느 날, 소년으로부터 징벌방에 있었다는 편지가 왔다. 삼촌에게 욕설을 해서 징벌을 받은 것이었다. 소년은 누군가 자신을 비웃는 웃음소리가 계속 들린다고 말했다. 진단과 치료 방법을 찾기 위한 노력은 성과를 거두지 못했다. 결국, 소년은 형이 확정되어 김천소년교도소[16]로 보내졌다.

"딸기와 몽쉘을 먹어서 좋았다고 하더군요."

접견을 다녀온 소년의 어머니가 그의 안부를 전해 주었다. 이전 구

---

16   우리나라의 소년교도소는 김천에 단 하나 있지만, 2023년 4월 기준으로 소년 수형자는 단 5%에 불과하고 성인이 95%에 이르기 때문에 소년 전담 교정 시설의 기능을 하고 있다고 보기는 어렵다. 〈소년 수형자의 교화 및 개신에 관한 연구〉 이찬미

치소에서는 딸기와 몽쉘이 구매 목록에 없었던 것 같다. 새로운 먹거리에 그가 기뻐했다는 이야기는 그가 많은 제약 속에서 살고 있다는 것을 의미하는 듯해 마음이 아팠다.

나의 피노키오들

이 사건이 아직도 넘넘해지지 않는 이유는 소년과 나의 아들이 분리되지 않기 때문이라는 생각이 든다. 소년에게는 아들 같은 마음이 들었고, 아들에게는 소년 같은 마음이 들었다. 아들이 소년과 같은 상황에 처하지 않도록 해야겠다고 다짐했으며, 소년을 볼 때마다 나의 아들이 이 자리에 앉아 있을 수도 있다고 여기며 소년을 위한 최선이 무엇일지 고민했다.

이 사건 이후로 아들이 스마트폰을 들고 있는 것만으로도 불안해졌다. 그래서 스마트폰, 태블릿, 노트북, 데스크탑 등 인터넷에 연결되는 모든 기기의 사용 시간을 제한하고 내용을 확인했다. 아들은 다른 엄마들보다 극성인 나를 이해하지 못했다.

중학교 입학 이후 각종 공지사항이 카카오톡으로 전달되고, 과목별로 오픈 채팅이 생기기도 했다. 이로 인해 휴대폰 관리 애플리케이션에서 자녀의 오픈 채팅 기능을 열어주어야 했다. 오픈 채팅에서 발생하는 사건이 얼마나 많은지 알기에 학교 선생님께 말씀드려 보았지만, 별다른 대책은 없었다. 〈알리미〉 애플리케이션처럼 학교에서 학생들이 사용하는 채팅 애플리케이션이 별도로 개발되어 사용되면 좋겠다.

"전 제 아이들이 걱정됩니다. 그쪽에 아이가 있다면 그 아이도 걱정이 되죠. 저는 제가 가진 지식과 경험으로 무장하고 아이들과 싸우고 있습니다. 스마트폰과 컴퓨터 사용 시간을 놓고 말이죠. 아이들에게 쾌락과 고통의 균형, 도파민 부족 상태, 그리고 중독의 위험에 대해 매일 이야기하고 있습니다."

〈소셜 딜레마〉라는 다큐멘터리에서 스탠퍼드 대학 중독의학과의 안나 렘브케(Anna Lembke) 박사가 한 말이다. 나는 그녀의 말에 전적으로 동의한다.

★★

소년은 컴퓨터를 잘하는 아이였다. 생활기록부에는 '컴퓨터를 활용한 발표를 잘함'이라고 기재되어 있었고, 장래 희망은 화이트 해커와 보안 전문가였다. 부모는 컴퓨터를 잘하는 아들이 컴퓨터 앞에 있을 때 기뻐하고, 그가 잘하는 일을 하기를 바랐을 것이다. 그러나 소년은 혼자 집에서 타인의 컴퓨터를 좀비 PC로 만들어 코인 채굴을 하고, 디도스 공격을 하기도 했다. 두 번이나 수사 대상이 되었지만 한 번은 형사 미성년자라 아무런 처분을 받지 않았고, 다른 한 번은 수사가 지연되었다. 왜 이런 행동을 하는지 주목하며 필요한 도움을 주는 이는 아무도 없었다. 골든타임을 놓친 것이다.

어릴 적 내가 자란 시골의 작은 동네에서는 사고를 친다 해도 여파가 그 동네를 벗어나지 않았다. 하지만 지금은 작은 방구석에서도 전국적이고 전 세계적인 사고를 칠 수 있다. 복사와 붙여넣기, 클릭만으로도 범죄를 저지를 수 있으며, 돌이킬 수 없는 큰 피해를 발생시킬 수 있는 환경이다.

소년은 무법지대와 같은 다크웹과 텔레그램에서 활발히 활동하다가 다시 무법자들이 가득한 감옥에 갇혔다. 그가 접한 세상은 처음부터 지금까지 무법지대나 마찬가지다. 그에게 필요한 상담과 교육은 언제 받을 수 있을까?

컴퓨터 앞에서 9년 이상의 시간을 보낸 소년이 그 화면 너머의 진짜 세계에 있는 피해자들의 고통과 아픔을 공감하며 정상적이고 건전한 사고를 하기는 힘들었을 것이다. 아동·청소년은 아직 온전한 자기 결정권을 행사하기 어려운 미숙한 측면이 있다. 국가와 사회가 부담하는 보호 의무는 피해자 지위에 있는 아동·청소년에 국한되지 않는다. 가해자 지위에 있는 아동·청소년에게도 그 보호 의무는 적용된다. 그리고 가해자의 지위에 있는 아동·청소년이 중한 범죄를 저질렀다고 해도 이 보호 의무는 쉽게 포기되어서는 안 된다. 나는 이 소년이 그저 컴퓨터를 잘하는 평범한 아이처럼 여겨졌지, 타인의 권리를 무자비하게 짓밟는 악인처럼은 느껴지지 않았다.

만약 소년에 대해 형사 재판이 아닌 소년보호사건이 진행되었다면, 가정법원에서 2년 이내로 장기소년원 송치가 내려졌을 것이다. 소년원은 울타리 밖으로 나가지 못하는 기숙사 학교와 유사하다. 그곳에는 잠을 자는 숙소, 교실, 운동장이 따로 마련되어 있다.

반면, 구치소에서는 수년간 작은 방 안에서 성인들과 함께 잠을 자고 식사까지 한다. 하루에 단 30분의 운동 시간에만 방을 나갈 수 있다. 청소년이 온전한 정신을 유지하지 못할 정도로 극심한 스트레스를 감내해야 하는 상황이 자유형이라는 형벌에서 예정된 것인지 의문이다.

피노키오처럼 시행착오를 겪으며 자라야 할 나의 아들들과 이 시대의 모든 아이들이 제페토 할아버지처럼 좋은 어른을 만날 수 있기를 바란다. 인생의 고비마다, 잘못된 길을 갈 때마다 푸른 머리 요정의 도움과 작은 기적이 있기를 간절히 소망한다.

이제 성년이 되어버렸지만, 언제나 외로웠고 성장의 기회를 제대로 가져보지 못한 이 소년이 부디 고래 뱃속 같은 감옥에 오래 갇혀 있지 않기를, 그리고 그 고래 뱃속에서도 좋은 이들을 만나 적절한 때에 필요한 도움을 얻을 수 있기를 기도한다.

마음 쓰이는 이들

「피고인이 석방될 경우 피고인의 요청이 있으면 피고인이 취업 등을 위하여 필요한 정보를 얻을 수 있는 방법을 제공하도록 노력하여야 한다.」

이는 〈국선전담변호사 업무준칙〉 제12조 제5항의 내용이다. 국선전담변호사로 위촉될 때 법원이 제공하는 업무준칙인데, '아, 이런 노력까지?'라는 생각이 든다. '만약 실제로 피고인이 찾아오면 주민센터를 방문하거나 보건복지상담센터(129)를 통해 긴급복지 생계 지원금을 신청하고, 주거 지원이나 일자리 상담을 하라고 안내하면 될까?' 하며 혼자 마음의 준비를 해본다. 굳이 이런 준칙에 의하지 않더라도, 나를 찾아오지 않더라도, 구치소에서 출소한 후의 삶이 걱정되는 사람들이 적지 않다.

★★

 여러 차례 접견을 거듭했음에도 불구하고, 만날 때마다 초면의 낯선 눈빛으로 나를 경계하는 50대 남성이 있다. 영화 〈사랑의 블랙홀〉의 주인공처럼, 나 혼자에게만 되돌아오는 시간을 보내는 느낌이 든다. 나에게는 반복되는 시간이고, 그에게는 늘 처음인 시간이다.
 나는 그에게 본인이 왜 구속되어 있는지부터 다시 설명해 준다. 매번 그는 "제가 정말 그랬나요?"라며 눈이 동그래진다. 그러고는 가족들에게 연락해 달라며 전화번호를 건네주지만, 그 번호는 내가 이미 받아서 결번임을 확인한 번호다. 이런 증상을 보였던 이들은 그동안 없었기에, 그가 진심으로 말하는지 연기를 하고 있는지 분별하기 어려웠다.
 그는 이미 여러 차례 자전거 절도사건으로 실형을 선고받은 상황이었다. 그 사건은 전담 변호사가 아닌 일반 국선변호사가 맡았었다. 연락처를 수소문해 피고인의 상태에 대해 문의했다. 그 변호사도 이 피고인이 매우 걱정되던 참이었다고 말했다. 그러면서 피고인과 같은 방에 있던 수용자로부터 받은 편지를 스캔하여 보내주었다. 동료 수용자는 그 편지를 통해 변호사에게 방에서 생활할 때 피고인이 기본적인 규칙도 계속 잊어버리고, 물건이 누구 것인지도 구분하지 못하는 심각한 상태임을 알리며, 치매가 의심되니 치료가 필요할 것 같다고 하였다.
 늦가을의 추운 날씨에도 불구하고, 그가 홑겹의 반팔 차림으로 자전거를 가져가는 장면이 CCTV에 포착되었다. 그는 자신이 왜 자전거를 반복적으로 절도했는지와 절도한 자전거를 어디에 두었는지 기억하지 못한다고 말했다. 과거 주소지 인근이므로, 집을 찾으러 자전거를 타고 돌아다녔던 것 같다고 추측해 볼 뿐이다.

내가 맡은 사건에는 이 자전거 절도뿐만 아니라 현주건조물 방화 미수도 포함되어 있었다. 그는 추운 날씨에 건물 지하 보일러실에 들어갔고, 그곳에서 쓰레기를 모아 불을 피웠다. 연기가 심하게 나자 건물 상인이 "불이야!"라고 소리쳤고, 그는 다급하게 옆에 있던 청소용 빗자루로 불을 끄고 "사람 있어요!"라고 외치며 밖으로 나왔다. 뛰쳐나온 그는 반팔과 반바지 차림이었다.

이런 상태로 피고인이 출소하면 다시 정신없이 행동하면서 남의 자전거를 타고 가버리거나, 화재를 내 큰 피해를 발생시킬 수도 있을 것 같았다. 그의 상태와 병명을 확인하기 위해 정신 감정을 신청했다. 감정 결과는 〈알코올성 기억상실증〉이었다. 적절한 치료와 출소 후 최소한의 도움을 받기 위해서는 가족을 찾거나 주거, 의료, 생활 급여 및 활동 보호의 도움을 받도록 기초생활보장 신청이나 장애인 등록을 해야 한다. 일단은 검사 측에서 치료감호를 청구했고, 사실조회와 양형 조사를 통해 가족을 찾으려 노력 중이다.

피고인의 상태를 걱정해 준 같은 방 수용자와 일반 국선변호사, 감정 신청을 받아준 판사, 치료 감호를 청구한 검사 그리고 그의 가족을 찾으려는 나까지 각자 할 수 있는 최선을 다해 피고인을 돕고 있다. 그러나 이러한 개인적인 노력도 중요하지만, 수사기관, 교정 시설과 사회복지 시스템이 좀 더 긴밀히 소통하고 협력하는 체계가 필요하다. 그래야만 피고인이 출소 후 사회에서 제대로 보호받을 수 있으며, 결국 그만큼 우리 사회도 안전해질 수 있다.

★★

 친화력과 적응력이 뛰어난, 씩씩한 20대 초반의 여성이 있었다. '난 괜찮아'라는 밝은 얼굴과 하이톤의 목소리 덕분에, 그녀를 만나고 있는 이곳이 구치소 변호인 접견실이 아닌 것만 같았다.
 "제가 엄마보다 멘탈이 더 좋아요. 엄마에게 걱정을 끼치지 않고 제가 모시고 살 거예요."
 출소 후 단약과 치료를 위해 도움을 줄 가족을 물으니, 그녀는 오히려 자신이 엄마를 보살필 것처럼 이야기했다.
 그녀는 중학교 시절 해외로 유학을 갔고, 기숙사 생활을 하다가 호기심으로 선배가 권하는 마약을 처음 접했다. 귀국한 이후에 인터넷에서 만난 친구들과 어울려 마약을 투약하다가 강간 피해까지 입었다. 초범이지만 투약 및 알선 횟수가 너무 많아 구속되어 수사와 재판을 받고 있다. 일단 강제적으로 단약 중인 셈이었다.
 구치소 내 같은 방에서 지내는 언니가 알려준 대로, 그녀는 국립법무병원 원장님께 단약 의지에 관한 편지를 썼다. 이 방법은 마약사범들 사이에서 유행처럼 퍼졌다. 그녀는 답장을 받았다. 수많은 편지를 받을 원장님이 답장을 해준다는 것에 내심 놀랐다.
 그녀는 자신이 보낸 편지의 사본과 답신을 재판부에 양형 자료로 제출해 달라고 요청했다. 한편 그녀는 자신이 입은 강간 피해와 관련하여 합의를 해야 하는지 여부와 그 조건에 대해 나에게 오랫동안 물었다. 아직 어린데 여러 사항을 능숙하게 챙기는 그 모습이 오히려 위태로워 보였다.

"변호사님, 저는 출소만 하면 단약하고 잘살 수 있어요. 걱정 마세요."

나는 걱정을 떨치지 못했지만, 그녀는 몇 번이고 나를 안심시켰다.

'저렇게 씩씩해도 마음은 너무 외롭고 서러울 것 같은데… 그러면 다시 마약에 의지하고 싶은 마음이 들지 않을까?'

구치소를 나와 그녀의 어머니에게 연락을 했다.

"어머니, 마약은 생각보다 자신의 의지만으로 쉽게 끊을 수 있는 게 아니에요. 마약을 끊으려면 최소 1년 반 동안 단약을 유지해야 합니다. 그런데 대부분 그 사이에 무너지고 다시 약을 하게 됩니다. 그러니 상담과 치료, 재활 공동체의 도움이 필요합니다."

"도대체 내 딸이 다시 약을 할 수 있다는 말을 왜 하시는 거예요? 재수 없게 무슨 저주라도 하는 거예요?"

어머니는 몹시 화를 냈다.

어느 유명인의 아들이 반복적으로 마약을 투약하여 결국 실형을 선고받았다. 그는 현재 국립법무병원에서 치료감호를 받고 있으며, 그의 아버지는 청소년과 청년들을 위한 마약 예방 및 치유 단체를 설립하였다. 나는 그 아들이 중독자에서 회복자로, 희망의 사례로 살아가기를 응원한다.

하지만 그가 받은 치료의 기회는 모두에게 주어지지 않는다. 대다수의 마약 중독자들은 국립법무병원이 아닌 수형 시설에 갇혀 있다. 징역형을 마친 후 다시 재범의 늪에 빠져 구치소로 돌아올 가능성이 크다. 그녀는 국립법무병원에서 편지만을 받았다. 그럼에도 불구하고, 마음이 쓰이는 그녀가 재수감율 50% 이내에 들지 않고, 사회에서 회복자로 살아가기를 바란다.

✱✱

 형사사건이 발생하면 수사, 재판, 형의 선고까지 많은 관심을 받는다. 특히 사회적으로 비난받는 피고인의 사건의 경우, 그가 몇 년 동안 감옥에 있을지에 주목하게 된다. 처벌이 지나치게 약하다는 불만도 자주 제기된다. 그러나 형의 선고 이후, 흔히 감옥이라고 불리는 곳에서 피고인이 어떻게 지내는지, 그리고 어떤 모습으로 다시 사회로 돌아올지에 대한 관심은 거의 없다.

 가끔 교정시설의 식단이 기사화되면, 세금 낭비라는 비난이 쇄도한다. 하루 세끼 균형 잡힌 식사를 제공하는 것조차 감옥에 있는 이들에게는 과분하다는 생각에서 그렇게 못마땅해하는 것이다. 교정시설 내에서 큰 불편과 고통을 겪어야 한다는 응보적 사고가 밑바탕에 깔려 있다. 힘들게 죄의 대가를 치르고, 출소 후에는 그저 나의 이웃으로 나타나지 않기를 막연히 바라고 불안해할 뿐이다.

 하지만 결국 그들의 삶과 우리의 삶은 감옥의 담장으로 영원히 분리되지 않는다. 그들은 사회로 돌아와 다시 우리와 함께 살아간다. '두부 한 입' 의식을 거친다고 해서 두부처럼 하얀 새 사람의 삶을 자동으로 살게 되는 것은 아니다. 감옥 밖에서 살아가기 힘들었던 사람들은 감옥 안에 들어가서도, 긴 시간을 지나 다시 감옥 밖으로 나와서도 여전히 살아가기 힘들다. 감옥 밖으로 나와 새로운 삶을 살아가기 위해서는 감옥 안에서부터 필요한 도움을 받아야 한다. 그들을 도울수록 감옥 밖은 더 살 만한 사회가 될 것이다.

달콤 쌉싸름한 에너지 뱀파이어

내가 만들어 가는 코끼리 퍼즐은

형사 재판에 가장 빈번히 등장하는 동물이 있다면, 그건 아마 코끼리일 것이다. 그 이유는 국민참여재판에서 배심원들에게 합리적 의심 없는 입증의 정도를 설명할 때, 검사가 코끼리 퍼즐을 화면에 띄우며 설명하기 때문이다.

언제 누가 이 퍼즐을 만들어 코끼리를 형사 법정으로 소환했는지 모르겠지만, 내 기억에 코끼리는 국민참여재판의 단골 캐릭터였다. '어머, 또 코끼리야?' 할 정도였다. 현실 법정에서 코끼리 퍼즐이 활용된 사례가 드라마에 재구성되어 나오기도 했다.[17]

100개의 퍼즐 조각을 맞추기 시작한다고 가정해 보자. 20개에서

---

[17] 2021년에 방영된 JTBC 드라마 〈로스쿨〉 13화에는 코끼리 퍼즐 이야기가 등장하며, 11화에서는 비공식적으로 진행되는 국민 참여 재판의 배심원 선정 절차도 다루어져 참고할 만하다. 그 이전에는 2013년에 방영된 SBS 드라마 〈너의 목소리가 들려〉 11화에서도 코끼리 퍼즐 이야기가 나왔다.

30개 정도 맞추면 거칠고 회색인 표면만을 짐작할 수 있다. 70~80개 이상을 맞추면 회색의 피부, 긴 코, 큰 귀, 상아, 다리 등 특징적인 모습의 일부가 점차 선명해지면서 코끼리라고 추측할 수 있다. 90개 정도를 맞추면 의심할 여지 없이 그것이 코끼리임을 알 수 있다. 굳이 100개 퍼즐 모두를 맞추지 않아도 된다.

이렇게 퍼즐을 다 맞추기 전에도 어느 순간 틀림없이 그것이 코끼리라는 것을 알 수 있는 것처럼, 피고인을 유죄로 형사 처벌하기 위해 입증 책임을 지는 검사가 대체로 90% 정도까지 공소사실을 입증하였다면, 이는 합리적 의심 없는 정도의 입증이 이루어졌다는 것을 의미한다.

나는 국선전담변호사로서 한 법원에서 12년 동안 수많은 피고인들 옆을 지켜왔다. 단 한 건의 형사 변호 경험만 가지고 덜컥 전담 변호사로 선발되었던 1년 차 시절을 지나, 이제는 2,000건 이상의 형사사건을 담당한 변호사가 되었다.

'12년간 나는 어떤 형사 변호인으로 성장하고 있는가?'

'합리적 의심 없이 피고인들이 가지는 헌법상 권리를 수호하고, 그들의 방어권 행사를 지원하며 공정한 재판을 받을 수 있도록 돕는 국선변호인의 모습인가?'

'내가 퍼즐 속의 코끼리라면, 과연 어떤 모습의 코끼리를 완성해 가고 있는 것일까?'

★★

국선 1년 차 때, 나는 형사 재판에 대한 지식도 부족하고 국선의 세계도 잘 모른 채 의욕만 가득하여 사법발전재단에서 무상 임대해 주는 사무 공간에 입성했다. 그때 나는 '먹방'에 '고정' 재판부를 배정받았다. 창문 하나 없이 '먹방'이라 불리는 곳에서 홀로 세상에서 가장 억울한 벌금을 다투는 '고정' 사건들만 맡으니, 먹방에 울리던 나의 '목소리 높이지 마시고 고정하세요'라는 말이 마음속에서 '고정(사건)은 이제 그만하고 싶어요'라는 외침으로 울려 퍼졌다.

난감한 사건을 만날 때마다 방문을 열고 일단 나갔다. 40명의 변호사님들이 한 층에 계시니 복도를 배회하면서 방에 누군가 있으면 '잠깐만 시간 괜찮으세요?'라고 하며 들어가고는 했다. 내가 빼앗아 간 시간이 적지 않을 것이다. 그렇게 조언을 구할 때마다 각자의 스타일로 도움을 주시던 많은 변호사님들이 사무실을 떠났다. 더 좋은 자리로 이동하기도 했고, 더 머무르기를 원했으나 어쩔 수 없이 떠나야 했던 경우도 있었다.

이제는 누군가 조언을 구하려 내 방문을 열고 있다. 어느덧 국선 사무실에서 거의 최고령이 되었다. 내 역할을 잘 수행하여 그동안 진 빚을 갚아야 하는데, 선배 노릇이나 어른 노릇은 아무나 할 수 있는 것이 아닌 것 같다. 오히려 젊은 변호사님들에게 많이 배우고 있다. 각자 사건을 처리하고 있지만, 한 공간에서 함께 일하며 얻는 조언과 위로가 큰 힘이 된다.

힘들 땐 늘 내 방 앞 직원 데스크에 기대어 많은 하소연을 했다. 거의 10년간 함께 일한 직원은 그 아무나 못 한다는 에어로빅 교실 센터 자리를 내려놓고 우리 사무실에 와서 나의 든든한 방파제가 되어 주었다. 온갖 피고인들의 조급한 질문, 황당한 요청, 불쾌한 태도, 신세 한탄을 나보다 먼저 응대하며 해결하고 진정시켰다.

40명의 변호사들이 주로 3명씩 조를 이루어 한 명의 직원에게 일을 부탁하고 있다. 매월 60건 이상의 증거기록을 등사해야 하므로 일의 양이 엄청나다. 직원들은 매일 검찰과 법원에서 등사한 후 캐리어를 이용해 사무실까지 옮겨 변호사들 방에 넣어준다.

국선 사무실에서는 해마다 두 번씩 종결된 기록을 파쇄한다. 변호사들 방에 들어간 기록들이 폐기용 마대 자루에 담겨 일제히 복도에 줄을 선다. 폐기를 위해 실려 나가는 기록들은 산더미를 이룬다. 일일이 복잡한 절차를 준수해 등사해 오는 직원들의 노고와 그 기록을 모두 읽고 변호하는 동료 변호사들의 수고가 갑자기 눈앞에 기록의 강과 산으로 펼쳐지는 것 같아 마음이 먹먹해진다.

동료 변호사들과 직원들이 있어서 지난 12년을 버틸 수 있었다. 대체로 공공기관 종사자들은 명확한 업무 조건, 복리후생 제도, 안전한 근무 환경과 비상시 대응 매뉴얼을 제공받는다. 그러나 국선을 전담하는 변호사들은 공익적 업무를 수행하고 있음에도 불구하고, 제대로 된 시스템이 부재한 상황에서 서로의 존재만으로 힘을 내며 함께 버텨오고 있다.

어느 법정에서 구속 피고인이 플라스틱 칫솔 끝을 날카롭게 갈아 수형복 속에 숨겨두었다가 바로 옆의 국선변호인의 목을 공격했던 사건이 있었다. 그 사건과 관련하여 「다행히 깊은 부상은 아니었고, 지혈 후 자신이 변론을 맡은 이어진 몇 건의 사건들을 마저 변호한 뒤 병원에서 진료를 받은 것으로 알려졌다」라는 기사를 접했다. 나는 그런 일을 겪고도 계속 다른 사건을 변호했다는 사실이 믿기지 않았다.

어느 국선전담변호사의 아버지가 새벽에 소천하셨다. 상을 당한 변호사는 오전에 재판부에 그 사정을 말했지만 예정된 재판은 그대로 진행되었고, 모든 일이 끝난 저녁이 되어서야 상주로서 빈소를 지킬 수 있었다. 재판부의 호의에 따라 변호인에 대한 처우가 결정되는 것 같다.

돌아보니 12년간 내가 만들어 가고 있는 코끼리 퍼즐 속에서, 코끼리는 한 마리가 아닌 것 같다. 나의 퍼즐 속에는 여러 마리의 코끼리들이 함께 걸어가고 있다. 그 코끼리 떼가 서 있는 곳은 쉴 만한 물가와 푸른 목초지가 아니다. 나는 코끼리들이 함께 평화롭고 씩씩하게 걸어가는 코끼리 퍼즐을 만들고 싶었지만, 나의 퍼즐은 아직 합리적인 의심 없이 완성되어 가고 있지 않다.

풍문에 의하면, 코끼리 퍼즐이 너무 자주 국민참여재판에 등장하여 식상한지 검찰에 코끼리 금지령이 내려졌다고 한다. 애꿎은 코끼리는 이유 없이 형사 법정에 소환되었다가 이제 방출되었다. 코끼리 퍼즐처럼 어느 날 나도 영문도 모른 채 방출될 수도 있다.

국선전담변호사

십 년이 넘는 세월이 지나 만난 선배가 나의 근황을 물었다.

"국선만 전담으로 한다고? 그런 게 다 있냐? 너 인생 낭비 아니야? 왜 마음 맞는 사람들과 사무실이라도 차려서 하지, 그런 걸 하냐?"

그의 명함엔 'Chief'라는 글자가 반짝였다. 그는 선망의 대상이 되는 회사의 최고 책임자가 되었다.

"고정적으로 수입이 들어오고, 영업을 하지 않아도 되고, 결과에 내한 부담도 상대적으로 적고⋯."

국선전담이 주는 아주 약간의 달콤함에 대해 내가 웅얼거리는 사이, 이미 그는 다른 이들과 거침없는 대화를 이어가고 있었다.

"국선전담변호사는 어떻게 선발되나요?"

드라마 〈너의 목소리가 들려〉와 〈변론을 시작하겠습니다〉의 주인공이 국선전담변호사였다. 일반인들은 이렇게 인기 드라마에 국선전담변호사가 등장할 때 반짝 관심을 가지고, 평상시에는 일부 변호사들이 진로와 관련하여 관심을 보인다.

매년 12월 초에는 각급 고등법원에 〈국선전담변호사 지원 공고〉가 게시된다. 처음에는 대법원에서, 2011년 12월부터는 고등법원별로 관내 국선전담변호사를 위촉하고 있다. 2004년 9월경부터 6개 법원에서 11명을 선정해 시범 시행되었으며, 2024년에는 41개 법원에서 270여 명의 국선전담변호사가 활동하고 있다. 나는 2013년 3월부터 국선전담변호사로 위촉되어 활동하고 있다. 국선전담변호사의 월 보수는 근무 경력에 따라 세전 600만 원, 700만 원, 800만 원으로 구분된다. 변호사 경력 10년 차 변호사가 국선전담에 지원하더라도 국선전담 경력이 없다면 세전 600만 원의 월 보수를 받게 된다. 보수가 2년 단위로 100만 원씩 상승하는 것처럼 보이지만, 이는 원래 800만 원이던 보수를 낮춘 결과이다. 이 보수 체계는 현재까지 유지되고 있다.

이 제도는 20년 이상 된 것이지만, 물가 상승률조차 반영하지 않으면서 더욱 악화된 조건하에 더 많은 사건과 더 어려운 사건을 담당하도록 하고 있다.

보통 계약은 청약과 승낙에 의해 이루어진다. 모집 공고는 아파트

분양 광고와 같아서 보통 청약이라기보다는 청약의 유인이라고 한다. 모집 공고에 따라 지원자가 원서를 내면 선발 절차를 거치고, 합격하면 근로 계약이든, 위임 계약이든 체결하게 된다.

하지만 나는 한 번도 법원과 계약서를 써본 사실이 없다. 모집 공고에 나타난 월 보수 800만 원, 사무실 운영 지원비 50만 원(2020년 3월부터 사무실 지원비가 10만 원 인상되어 60만 원), 월 20건에서 35건의 사건 처리라는 조건하에 일하고 있다. 이 외 모든 구체적인 조건은 공백 상태이다.

2024년이 되어 〈국선변호에 관한 예규〉의 일부가 개정되었다. 출산으로 인한 업무 중지 시 최대 90일 동안 월 보수 전액이 지급되며, 국선전담변호사의 사임 또는 업무 중지 시에도 사무실 운영비가 대표 국선전담변호사에게 지급된다는 내용이다. 그 이전까지는 출산으로 업무 중지를 신청하면 월 보수가 전혀 지급되지 않았었다. 또 사임하는 변호사가 생길 경우, 사무실 운영 경비는 남아 있는 변호사들이 나누어 감당해야 했다.

〈국선변호에 관한 예규〉는 2003년에 제정되었고, 국선변호 전반에 관한 예규이다. 이 예규의 한 부분에 국선전담변호사에 대한 규정이 있고 최근 세 가지 사항이 추가된 것이다. 당연한 사항이 이제야 반영되었다. 그동안의 수많은 건의 사항에 비하면 변화는 미약하다.

여전히 구체적인 조건들은 공백 상태이며, 매년 바뀌는 법원의 지시에 따라 세부 사항이 채워질 것이다. 예상치 못한 세부 지시가 있을 때마다 동료들은 술렁일 것이고, 그럼에도 불구하고 묵묵히 일할 것이다. 법원은 이미 제도가 유지되고 운영되고 있으므로 특별히 변화의 필요성을 느끼지 못하는 것 같다. 아니면 구체적인 계약을 체결하지 않는 것이 더 유리하다고 결론을 내린 것일지도 모른다.

국선전담은 프리패스

국선전담변호사들은 법원으로부터 한 달에 20건에서 35건의 사건을 배정받도록 되어 있다. 당사자가 아닌 이상 사건 수가 업무에 미치는 영향을 가늠하기 어려울 것이다. 사건을 직접 처리해야 하는 입장에서는 20건이 선정되다가 35건이 선정되면, 거의 같은 보수로 두 배의 일을 하게 된다. 월 20건을 선정받으면, 한 건에 각종 사무실 운영 비용 및 세금 등을 공제하고 나면 실제로는 20만 원에서 30만 원 정도의 보수에 처리하는 셈이다.

한편, 한 건이라고 하나 그 증거 기록이 수천 페이지에 해당할 수 있으며, 문서 이외에도 영상 등이 포함된 경우가 많다. 한 피고인의 여러 사건이 줄줄이 병합되기도 하며, 한 건에서 여러 명의 피고인을 변호하기도 한다. 부인하는 사건에서는 여러 명의 증인 신문을 하고 증거 자료 및 참고 자료를 수차례 제출해야 하는 경우가 있다. 인정하는 사건이라고 해도 중고나라 사기 유형의 경우 수십 명의 피해자와 합의를 진행하기도 한다. 사실 사건 건수로는 업무량을 제대로 확인할 수 없다.

2004년 일반 국선변호를 하는 경우 한 건에 12만 원 내지 15만 원의 보수가 지급되었다. 20년이 지난 2024년 일반 국선변호의 1건당 보수는 55만 원으로 증액되어, 2004년에 비해 3~4배 정도 높아졌다. 이런 기본 보수 외에 기록 복사비, 변론 활동을 위해 지출된 여비 등 실비, 피고인 가족 또는 피고인에 대한 접견 횟수, 피고인의 수, 법정 출석

횟수, 증거 제출, 의견서 및 변론 요지서 제출 등 활동에 따라 추가로 증액 청구를 할 수 있다.

그러나 국선전담변호사는 변호를 위해 지출한 비용이나 활동이 아무리 크고 많더라도 법원에 대해 추가로 보수를 청구할 수 없다. 만약 내가 법원의 입장이라 해도, 일반 국선보다 국선전담에게 더 우선적으로, 더 많이 사건을 선정할 것 같다. 실제로 한 지방법원에서는 국선 예산이 소진되었다고 하여 연말에 국선 사건을 모두 국선전담에게 주기도 했다. 국선전담변호사들은 추가 비용 없이 편리하게 사용할 수 있는 프리패스와 같은 존재이다.

★★

현재 내가 위촉받아 일하는 법원에는 30명의 국선전담변호사가 있다. 국선전담변호사 2명이 3개의 재판부에 배정되는 풀(POOL) 제도가 시행되고 있으며, 매년 법원에서 이 풀을 구성한다. 국선전담변호사는 배정된 3개의 풀에서 선정을 받고, 정해진 요일에 재판에 출석한다.

그러나 나는 그동안 3차례 정도 출산 휴가에 들어가는 전담 변호사를 대신하여 추가로 재판부를 배정받은 적이 있다. 어떤 해는 4개의 재판부가 있는 풀에 속하기도 하였다. 또 어느 재판부에서는 2명이 아닌 1명에게 사건을 몰아서 주는 경우도 있었다. 법원이 나의 의견을 물어보고 업무를 준 적은 없었다. 그저 갑자기 더 하라고 하면 더 하는 식이 있다.

국선전담변호사는 2년 단위로 재위촉되며, 최대 2번까지 재위촉이 가능하여 합계 6년이 지나면 다시 공고에 따른 지원 절차를 거쳐 선발되어야 한다. 일단 국선전담변호사로 위촉되면 보통 6년 정도 일할 수 있다고 생각한다. 그러나 가끔 2년 재위촉 시기에 재위촉되지 않아 사무실을 떠나는 변호사들이 있다. 나 못지않게 성실히 업무를 해왔던 그들이 재위촉되지 않은 이유를 알 수 없어 안타깝다. 떠나는 이와 떠나보내는 이 모두 무거운 침묵 속에서 연말과 연초를 보내게 된다. 새위촉되지 않은 이유를 물어볼 절차나 담당자가 전혀 없는 상황이다. 법원은 국선전담변호사를 심의와 평가의 대상으로 여길 뿐이다. 재위촉이 안 되는 사유에 대해 소명이나 의견 청취의 기회도 부여하지 않으니 말이다.

12년 동안 오직 국선전담으로 일했지만, 나에게 지급될 퇴직금은 없다. 국선전담변호사들은 면세 개인사업자로 등록되어 있다. 근로자가 아닌 개인사업자이다. 그렇기에 법원은 퇴직금뿐만 아니라 4대 보험 등 추가적인 책임을 지지 않는다. 또한, 휴가를 줄 필요도 없다. 그저 법원이 쉬는 휴정기에 국선전담도 따라서 쉰다. 만약 어떤 재판부가 휴정기에 공판 기일을 잡으면, 휴가는 없거나 반토막난다.

국선전담변호사는 개인사업자이지만, 국선 이외의 업무를 수행하는 것이 금지되어 있다. 국선전담으로 선발되면 기존의 모든 업무를 정리하고 국선 업무만 전담하도록 되어 있다. 그럼에도 법원은 어느 순간 재위촉을 하지 않을 수도 있다.

즉, 모든 업무를 정리하고 이 일만 하라고 하였다가, 2년 후에 그만두라고 할 수도 있는 것이다. 이렇게 종속적이고 일방적인 관계는 요즘엔 거의 없을 것 같다. 법원은 사용자처럼 업무를 지시하고 부과하지만, 사용자로서의 책임은 없다. 법원의 입장에서는 국선전담은 매월 정해진 보수만 지급하면 그 외 사용자로서 어떤 부담이나 책임도 없이 마음대로 사용할 수 있는 공공재인 것이다.

860만 원으로 지급하는 것들

법원은 국선전담변호사들에게 사무실을 무상임차 형식으로 제공하고, 매월 60만 원의 사무실 운영비를 지급한다. 그 외의 모든 설비와 비용은 국선전담변호사들이 공동으로 부담한다.

법원 인근에 위치한 좋은 빌딩의 사무실을 제공해 주는 경우, 무상임차이기에 임대료를 내지 않지만, 그 외 사무실의 비싼 관리비는 부담해야 한다. 사무실에서 사용하는 책상 및 의자 등 사무 가구, 컴퓨터와 소프트웨어, 인터넷, 전화기, 복사기, CCTV 등 각종 시설도 변호사들이 알아서 구비해야 한다. 사무용품, 생수, 커피, 종이 한 장까지 모두 나누어 분담한다. 연필 한 자루, 티백 하나, 물 한 컵도 어디서 주어지지 않는다. 나는 12년간 사용한 사무실의 벽이 너무 칙칙하여 벽지 위에 페인트칠을 손수 하였으나, 이미 갈라진 벽은 어찌할 도리가 없다.

사무실 운영과 별도로 국선전담변호사는 선정된 사건과 관련하여 증거 기록 열람 및 등사를 위해 인지를 구매한다. 증거기록이 수천 장이 되면 종이값이 더 든다. 증거 영상을 복사해 오는 것도 검찰에 돈을 지급해야 한다. 접견을 자주 가려면 교통비가 들고, 구속된 피고인들과 소통을 위한 인터넷 서신도 유료화되어 돈을 지급해야 한다. 판결문 발급에도 돈이 든다.

직원에 대해서도 각 변호사들은 사용자로서의 책임을 다해야 한다. 직원의 임금뿐만 아니라 4대 보험과 퇴직금도 지급해야 한다. 명절이나 휴정기에는 작은 마음의 표시라도 한다. 국선전담변호사의 주머니 사정이 뻔하니 직원들의 처우도 개선되지 않는다.

사무실 운영비로 지급되는 60만 원은 이 모든 비용을 내기에는 턱없이 부족하다. 현실적으로 매월 크게 초과된다. 결국 월 보수에서 계속 추가 비용을 감당해야 한다.

"주차권을 주나요?"

"제가 가져가게 사건기록을 한 부 복사해 주세요."

피고인들의 요청에는 그렇게 주차권이나 추가 복사를 제공해 줄 여건이 되지 않는다고 설명한다.

"판결문 좀 떼주세요."

판결문 발급에는 기본적으로 인지 1,000원이 든다. 피고인 한 명이 요구하면 적은 돈이지만, 피고인들이 일제히 요구하면 적지 않은 금액이 된다. 그 비용은 어디서 보전받는 것이 아니다. 피고인에게 직접 발급받도록 하거나, 비용을 이체받거나, 내가 부담해야 한다. 나는 이제 1,000원 앞에서도 흔들린다.

미완성 제도의 변주

2014년 한 판사는 〈국선전담변호사 제도의 개선 방안에 대한 연구〉에서 다음과 같이 서술하였다.

「공무원으로서 신분보장이 되는 국선변호인이 계약제로 운영되는 현행 국선전담변호사보다 양질의 법률서비스를 제공한다고 단정할 수 없다는 점이다. 오히려 신분보장에 따른 업무 나태화 등으로 인한 역효과가 발생할 우려도 있고, 업무량이 적정하게 조절되지 아니하여 형식적 변론에 그칠 가능성도 여전히 남아 있다.」, 「공무원 신분이 될 경우 특단의 사정이 없는 한 고용이 보장되고 그로 인하여 계약직 변호사보다는 긴장감이 떨어질 수밖에 없어서 전체적으로 효율이 저하되는 결과로 이어질 수 있다고 생각한다.」

공무원인 판사들은 신분보장에 따른 나태화 등 역효과를 전혀 발생시키지 않으며, 양질의 법률 서비스를 긴장감을 유지하며 제공할 수 있을 것이다. 나도 공무원이 되어도 나태하지 않고 잘할 수 있는데 아쉽다. 왜 굳이 국선전담변호사만 이렇게 불안정한 위치에 두어야 한다고 생각하는지 그 의견에 도무지 동의할 수 없다.

공무원은 안 되고 계약직 변호사의 지위에 두기로 했으면서 제대로 된 계약도 체결하지 않고 있다. 만약에 내가 그동안 피고인들을 위해서 양질의 법률 서비스를 제공하려고 최선을 다했다면 그것은 계약직이기 때문은 아니었다. 제대로 된 평가를 할 의지도 없는 이들에게 보여주려고 일한 것은 아니다.

법원은 국선전담변호사에 그치지 않고 회생법원에서 회생 사건을 전담하는 변호사를 선발하며, 가정법원이나 민사법원에서는 조정전담변호사를 선발하고 있다. 이는 국선전담변호사와 대동소이한 형태이다. 다른 일을 하지 못하도록 하면서 개인사업자로 처리하여 위임 계약이라고 한다. 월 급여가 아닌 월 보수를 지급하며, 어떤 복지도 어떤 보호도 제공하지 않는다. 가장 탈법적이고 기이한 제도가 미완성의 형태로 변주를 거듭하고 있다.

변호사인 나는 어리석게도 타인을 변호한다고 하면서 자신의 지위에 대해 진지하게 고민하지 않고 여기까지 왔다. 나는 국선전담변호사는 공무원은 아니라 하더라도 실질은 근로자라고 생각한다.

에너지 뱀파이어는 함께 시간을 보내면 정신이 탈탈 털리며 시간과 에너지를 소진시키는 사람이다. 돌아보면 6년 정도의 안정감이라는 달달함에 현혹되어 씁쓸한 12년을 보냈다. 나의 달콤 씁싸름한 에너지 뱀파이어는 피고인들이 아니다.

에필로그

　형사 처벌이 이루어지는 순간은 국가가 형벌권을 발동하여 국민의 권리를 제약하려는 때이며, 동시에 당사자의 방어권 행사가 절실히 필요한 '헌법의 순간'입니다. 헌법 제12조 제4항에서는 '형사피고인이 스스로 변호인을 구할 수 없을 때에는 법률이 정하는 바에 의하여 국가가 변호인을 붙인다'라고 규정하고 있습니다. 이처럼 '국선변호인'은 헌법에 명시된 직무이며, 저는 그 역할을 13년째 해오고 있습니다.

　일상에서 법은 존재감이 없습니다. 하지만 법을 어기는 순간, 일상 속에 숨어 있던 법은 자신의 촘촘한 존재감을 여실히 드러냅니다. 마치 보이지 않는 전깃줄에 갑자기 감전된 것처럼, 법 위반으로 형사 절차에 놓이게 된 피고인들은 극도의 놀라움과 함께 두려움, 당황스러움, 그리고 때로는 분노를 뒤섞어 표출합니다. "내가 왜 피고인입니까? 나는 법 없이도 살 사람입니다."라고 억울함을 호소하는 이들이 겪는 그 헌법의 순간을 국선변호인으로 동행하는 것은 분명 의미 있는 일입니다. 그러나 피고인의 인생에서 가장 중요한 순간을 함께 하는 일이기에 두렵고 떨리며 에너지가 많이 소진되는 일이기도 합니다.

법원이나 검찰, 경찰 등 형사 절차에서 일하는 이들을 위한 마음 건강 돌봄 제도가 마련되어 있습니다. 그러나 국선 사건을 전담하는 이들의 '안녕'에는 누구도 관심을 기울이지 않습니다. 형사 변호만을 전담해 온 저의 마음은 사실 안녕하지 못합니다. 아무도 안부를 묻지 않기에 저는 스스로를 돌보기 위해 제 안에 가득한 이 모든 불안을 꺼내 놓기로 했습니다. 그리고 이 불안한 이야기들이 누군가가 헌법의 순간을 피하는 데 도움이 되고, 그들의 안녕에도 기여할 수 있기를 기원합니다.

한편, 국선 전담 변호사 제도는 20년이 넘었으나 여전히 미완의 상태입니다. 국선 전담 변호사들에게는 월별 배당 건수와 그에 따른 보수만 정해져 있을 뿐, 그 외의 부분은 사실상 공백 상태나 마찬가지입니다. 실질적으로는 근로자에 가깝지만 개인사업자로 분류되며, 구체적인 계약 없이 업무를 수행하는 실정입니다. 저는 국선 전담 변호사 제도가 좀 더 완성되기를 바랍니다. 현재 일반 국선 변호인들에 대한 수당 지급이 만성적으로 지연되고 있으며, 국선 전담 변호사들에게 배당되는 사건 수가 점점 늘어나고 있습니다. 이러한 상황에서는 국선 변호인이 개별 사건에 충분한 시간과 노력을 투입하여 피고인들의 실질적 방어권 행사에 도움을 주기 어렵습니다. 법원이 관리하는 현재의 국선 제도는 한계 상황에 이르렀습니다. 저는 국선 전담 변호사의 법적 지위를 명확히 하고 그에 따라 안정적인 업무 환경이 조성되기를 바랍니다.

이러한 변화는 독립적인 국선 변호인 관리 기구를 통해 실현될 수 있다고 생각합니다.

저의 이야기들이 한낱 불만이 아닌 오랜 고민으로, 국선 변호인이 꼭 필요한 피고인들 곁에 든든히 서는 데 도움이 되기를 소망합니다. 그리고 가장 안녕하지 못한 이들 사이에서 늘 홀로 고군분투하는 우리 국선 전담 변호사들을 진심으로 응원합니다.

3장

담장의 이슬이 마를 때

한쪽 눈이 없어도 살 수는 있으니까
님아, 그 돈을 보내지 마오
노인과 국선
선 넘는 이웃들
국선이라 그래요?
이 아이들을 어떻게 해야 할까
저 사실은 요원이에요
CCTV가 없는 곳에서
교도소의 담장 밖
다시는 만나는 일 없기를

한쪽 눈이 없어도 살 수는 있으니까

　국선변호인 업무를 하면서 피고인만큼이나 자주 연락하는 사람들이 있다. 바로 피해자들이다. 피고인이 피해자와 합의를 하고 싶다는 의사를 밝히면, 변호인이 법원으로부터 피해자의 연락처를 받아 연락한다. 합의는 주로 성범죄 피해자나 피해금 변제가 중요한 재산범죄의 피해자와 하게 되는데, 성범죄 피해자의 경우는 보통 피해자 국선변호사가 선정되어 있으므로 변호사와 합의에 관해 의논한다.
　변호인으로서 피해자와 연락할 때, 매번 나를 곤란에 빠뜨리는 질문이 있다.
　"피고인은 진심으로 반성하고 있나요?"
　나로서는 피고인의 진심을 알 수가 없다. 그들은 적어도 내 앞에서는 정말로 반성하고 있다고, 피해자들에게 감히 말을 꺼내지 못할 만큼 죄송한 마음이라고 말한다. 그런데 겉으로 드러나는 모습이 그의 진심이라고 어떻게 단정할 수 있을까?
　아주 드문 경우지만, 전혀 반성하지 않는 것처럼 보이는 피고인도 있다. 그 피해자가 피고인이 반성하고 있느냐고 물으면, 솔직하게 "피고인은 거만한 태도로 피해금을 돌려주면 그만 아니냐고 말했습니다"라고 말해 줄 수도 없고, 그렇다고 거짓으로 "그는 정말로 반성하고 있고, 선생님께 죄송하다는 말씀을 전해달라고 했습니다"라고 말할 수도 없다. 그럴 때면 나는 어색하게 웃으며 말을 돌리곤 한다.

정말로 반성하고 있고, 자신의 잘못을 진심으로 후회하는 피고인도 당연히 있다. 피고인의 진심이 느껴지면, 피해자와의 합의는 더 이상 업무가 아니게 된다. 애를 쓰게 된다. 합의가 성사되지 않으면 좌절하고, 성사되면 피고인과 함께 기뻐한다.

수연 씨는 20년간 모신 상사의 돈 10억 원을 횡령하여 기소되었다. 이전에 어떤 잘못을 한 적도 없었다. 초범이면서 10억 원에 이르는 커다란 돈을 횡령한 것이다. 나는 그가 품고 올 아주 대담하거나 뻔뻔할 것이 틀림없는 사연을 심드렁하게 기다렸다. '합의를 해야 하나? 피고인이 합의금을 마련할 수 있을까? 피해액이 크니, 합의는 못 하지 않을까?' 따위의 생각을 하면서.

수연 씨는 가뜩이나 움츠러든 어깨를 안으로 말아 넣으며 사무실 안으로 들어왔다. 그녀는 불안한 얼굴로 사무실을 한 번 둘러보더니, 허리를 펴지 못하고 고개를 숙인 채 가만히 의자에 앉았다. 그녀의 오른손이 왼손을 덮었다가, 다시 왼손이 오른손 위로 올라왔다. 거액을 횡령한 사람이라고는 도저히 믿을 수 없었다.

그녀는 작은 목소리로 자신이 얼마나 큰 잘못을 하였는지 잘 알고 있다고 거듭 말하면서, 떨리는 목소리로 덧붙였다. "변호사님, 이전에 처음 저에게 전화하셨을 때, 받지 않아서 죄송해요. 제가 전에 사기꾼인 줄도 모르고 그 사람들한테 연락처를 알려준 적이 있거든요. 그래서 그런지 요새 모르는 사람이 전화해서 협박을 해요. 그래서 전화를 못 받았던 거예요." 나는 금방이라도 땅으로 꺼질 것 같은 이 사람이 어떻게 그렇게 많은 돈을 횡령할 수 있었는지, 그녀에게 무슨 일이 있었던 것인지 궁금해졌다.

 수연 씨는 유복한 가정에서 아무런 걱정 없이 자랐다. 수연 씨와 수연 씨의 오빠는 미국으로 유학을 떠났고, 학비와 생활비는 전부 한국에 계신 부모님이 지원해 주셨다. 예정대로라면 수연 씨는 학교를 졸업한 뒤 미국에서 직장을 얻어 터를 잡고 살았을 것이다.
 그런데 어느 날 수연 씨의 어머니가 원인 모를 병으로 몸져누웠다. 그리고 해가 넘어가기도 전에 IMF 사태로 아버지의 사업마저 부도나고 말았다. 수연 씨는 더 이상 학업을 이어 나갈 수 없었다. 그녀의 오빠는 이미 미국에서 가정을 꾸리고 정착한 상황이었기 때문에, 수연 씨 홀로 귀국하기로 했다. 그렇게 돌아온 수연 씨를 기다린 사람은 병상에 누운 어머니뿐이었다. 수연 씨의 아버지는 수연 씨의 어머니가 발병하자마자 아내를 버리고 다른 여자를 만났다. 수연 씨가 돌아왔을 때, 아버지는 이미 새 가정을 꾸린 뒤였다.
 참담한 심정이었지만, 수연 씨는 어머니의 병간호에 전념하기로 했다. 혼자서 생활비와 어머니의 병원비를 감당해야만 했다. 일자리를 구하는 일조차 쉽지 않았다. 수연 씨는 지인의 소개로 겨우 아르바이트 자리를 얻었다. 어머니의 병구완을 하며 틈틈이 일하던 중, 그녀를 좋게 본 사장님으로부터 입사 제안을 받았다. 수연 씨는 사장님의 제안에 감사하며 일을 시작하였지만, 반년 만에 어머니의 병세가 심하게 악화되었다. 도저히 회사에 다닐 수 없는 상황이 되자, 수연 씨는 하는 수 없이 사장님에게 퇴사하겠다고 말했다. 그녀의 딱한 사정을 알고 있던 사장님은 회사를 그만두는 대신 사장님과 그 가족들의 잔심부름을 맡아달라고 하였다. 그 잔심부름에는 은행에 가서 돈을 입·출금하거나 계좌이체하는 일도 포함되어 있었다.

수연 씨의 보살핌에도 불구하고, 어머니의 병세는 호전되지 않았다. 그녀의 어머니는 큰 수술을 여러 번 거쳤지만 끝내 병명도 알지 못한 채 6년을 앓다 세상을 떠나고 말았다. 재혼한 아버지와는 연락도 닿지 않았고, 오빠는 어머니의 장례를 치르자마자 다시 미국으로 돌아갔다. 의지할 곳이 남지 않은 수연 씨는 그 후로도 10년이 넘게 홀로 지내다 우울증을 앓게 되었고, 채 마흔이 되지 않은 나이에 알츠하이머병을 얻었다. 수연 씨는 모든 일을 그만두고 쉬고 싶다는 생각이 간절해졌다.

그때쯤이었다. 수연 씨의 생각을 읽기라도 했는지, 누군가 그녀를 카카오톡 익명 채팅방으로 초대했다. 그 채팅방에 있는 사람들은 수연 씨를 한 번도 본 적 없지만, 그녀와 많은 대화를 나누고, 외로운 처지를 위로하며 따뜻한 말로 보듬어 주었다. 의지할 데 없던 수연 씨는 어느샌가 단톡방 사람들을 믿고 의지하게 되었다.

어느 날인가, 단톡방에 있는 사람들이 수연 씨에게 투자를 권유하기 시작했다. 자신들에게 돈을 맡기면 커다란 이익을 얻을 수 있다며, 자신들이 얻은 이익을 인증하기도 했다. 그녀는 생각했다. 이것으로 노후자금을 벌어 일을 그만둘 수 있다면 좋겠다고. 자신을 진심으로 위로해 준 마음 따뜻한 사람들이 거짓말하거나 해가 되는 일을 권하지는 않을 거라고. 수연 씨는 채팅방 사람들에게 자신이 모아두었던 전 재산을 넘겨주었다. 그러자, 그 많던 사람들이 거짓말처럼 사라졌다.

수연 씨는 자신이 믿고 의지했던 사람들에게 속았다는 사실, 그리고 어렵게 모은 전 재산을 전부 잃어버렸다는 사실을 도저히 믿을 수 없었다.

'뭔가 착오가 있을 거야. 그 사람들이 나를 속였을 리 없어. 이익금까지는 모르겠지만, 내 돈은 돌려줄 거야.'

바로 그 무렵, 수연 씨는 다른 익명 채팅방에 다시 초대되었다. 그녀는 새로운 채팅방에서 만난 사람으로부터 "이전 채팅방에서 투자하여 잃어버린 돈을 되찾게 해줄 테니 나에게 다시 투자하라"는 말을 들었다. 그는 이번에는 정말로 수익을 얻게 해주겠다고 했다. 그 채팅방에 있는 사람들 역시 "돈을 찾아야 하지 않겠냐"며 자신들이 얻은 이익을 인증했다.

'이번에는 나를 속이지 않을 거야. 이렇게 이익을 얻은 사람이 많으니, 이전에 잃어버린 돈을 찾을 수 있을 거야.'

그렇게 생각한 수연 씨는 자신이 보관하던 사장님의 돈을 보내주기 시작했다. 잃어버린 돈을 되찾은 뒤, 사장님의 돈은 쓴 만큼 다시 돌려놓으면 문제가 없을 거라고 생각했다.

수연 씨가 재차 사기 피해를 당하였다는 사실을 깨달았을 때는 이미 횡령한 돈이 감당할 수 없을 만큼 불어난 뒤였다. 수연 씨는 잃어버린 돈을 되찾을 수 없다는 현실과 믿었던 사람들에게 또다시 속고 말았다는 사실에 절망하였고, 무엇보다 자신의 어리석음으로 오랜 시간 함께 지내온 사장님의 믿음을 저버리고 사장님과 그 가족들에게 커다란 피해를 끼치고 말았다는 자책감을 견딜 수 없었다.

수연 씨는 스스로 목숨을 끊으려 다량의 수면제를 먹었고, 약 기운에 취한 채 사장님의 아내에게 전화하여 사실을 밝히고 죄송하다고 말하였다. 감히 용서를 구할 수는 없었다. 사장님의 아내는 곧장 이 사실을 자신의 남편에게 알렸다. 수연 씨는 아내의 연락을 받고 달려온 사장님에 의해 발견되어 구조되었다.

수연 씨는 몸을 추스르자마자 곧바로 경찰에 자수하였다. 사장님은 당연히 그녀를 해고하였고, 동생의 소식을 듣고 귀국하였던 오빠는 수연 씨가 한 일을 알게 되자 실망하여 미국으로 돌아가 버렸다. 수연 씨에게 남은 것은 아무것도 없었다.

"변호사님, 저는 약을 먹고 쓰러지다 한쪽 눈을 다쳤어요. 망막이 찢어져서, 당장 치료를 받지 않으면 실명할 거래요. 그런데, 한쪽 눈이 없어도 살 수는 있잖아요? 저는 제 눈을 치료하는 데 돈을 쓰지는 않을 거예요. 사는 데 필요한 아주 아주 최소한의 돈만 남기고 다 모아서, 전부 사장님께 드릴 거예요. 앞으로 남은 인생은 전부 사장님께 진 빚을 갚는 데 쓸 거예요. 다 갚을 수 있을지는 모르겠지만, 죽는 날까지 계속 갚으려고요."

수연 씨는 이후 치료를 단념한 채 낮에는 식당에서 설거지 일을 하고, 밤에는 양말을 포장하는 일을 하여 번 돈을 사장님에게 보내고 있다. 최소한의 생활비를 제하고 한 번에 25만 원, 85만 원, 크게는 200만 원씩 모이는 대로 보내는 것이다. 그리고 반드시 장문의 문자메시지를 보낸다. 어려운 시절 자신에게 일자리를 준 은혜에 감사했던 마음, 믿음을 저버리고 커다란 손해를 끼치게 되어 죄송한 마음, 그리고 앞으로 어떻게 노력하여 돈을 갚을 것인지에 대한 나름의 계획을 담아서.

예전에 미국 개척 시대의 양 도둑에 관한 글을 읽은 적이 있다. 당시에는 양 도둑이 많아, 미국 정부는 붙잡힌 사람의 이마에 양 도둑(Sheep Thief)이라는 의미로 S와 T 두 글자를 낙인하였다. 어느 날 두 사람의 양 도둑이 붙잡혔고, 두 사람 모두 이마에 ST 두 글자가 낙인되었다. 그중 첫 번째 양 도둑은 자포자기하여 나쁜 짓을 하다 비참하게 죽었다. 그러나 두 번째 양 도둑은 자신의 잘못을 크게 뉘우치고, 용서받기 위해 마을의 온갖 궂은일을 도맡아 하는 한편, 어려운 처지에 놓인 사람을 도우며 성실하게 살았다.

세월이 지나 그는 노인이 되었다. 그동안 양 도둑에게 글자를 낙인하는 법이 폐지되어, 이마에 새긴 ST의 의미를 기억하는 사람도 남아 있지 않게 되었다. 마을의 아이들은 두 번째 양 도둑의 이마에 찍힌 ST의 의미가 무엇일까 고민하다, 그것은 'Saint(성자)'의 약자인 St일 것이라고 결론지었다는 이야기였다.

수연 씨의 이야기를 들으면서, 나는 양 도둑 노인의 이야기를 떠올렸다. 우리는 누구나 크고 작은 잘못을 하며 살아간다. 그 과정에서 다른 사람에게 상처를 입히는 일도 더러 있을 것이다. 그때, 잘못을 합리화하거나 이미 벌인 일은 돌이킬 수 없다며 자포자기한다면, 그 잘못은 영원히 잘못인 채 남고 만다. 그러나 진심을 다해 사과하고 행동으로 속죄하려 노력한다면, 나아가 같은 실수를 하지 않기 위해 매 순간 스스로를 돌아본다면 어떨까?

나중에 사장님은 법원에 '수연 씨를 처벌하는 것을 원하지 않으니 선처하여 달라'는 처벌불원서를 제출하였다. 수연 씨는 집행유예의 선처를 받았다.

님아, 그 돈을 보내지 마오

"이경민 씨 되십니까. 저는 서울서부지검 수사관 김현수입니다."

의견서를 쓰다 말고 무심코 받은 전화였다. '검찰 수사관이라고? 그런데 왜 사무실로 전화하지 않고 휴대전화로 전화를 거셨을까?' 생각한 찰나, 김현수 수사관이 빠르게 용건을 이어나갔다.

"선생님의 은행 계좌가 사기 범죄에 이용되었다는 신고가 있었습니다. 잠시 통화 가능하십니까?"

그의 말에 따르면, 어느 사기꾼이 피해자들로부터 돈을 받으면서 수사를 피하려고 타인 명의의 은행 계좌를 이용했는데, 그 계좌의 명의인이 다름 아닌 나란다. 나는 그의 공범이므로 수사를 받아야 한다고 했다. 김현수 수사관은 사려 깊은 목소리로 덧붙였다.

"원래라면 저희 검찰청까지 오셔서 조사받으셔야 하지만, 사안이 워낙 시급하기 때문에 전화드렸습니다. 지금 전화로 조사를 받으시겠습니까? 지금 조사받지 않으시면, 절차대로 서류를 댁으로 보낼 것입니다."

나는 침착하게 대답했다.

"전화로 조사받는 게 가능한가요? 그러시면 안 될 것 같은데요. 그냥 소환장을 보내시죠."

"정말 그러기를 원하십니까? 댁으로 검찰 서류가 가는데요?"

김현수 수사관은 당황한 것 같았다.

"제가 정말 피의자가 맞다면 감수해야 하지 않겠습니까? 그냥 절차대로 조사받을게요. 그 서류가 뭐든 일단 보내시죠."

김현수 수사관은 '곧 서류를 보내겠다'는 말을 남기고 전화를 끊었다. 나는 김현수 수사관이 보낸다는 서류를 3년이 지난 지금까지도 받아보지 못했다.

수사기관을 사칭한 보이스피싱은 이제 제법 널리 알려진 고전적인 수법이다. 이제 보이스피싱범은 대출을 받게 해줄 테니 실적을 만들기 위해 우선 자신이 알려주는 계좌로 돈을 입금하라고 하거나, 직원을 보낼 테니 현금을 인출하여 그 직원에게 건네주라고 하기도 하고, 지인(주로 자녀)을 사칭하여 메시지로 대화하면서 신분증과 카드 정보 등을 요구하거나, 비상장 또는 상장 코인 투자를 권유하며 시세보다 저렴하게 매입할 수 있도록 해주고 고수익을 보장하겠다고 유혹하기도 한다. 최근에는 이런 사례도 있었다.

나의 지인은 얼마 전 직장 동료로부터 부친상을 알리는 문자메시지를 받았다. 그 메시지에는 링크가 달려 있었다. 그는 무심코 링크를 누르려다 뭔가 이상하다는 생각이 들어, 부고를 보내온 동료에게 전화를 걸었다. 그 동료는 부고 문자를 전송한 사실이 없다고 했다. 새로운 유형의 보이스피싱이었던 것이다. 문자메시지의 링크를 누르면 스마트폰이 악성코드에 감염되어 주소록에 저장된 지인들의 휴대전화로 같은 내용의 문자메시지가 무작위로 발송되고, 계좌에서 돈이 인출되기도 한다.

영화 〈보이스〉에서, 주인공 서준의 아내는 일하던 중 한 통의 전화를 받게 된다. 남편의 친구라는 사람은 자신을 변호사라고 소개하면서, 서준이 일하는 공사 현장에서 인명 사고가 났는데, 현장 작업반장인 서준이 그 사고에 연루되어 경찰 유치장에 갇힌 상태이고, 당장 합의금을 지급하지 않으면 구속될 것이라고 말한다. 놀란 서준의 아내는 아파트 중도금을 내기 위해 모아둔 8천만 원을 서준의 친구가 불러주는 계좌로 송금하고, 보이스피싱 조직원들은 계좌에 돈이 입금되자마자 즉시 그 돈을 인출한다.

만약 당신이 보이스피싱에 속아 현금을 건네주려 약속 장소로 나간다면 만나게 될 사람, 혹은 당신이 계좌이체한 돈을 현금으로 인출하는 사람, 그 사람이 바로 나의 피고인이다. 영화에서는 현금을 인출하는 사람도 조직의 일원으로서 전문적으로 임무를 수행하는 것처럼 그려지지만, 현실은 그렇지 않다.

영미 씨는 고등학생이던 무렵 집에서 가출하였다. 미성년 신분으로는 일자리를 구하는 데 한계가 있었다. 결국 영미 씨는 이곳저곳 떠돌다 성매매업소로 흘러 들어갔다. 갓 성년이 되던 때였다.

영미 씨는 업주가 시키는 대로 성실히 일했다. 불법적인 일이지만, 돈을 벌 수 있다는 데 감사했다. 그렇게 일하다, 영미 씨는 소개팅 어플에서 한 남자를 만나게 된다.

영미 씨는 그와 많은 대화를 나누며 자신을 이해하고 아껴주는 모습에 빠져들었고, 두 사람은 연인이 되었다. 사랑의 단꿈에 빠져 행복한 나날을 보내던 영미 씨는 어느 날, 남자친구로부터 함께 일하자는 제안을 받는다. 영미 씨의 남자친구는 IT 관련 사업을 하고 있는데, 개발한 물건의 대금을 받아올 사람이 필요하다고 했다.

"백마진을 받는 일이어서 기록이 남으면 안 돼. 그래서 물건 대금을 현금으로 받아오는 거야. 요새 믿을 만한 사람 구하기가 어려워서 너한테 부탁하는 거야. 너도 이제 그 일 그만하고 나랑 같이 일하면 좋잖아."

영미 씨는 남자친구의 배려에 진심으로 고마워하며 그가 시키는 대로 대금을 받아 정해진 계좌로 송금하는 일을 하다 경찰에 붙잡혔다. '뭔가 오해가 있는 것 같다. 법무팀 직원들이 가서 잘 설명할 테니 걱정 말라'던 남자친구는 곧 연락이 두절됐다.

영미 씨는 1심에서 사기로 징역 5년을 선고받고 교도소에 수감됐다. 교도소에서 만난 영미 씨는 너무나 해맑아서 말문이 막힐 지경이었다. 그녀는 내게 반성문과 피해자들에게 보낼 사죄의 편지 한 묶음을 보여주며 말했다.

"변호사님, 이것 좀 봐주세요. 이거 저랑 같은 방에 있는 언니들이 봐준 거예요. 제가 반성문이랑 편지를 열심히 썼는데요, 언니들이 보시더니, 그렇게 쓰는 거 아니라면서 열심히 고쳐줬어요. 역시 경력직은 다른가 봐요."

교도소 생활은 어떤지, 건강은 괜찮은지 묻는 내게 자랑스레 대답하기도 했다.

"처음에는요, 진짜 힘들었거든요. 그런데 언니들이 참 잘해 줘요. 여기서 어떻게 5년을 지낼지 막막하기도 했었는데요, 이제는 괜찮을 것 같기도 해요. 그래도 저는 형을 다 살고 나가도 아직 20대잖아요. 그게 어디예요. 언니들도 제가 어려서 부럽다고 했어요."

영미 씨는 말씨가 어눌하고, 상황 판단도 제대로 하지 못하는 것 같았다. 그녀는 웃는 일 말고는 아무것도 하지 못하는 사람처럼 보였다. 그 단순함과 모자람으로 인해 어플로 만나 얼굴 한 번 보지 못한 남자의 달콤한 말 몇 마디에 사랑을 느끼고, 아무런 의심 없이 5억 원에 이르는 피해금을 부지런히 날렸을 것이다. 나는 그녀의 대책 없는 해맑음과 그녀를 속인 이름 모를 보이스피싱 조직원에게 화가 났다.

영식 씨는 평생 가난하게 살아왔고, 지금은 국가로부터 기초생활수급비를 받아 아내와 둘이서 어렵게 생활하고 있다. 그는 생활고 때문에 하나뿐인 아들을 키울 때 좋은 것 하나 변변하게 해주지 못했고, 아들이 장가를 갈 때조차 해준 것이 없어 늘 미안한 마음이었다.

그러다 영식 씨는 아들 내외가 전셋집을 구한다는 말을 들었다. 그는 어떻게든 돈을 마련하여 아들과 며느리를 돕겠다고 결심했다. 때마침 영식 씨에게 '정부 지원 자금 대출이 가능하다'는 내용의 문자메시지가 도착했다. 영식 씨는 대출을 받아 아들 내외에게 주어야겠다는 생각에 메시지를 보내온 전화번호로 전화를 걸었다. 전화를 받은 은행 직원은 영식 씨에게 말했다.

"거래 실적이 부족해서 당장은 대출이 어렵겠습니다. 다소 편법적인 방법이긴 하지만, 은행 직원의 가족으로 등록해서 선생님 통장으로 입출금 거래 실적을 만들면 대출이 가능할 것 같은데, 도와드릴까요?"

영식 씨는 그 돈이 절실했기 때문에 자신을 도와달라고 했고, 은행 직원의 안내에 따라 자신의 체크카드 일련번호와 통장 비밀번호를 알려주었다. 수화기 너머로 은행 창구에서 나는 소리가 계속 들려왔기 때문에, 영식 씨는 아무런 의심 없이 체크카드를 퀵으로 보내기까지 했다.

이후 영식 씨의 계좌로 모르는 사람으로부터 돈이 입금되었다. 영식 씨는 불안한 마음에 은행 직원에게 전화하여 어찌 된 영문인지 물어보았고, 직원으로부터 '영식 씨의 거래 실적을 만들기 위해 은행 직원들 이름으로 입금과 출금을 반복하는 것이니 안심하라. 입금된 돈은 직원들의 돈이니, 안내한 계좌로 송금하면 된다'는 안내를 받았다.

영식 씨는 모든 것이 대출을 받기 위한 절차의 일환이라 믿고 그 직원의 지시에 따랐지만, 약속한 날이 지나도 대출이 실행되지 않았다. 영식 씨는 직원에게 전화하여 항의하면서 자신이 맡겼던 체크카드를 돌려달라고 하였으나, 직원은 체크카드를 돌려주지도, 약속했던 대출금도 주지 않은 채 연락을 끊어버렸다. 영식 씨는 전자금융거래법위반과 사기방조로 기소되었다.

"변호사님, 저는 정말 아들놈이 전세 얻는 데 보탤 돈이 필요했을 뿐입니다. 수화기 너머로 계속 은행 창구에서 나는 띵동띵동 소리가 났고, 사람들이 일하는 목소리도 들렸어요. 저는 정말 그 사람이 은행 직원인 줄로만 알았어요. 그런데 저 때문에 사람들이 피해를 많이 보았다고 하니, 제가 뭐라고 드릴 말씀이 없네요. 제가 아니었으면 그분들이 돈을 잃지 않았을 것 아니에요."

영식 씨는 이 일로 커다란 충격을 받았고, 이후 모르는 사람에게서 온 전화나 문자메시지는 일절 확인하지 않고 있다.

영숙 씨는 25년간 가정주부로 생활하면서 남편과 두 아이의 뒷바라지에 전념하였다. 그러다 두 아이가 모두 대학에 다니게 되자, 남편이 벌어오는 수입으로는 생활비와 학비를 모두 감당하기 어렵게 되었다. 영숙 씨는 자녀들의 학비를 벌기 위해 인터넷 구직 사이트에 이력서를 올리고 일자리를 구하였지만, 사회 경험이 없는 가정주부를 채용하는 곳은 없었다.

마음이 조급해질 무렵, 영숙 씨는 한 부동산 업체로부터 채용 제안을 받았다. 자신의 직급을 과장이라고 밝힌 사람은 영숙 씨에게 말했다.

"저희 업체는 외국이나 외지에 있는 고객의 부동산 거래를 돕는 일을 하고 있습니다. 우선 아르바이트 자리를 드리고, 이후 영숙 님께서 일하시는 것을 봐서 정규직 전환도 해드릴 것입니다."

영숙 씨는 당장 그 제안을 받아들였고, 회사에 아르바이트 지원서를 제출했다. 얼마 뒤 영숙 씨는 회사 담당자로부터 채용이 확정되었고, 부동산 거래를 위한 현장 조사 업무에 배치되었다는 안내를 받았다. 영숙 씨는 다음 날부터 거래 목적물인 상가 건물의 외부 사진과 주변 편의시설의 사진을 찍고, 이를 상권 분석 보고서와 함께 담당자에게 제출했다.

며칠이 지난 뒤, 영숙 씨는 상사로부터 '일을 열심히 하시고 성실하시니, 믿고 더 중요한 일을 맡길 수 있을 것 같다. 우리 회사에 부동산 매매를 의뢰한 고객들은 세금 문제 때문에 현금으로 거래한다. 그 돈을 받아 전달하는 일인데, 영숙 씨가 적임자'라는 말을 들었다. 영숙 씨는 정규직으로 전환될 것이라는 기대에 부풀어 새로운 업무를 열심히 수행했다. 그리고 일주일 뒤, 아무래도 이상하니 일을 그만두라는 가족들의 권유를 받아들여 일을 그만두었으나 이미 때는 늦었다. 영숙 씨는 자녀들의 대학 등록금을 마련하려 일을 시작하였지만, 이 일로 인해 오히려 모아두었던 자녀들의 학비 전부를 피해자들과 합의하는 데 소진했다.

KBS 〈시사직격〉 '2021 보이스피싱 보고서'에는 중국에서 보이스피싱 조직 총책으로 일하는 사람과의 인터뷰가 나온다. 그는 말한다. "사회 경험이 없고 일자리를 구하고 싶어 하는 청년들이 범죄에 끌어들여 이용하기에 가장 좋다. 보이스피싱을 인지하고 빠지려고 해도 빠질 수가 없다. 이쪽에서 협박이 들어가니까."

다행히 보이스피싱 피해 건수는 2019년 약 3.8만 건을 정점으로 매해 꾸준히 줄어들어 2023년 1.8만 건으로 약 절반 수준이 되었고, 피해 액수 또한 2021년 약 7,744억 원을 정점으로 매년 줄어들어 2023년에는 약 4,211억 원까지 내려왔다. 그러나 보이스피싱으로 인한 피해는 매일 발생하고 있고, 그 수법 또한 점점 더 교묘해지고 있어 여전히 큰 문제다.

내가 만난 피고인 중에는 사실을 알고도 당장의 생활비를 벌 욕심에 보이스피싱 현금 수거책 일을 한 사람도 있지만, 일자리가 절실해서, 또는 돈이 필요해서 자신이 무슨 일을 하는지도 모른 채 상선이 시키는 대로 일한 사람도 많았고, 심지어 보이스피싱 피해자였다가 피해금을 돌려준다는 말에 속아 현금 수거책이 된 사람도 있었다. 그들은 보이스피싱 피해자인 동시에 가해자였다.

재판을 마치고 법정을 나올 때, 황급히 나를 따라 나온 피해자가 있었다. 그는 울분에 찬 목소리로 나에게 말했다. "어떻게 저런 사기꾼을 변호할 수 있어요? 저 사람 때문에 내가 잃은 돈이 얼만데, 어떻게 저 사람이 아무것도 몰랐다고 말할 수 있어요? 저 사람한테 내 돈 돌려내라고 해주세요!"

나는 차마 그에게 피고인은 정말 보이스피싱인 줄은 몰랐다고 말할 수 없었다. 내가 할 수 있는 일이라고는 법원 정문 앞에 가만히 서서 그의 분이 풀릴 때까지 그의 말을 듣는 일뿐이었다.

노인과 국선

"그 사람은 신부의 탈을 쓴 악마예요"

미자 씨는 어느 겨울날, 피곤하여 평소보다 이른 저녁 7시경 잠을 청했다가 두 시간 반쯤 지나 잠에서 깨어났다. 그녀는 곧바로 동네 성당을 찾아가, 바닥에 놓인 짱돌을 주워들고 그대로 성당 현관문으로 던졌다. 성당의 문은 튼튼하여 흠집조차 나지 않았다. 천만다행으로 다친 사람도 없었다. 그녀는 특수재물손괴 미수로 기소되었다.

"변호사님, 그 사람은 신부의 탈을 쓴 악마의 자식이에요."

미자 씨는 입을 열자마자 신부님에 대한 적개심을 드러냈다. '아니, 신부님이 악마라니?' 미처 자초지종을 물을 새도 없이, 그녀가 말을 이어나갔다.

"제가 어쩐지 그날따라 너무 피곤하다 했지요. 그 사람이 저를 공격하기 위해 수를 쓴 게 분명해요. 그날 한 일곱 시쯤 되었을까, 잠이 쏟아져서 저도 모르게 잠이 들지 않았겠어요? 그런데 그 사제가 영혼으로 변해서 우리 집으로 찾아와서는, 나를 바늘로 찌르고 공격하는 거예요. 그 사람을 쫓아내려고 무진 애를 썼는데, 영혼이다 보니 아무리 해도 잡을 수가 없었어요. 그렇게 한참을 당하다 일어나서 성당으로 간 거예요."

그리고 단호하게 덧붙였다.

"그러니까 나는 정당방위예요."

미자 씨는 일찍 남편을 여의고 홀로 자녀들을 키워냈다. 일흔이 넘은 지금은 이따금 손주들의 재롱을 보는 것이 가장 큰 낙인 평범한 할머니였다. 그녀는 신실한 천주교 신자이기도 해서, 성당에 나가 예배를 드리는 일에도 열심이었다.

그런데 자녀들이 모두 결혼하여 떠난 집에서 너무 오래 혼자 있었던 탓일까. 그녀의 눈에 신부님이 성직자가 아닌 다른 존재로 보이기 시작한 것이 언제였을지 가늠이 되지 않았다.

미자 씨의 딸은 판결이 선고되고 나서야 뒤늦게 이 사실을 알았다.

"저희 어머니는 혼자서 삼 남매를 키워낸 씩씩한 분이세요. 자주 찾아뵙지는 못했지만, 전화드릴 때마다 별일 없이 잘 지내고 있다고 하셨는데…. 제가 아이들 키운다는 핑계로 어머니를 제대로 보살펴 드리지 못해서 이런 일이 생긴 것 같아서 죄송해요. 늦었지만, 지금이라도 잘해 보려고요." 미자 씨는 딸이 사는 곳에서 얼마 떨어지지 않은 가까운 곳으로 집을 옮겼다. 나는 그녀가 새로운 집에서 사랑하는 가족들과 더 많은 시간을 보내며 건강하게 지내고 있기를 바란다.

복지의 문제가 아니다

통계청이 2024년 3월 발표한 '2023 한국의 사회지표'에 따르면, 우리나라의 노인 가구 수는 꾸준히 증가하여 2000년 173만 가구였던 것이 2022년에는 533만 가구가 되었다. 약 3배가량 증가한 수치다.

독거노인 비율[1] 역시 매년 상승하는 중으로, 2023년에는 전체의 21.1%가 독거노인이다. 보건복지부에 등록된 치매 환자 가운데 독거노인의 비율은 32.3%에 달한다. 혼자 사는 55세 이상의 사람들은, 다른 이들과 함께 사는 사람들보다 치매에 걸릴 확률이 30% 더 높다는 연구 결과도 발표됐다.

노인은 각종 만성 질환으로 인해 주변의 도움이 필요한 경우가 많다. 함께 사는 가족이 있다면 다행이지만, 그렇지 않다면 일상생활을 하는 것조차 쉽지 않다. 정부는 독거노인을 위해 여러 사회보장제도를 마련하고 있지만, 여전히 복지의 사각지대에서 소외된 채 살아가는 노인들이 많은 것이 사실이다. 이미 초고령 사회의 문턱까지 진입한 우리나라에서 혼자 사는 노인 문제가 갈수록 심각해질 것은 자명하다.

독거노인 문제는 복지의 영역에서만 문제되는 것이 아니다. 나는 사건을 수행하면서 수많은 고령의 피고인들을 만나게 되는데, 그중 상당수가 혼자 살며 아무런 보살핌도 받지 못하고 있다. 연락이 닿는 가족이 아무도 없는 고령의 피고인들은 가난 때문에, 또는 스스로 인식하지 못하는 치매 증상으로 인하여 범죄자가 된다. 잘못이라는 인식도 하지 못한 채 크고 작은 잘못을 반복하다가 결국 교도소에 가거나, 자신이 저지른 잘못을 넘어서는 곤란한 상황에 처하게 되는 것이다.

....

1 독거노인 비율 = (65세 이상 1인 가구 수 ÷ 65세 이상 인구)×100
2 2020년 7월, 루팔 데사이(UCL Psychology & Language Sciences) 연구팀 발표

잘못을 모르거나, 잘못 그 이상이거나

병수 씨는 오래전 아내와 이혼한 뒤 지금까지 줄곧 혼자 지내왔다. 이혼하고 얼마 지나지 않아 자녀들과의 연락도 끊어졌고, 특별히 알고 지내는 사람도 없다. 젊었을 적에는 공사장에서 품을 팔아 생활하였지만, 80세를 바라보는 나이가 되니 아무도 그를 불러주지 않았다. 그는 거리에서 폐지를 줍기 시작했다. 운이 좋으면 고철을 손에 넣기도 했다. 그렇게 하루 벌어 하루를 사는 지난한 날들이 이어졌다.

그러던 어느 날, 병수 씨는 한 가게 앞을 지나다가 평소 재활용 쓰레기를 놓아두는 자리에서 마대자루에 담긴 제법 큰 고철을 발견하였다. 그 물건은 여기저기 녹이 슬어 있었고, 기다란 연통이 달려 있었다. 그의 눈에 그 물건은 못 쓰게 된 보일러 부품처럼 보였다. 그는 온종일 모은 폐지를 그 자리에 놓아두고, 대신 그 고철을 주워 자리를 떠났다. 그 물건을 고물상에 팔아 받은 돈은 5천 원이었다.

며칠 뒤, 그는 경찰로부터 연락을 받았다. 그가 가게 앞에서 주웠던 고철은 버려진 보일러 연통이 아니라 고급 외제 승용차의 부품이었다. 피해자가 중고차 거래를 하기 전 튜닝한 부분을 교체하기 위해 잠시 가게 앞에 내놓은 순정 부품을, 사정을 알지 못한 병수 씨가 가져갔던 것이다.

놀란 병수 씨가 피해자에게 연락했다. 제대로 사과하고 손해를 배상해 줄 생각이었다. 그의 연락을 받은 피해자는 중고 장터에서 50만 원에 거래되는 그 물건값으로 500만 원을 달라고 했다. 그러다가 나중에는 정신적인 손해배상을 포함하여 1,000만 원을 달라고 했다. 폐지를 주워 하루를 먹고 사는 병수 씨에게 그만한 돈이 있을 리가 없었다.

병수 씨는 거듭 미안하다고 사과하면서, 다만 그렇게 많은 돈은 구할 수 없으니, 합의금을 조정해 달라고 사정했다. 피해자는 여러 번 연락한 끝에 마지막으로 300만 원을 주면 합의해 주겠다고 하였지만, 병수 씨에게 그 300만 원은 혼자 힘으로는 마련할 수 없는 돈이었다.

결국 합의는 결렬되었다. 병수 씨는 불안한 목소리로 말했다.

"변호사님, 피해자분이 법에 대해 잘 안다고 했어요. 형사랑 민사는 따로라고 하면서, 제가 벌 받고 나면, 나중에 민사 소송을 하겠대요. 그러면 물건값에다 위자료까지 해서 1,000만 원을 줘야 한대요. 저는 돈이 정말 없어요. 그런데 나중에 또 재판을 받게 되면 어떡하죠?"

나는 깨달았다. 그 순간 그가 의지할 수 있는 사람은 세상에 나밖에 없다는 것을. 나는 그에게 혹여 민사 소송을 하게 되더라도 1,000만 원 전부가 다 인정되지는 않을 거라고 거듭 설명하였지만, 그의 불안은 쉽게 가라앉지 않았다.

그는 "나중에 소장을 받으면, 그걸 들고 나를 찾아오라"라는 말을 듣고 나서야 겨우 맞잡은 손을 풀었다. 사무실 문을 나서는 그의 초라한 뒷모습을 바라보면서, 만약 그에게 의지할 수 있는 다른 가족이 있었다면 상황이 조금 달라졌을까, 하는 생각이 들어 씁쓸했다.

나는 무죄예요

영복 씨는 1929년생이다. 올해 만 95세가 되는 고령으로, 오래전부터 학사 가운과 졸업장을 만드는 사업을 해왔다. 그런데 어느 날, 임대인으로부터 '임대차계약이 만료되면 퇴거하라'는 내용증명을 받았다.

임대차계약 만료일이 채 한 달도 남지 않은 때였다.

그는 당연히 크게 반발했다. 임대인에게 점포를 인도하지 않겠다는 내용증명을 보내기도 하였고, 갑작스럽게 계약을 종료하겠다고 통보한 일을 항의하는 문자메시지를 전송하기도 했다. 임대인은 결국 그의 점포를 찾아왔고, 그 자리에서 두 사람은 '임대인은 영복 씨에게 한 달의 말미를 더 주고, 영복 씨는 새로운 점포를 구하여 자리를 비우기로 한다'고 합의하였다.

시간이 흘러 임대인이 준 한 달의 기간이 모두 지나갔다. 영복 씨는 약속대로 상가를 비워주었지만, 임대인은 그에게 임차보증금을 돌려주지 않았다. 화가 난 그는 임대인을 상대로 보증금 반환청구의 소를 제기하였다. 그런데 그 과정에서 내용을 임의로 추가한 내용증명을 증거로 제출하였다가 사기미수죄로 기소되고 말았다. 그는 1심에서 유죄판결을 받았다.

영복 씨는 목발을 짚은 채 더딘 속도로 걷는, 작고 마른 노인이었다. 사무실 입구에서부터 내 방까지 스무 걸음을 걷는 동안 열 번을 멈춰서서 그를 기다려야만 했다. 그는 눈을 크게 뜨고, 입술을 굳게 다문 채 서두르지 않고 나를 따라왔다. 가녀린 팔이 목발 위에서 흔들렸다. 그의 팔이 흔들릴 때마다 나의 마음도 불안해졌다. 그가 드디어 의자에 앉았을 때, 나는 한 겁의 세월을 지나온 기분이었다. 그는 커다란 눈에 힘을 주며 말했다.

"받을 돈이 있어서 달라고 소송을 했을 뿐입니다. 나는 죄인이 아니에요."

그는 처음에는 나를 몹시 경계했지만, 대화를 나누면서 차츰 경계를 풀기 시작했다. 나중에는 자신의 이야기를 궁금해하는 내가 제법 마음에 든 눈치였다. 그는 나에게 5살이 되던 해 아버지를 여의고 홀어머니의 손에서 자랐고, 14세 되던 해부터 경성제국대학에서 소사로 일한 일, 17세 때 야간 고등학교에서 주산을 배워, 그 무렵부터는 서울대학교에서 경리로 일한 이야기를 들려주었다. 6·25 전쟁 때는 자신이 교직원들을 모두 피난시켰다며, 그 덕분에 목숨을 건진 사람이 여럿이라고 자랑스레 말했다.

전쟁이 끝난 뒤 자기만의 사업을 해야겠다고 결심하고, 대학교 졸업 가운과 졸업증서를 만드는 일을 시작하였다고, 국내 최초로 대학교 졸업증서에 하드커버를 씌우는 디자인을 고안한 사람이 다름 아닌 자신이라고 말하는 대목에 이르자 두 눈이 환하게 빛났다.

영복 씨는 10년 만에 무인도에서 빠져나온 사람처럼 쉴 새 없이 이야기를 늘어놓다가, 내가 적어준 공판기일이 적힌 종이쪽지를 소중히 들고 집으로 돌아갔다.

그로부터 두 달이 지나 재판 날이 되었다. 영복 씨는 항소이유를 묻는 재판장에게 말했다.

"검사와 변호사가 증거를 조작했고, 나를 속이고 서류를 만들었어요. 나는 이 사건 서류를 다시 한번 봐야겠고, 이대로는 재판 못 받습니다."

나는 다시 영복 씨를 불러 이야기를 들을 수밖에 없었다. 그는 거북이보다 느린 걸음으로 사무실에 와서, "문제가 된 점포에서 사업을 한 사람은 내가 아니라 내 딸입니다. 나는 무슨 계약을 체결한 적이 없어요. 그러니까 나는 무죄입니다"라고 말했다. 지금까지 진행된 사건기록을 보여주어도 막무가내였다. 그는 반복해서 말했다.

"나는 이 사건에 관해서 전혀 몰라요. 나는 무죄에요."

그의 딸과 전화하고 싶은 마음이 간절했다. 그러나 그는, 딸은 좋아하는 남자가 생겼다며 집을 나간 뒤 연락처를 바꿔버려서 이제 연락이 닿지 않는다고 했다. 명절이나 생일이 되어 전화하고 문자를 보내 보아도 답변이 오는 일은 없단다. 그는 딸의 새로운 연락처를 알지 못한 것은 물론이고, 이전에 사용하던 전화번호도 기억하지 못했다. 두 달의 시간 동안 그에게 무슨 일이 일어난 걸까? 나는 결국 대화를 포기하고 그를 집으로 돌려보낼 수밖에 없었다. 그리고 허탈한 마음으로 그가 소변을 지린 의자를 내다 버렸다.

이어진 재판 과정에서 내가 할 수 있는 일은 거의 없었다. 나는 예상했던 대로의 판결문을 받아 들고, 영복 씨가 상고장을 제출하는 모습을 말없이 지켜보았다.

추석에 영복 씨가 나에게 딸의 이름 두 글자가 적힌 문자메시지를 보내온 일이 있다. 그 이름 뒤에는 귀여운 빨간 하트 이모티콘이 붙어 있었다. 나는 이따금 생각한다. 혹시 그는 나의 전화번호를 딸의 전화번호라고 잘못 알고 있는 것은 아닐까? 아니면 다른 사람의 전화번호를 딸의 번호라 착각하고 연락하였던 것인지도 모른다. 아무도 그 메시지에 답을 하지 않았기 때문에, 그가 딸로부터 버림받았다고 믿게 된 것은 아닐까? 외롭고 힘든 노인에게 내가 한 덩이의 슬픔을 더 얹은 것은 아닐까? 그를 생각할 때마다 가슴 한편이 아려온다.

선 넘는 이웃들

　나는 법원에서 도보로 10분 거리에 있는 집에 살고 있다. 국선전담 변호사는 관할 법원에서 선정한 형사 국선 사건만을 담당하므로, 특별한 일이 없으면 외부 법원에 출정하지 않는다. 그래서 외출을 즐겨 하지 않는 나로서는 피고인들을 접견하러 교도소에 갈 때를 제외하고는 운전할 일이 거의 없다.

　어느 날인가, 접견을 위해 교도소에 가려고 내가 사는 아파트 주차장에 내려갔다가 내 자동차 앞 범퍼 부분에 커다랗게 흠집이 나 있는 것을 발견했다. 누군가 옆자리에 주차하려다 사고를 낸 것이 분명했다. 긁힌 자국이 큼지막하기도 했거니와 깊이 패어 있었기 때문에, 사고를 인지하지 못했을 가능성은 전혀 없었다. 문제는 이 사고가 언제 발생한 것인지, 누가 일으킨 것인지 알 수 없다는 것이었다. 나는 아무런 연락을 받지 못했고, 마지막으로 차량을 이용한 때로부터 최소 일주일의 시간이 지난 때였다. 차에 설치된 블랙박스는 주행 중에만 녹화하도록 설정되어 있어서 도움이 되지 않았다.

　나는 곧바로 경찰에 신고했다. 사건경위서를 쓰면서 헛웃음이 났다.

기록을 읽으며 숱하게 보면서도, 그것을 직접 쓰는 날이 오리라고는 생각하지 못했던 것이다. 그렇게 경찰의 도움을 받아 CCTV를 살펴보았지만 결국 범인은 찾지 못했다. 하필 그 자리는 CCTV의 사각지대여서 가해 차량을 특정할 수 없었기 때문이다. '가해자를 찾으면 합의는 어떻게 할까?' 따위의 생각을 떠올리며 진지하게 고민했던 스스로가 바보처럼 느껴졌다.

지금은 괜찮지만, 그 사건 이후 한동안 나의 마음은 어두웠다. 퇴근하며 아파트 단지로 들어설 때마다 자동차 앞 범퍼에 선명했던 검은 흠집이 떠올라 좀처럼 사라지지 않았다. 주차장에서 뒤쪽 범퍼에 흠집이 난 차량이 눈에 보일 때마다 원망 섞인 푸념을 늘어놓다가, 어느샌가 누군지도 모를 범인이 언젠가는 같은 일을 당하기를 바라기 시작했다. 시간이 좀 더 지나자, 이웃들이 모두 가해자처럼 보이기도 했다. 어쩌면 반갑게 인사하는 옆집 아주머니가 범인일 수도 있다. 이웃들에 대한 불신이 극에 달했을 무렵, 나는 형주 씨와 동주 씨를 만났다.

그들은 형제임에도 닮은 구석이 조금도 없어 신기할 정도였다. 형주 씨는 큰 키에 건장한 체격을 가졌고, 동생인 동주 씨는 여자인 나보다도 작고 마른 모습이었다. 형주 씨가 차분한 성품에 걸맞게 조용한 목소리로 조곤조곤 말하는 동안, 동주 씨는 불편한 얼굴로 가만히 있다가 나의 질문에 간단히 대답하곤 했다. 퉁명스러운 말투에서 강한 자존심이 엿보였다. 외모도 성품도 다르지만, 의 좋은 형제였다. 결혼한 이후에도 자주 왕래하며 평화롭게 지내던 형제의 일상은, 한 이웃 때문에 산산이 부서지고 말았다.

동주 씨는 작은 체구로 인해 어린 시절부터 놀림을 받았다. 괴롭힘에 앞장섰던 A는 때를 가리지 않고 그를 무시했다. 공부라도 할라치면 "네까짓 게 무슨 공부냐"는 말이 비수처럼 꽂혔다. 말과 함께 주먹도 날아들었음은 물론이다. 동주 씨는 말수가 차츰 줄어들었다. 대화할 때 눈을 마주치지 못하고 불안하게 바닥을 훑는 습관은 아마 그때 생긴 것이리라. 퉁명스러운 말투는 자신을 지키기 위한 최소한의 무기일 테다.

힘겨운 학창 시절을 보내고 졸업하고 나서야 동주 씨는 제대로 숨을 쉴 수 있었다. 결혼하여 살림을 낸 이후로는 A와 사는 동네도 달라졌다. 그는 A가 없는 곳에서 차츰 안정을 찾았다. 이따금 놀러 온 형과 함께 살아가는 이야기를 나누는 것이 작은 낙이었다. 그러던 어느 날, 거짓말처럼 A가 윗집으로 이사를 왔다. 동주 씨는 엘리베이터에서 처음 A와 마주친 날을 잊지 못한다고 했다.

우연히 A를 마주친 이후, 동주 씨의 집은 윗층에서 나는 소음으로 채워져 갔다. 처음에는 발걸음 소리가 나더니, 이윽고 물건 끄는 소리가 더해졌다. 코로나-19 바이러스로 전국이 떠들썩해지자, 소음은 더욱 심해졌다. 정부의 코로나-19 방역 지침으로 음식점에 출입 인원 제한이 생기자, A가 집을 아지트로 삼은 모양이었다.

A는 하루가 멀다 하고 친구들과 함께 밤늦도록 술을 마시며 시끄럽게 놀았고, 반년쯤 지나니 소음이 밤낮을 가리지 않게 되었다. 동주 씨는 A 일행의 고성방가와 괴성, 큰 소리로 내지르는 욕설 때문에 극심한 스트레스에 시달렸다.

그는 A를 찾아가 '제발 조용히 해달라. 최소한 잠이라도 잘 수 있도록 밤에는 조용히 해주면 안 되겠느냐'고 부탁했지만, 아무런 소용이 없었다. 오히려 A는 "같잖네. 네가 감히 건방지게 나에게 항의를 해?

언제부터 그렇게 당당했냐?"라고 말하며 욕설을 퍼부었다. 그런 날이면 A는 보란 듯이 더 큰 소리로 떠들어 댔다. 그렇게 다시 1년이 지나갔다.

어느 날인가, 동주 씨의 집에 형이 찾아왔다. 이야기를 나누다 시간이 늦어, 형주 씨는 동주 씨의 집에서 하룻밤 묵어가기로 했다. 형제가 잠을 청하려는데 또다시 A의 집에서 시끄러운 소리가 나기 시작했다. 거하게 술판을 벌인 모양이었다. 평소와 별로 다를 것도 없는 소음이었지만, 동주 씨는 더 이상 못 참겠다는 생각이 들었다. 동주 씨는 창문을 열고, 위를 향해 소리쳤다.

"조용히 좀 해라. 도대체 왜 그렇게 시끄럽게 하는 거야? 한두 번도 아니고 매일같이!!"

그 소리를 들은 A도 소리쳤다.

"같잖은 게 또 주제를 모르고 소리를 질러? 나랑 한판 붙자. 내가 오늘 너를 죽여버려야겠다. 우리 집으로 올라와라."

두 사람은 누가 먼저랄 것도 없이 집 밖으로 달려 나왔다. 계단에서 마주치자, A는 곧바로 동주 씨에게 달려들며 주먹을 휘둘렀다. 동주 씨는 처음에는 공격을 피하려 했지만 여의치 않아, 나중에는 함께 주먹을 내지르기 시작했다.

동생이 걱정되어 잠을 이루지 못하고 방 안을 서성대던 형주 씨는 바깥에서 다투는 듯한 소리가 들려오자 소스라치게 놀랐다. 동생이 A로부터 심하게 맞고 있는 것은 아닌가 하는 생각으로 한달음에 뛰어나온 형주 씨의 눈에 엉켜 있는 두 사람의 모습이 보였다. 싸움을 말리려 하였지만, 흥분한 두 사람의 귀에 형주 씨의 말이 들어올 리 없었다. 형주 씨는 싸움을 멈추게 하려고, 덩치가 월등히 크고 힘도 더 센 A를 밀쳐냈다. 당황한 A가 행동을 멈춘 순간, 동주 씨의 주먹이 A의 얼굴로 날아들었다. A는 중심을 잃고 뒤로 넘어졌고, 계단에서 굴러 크게 다치고 말았다.

"A는 예전부터 저를 무시하고 함부로 대했어요. 1년 반이 넘는 동안 그 집에서 나는 소리 때문에 너무 힘들었어요. 정신이 이상해지는 것 같았다니까요. 아무리 좋게 부탁해도 소용이 없고, 오히려 A는 제가 부탁할 때마다 더 큰 소리를 냈어요. 참다 참다 그날은 도저히 못 견디겠더라고요. 그래서…."

동주 씨는 말끝을 흐렸다. 그런 동생을 바라보던 형주 씨도 가라앉은 목소리로 덧붙였다.

"그때 제가 A를 치지 말았어야 했어요. 동생이 맞고 있는 모습을 보니까, 저도 모르게 그만…. A가 그렇게 넘어져 다칠 줄 알았다면 절대로 그렇게 하지 않았을 거예요. 그날의 일이 너무 후회돼요."

나는 눈앞에 앉아 있는 동주 씨가 안쓰러웠다. 그가 오랜 세월 받은 상처가 어떤 상태일지 가늠조차 되지 않았다. A와 다시 마주친 날, 그의 집은 소중한 보금자리에서 지옥으로 변했을 것이다. 그는 지옥을 견디다, 한순간의 충동으로 전과자가 되었다.

이웃과의 다툼으로 일상의 안식을 잃은 사람은 동주 씨뿐만이 아니다.

정웅 씨는 은퇴 후 도시 생활을 접고, 아내와 함께 한적한 마을로 이사했다. 조용한 마을에서 정해진 일정 없이 텃밭을 가꾸고 아내와 산책

하며 지내는 것이 오랜 소망이었다. 그는 평생 모은 돈으로 작은 건물을 샀다. 꼭대기 층에 새로운 보금자리를 마련하고, 1층부터 3층까지는 상인들에게 세를 놓았다. 자식들을 생각하는 마음으로 수확한 상추나 고추 같은 채소를 세입자들에 나누어 주었다. 세입자들도 정웅 씨를 삼촌처럼 따랐다. 카페를 운영하는 사람은 이따금 쿠키를 가지고 올라왔고, 다른 가게 주인들도 짐을 옮겨주거나 명절이면 작은 선물을 가져다주기도 했다. 평온하고 행복한 나날이었다.

어느 날 세입자 B가 새로 들어왔다. 그는 정웅 씨는 물론 다른 누구와도 인사를 나누지 않더니, 영업을 시작한 날부터 매일 다른 가게 입구에 자신의 차량을 주차했다. 항의를 받자 "건물 주차 공간이 협소하니 어쩔 수 없지 않냐"고 말할 뿐이었다. 정웅 씨가 중재에 나섰지만, 달라지는 것은 없었다. 나중에는 정웅 씨의 연락을 받지도 않았다.

B의 차량을 이동시키기 위해 견인 회사와 시청에 연락해 보았지만, '사유지에 주차된 차량이니 견인할 수 없다'는 대답이 돌아왔다. 정웅 씨는 생각 끝에 B의 차량 뒤쪽에 자기 차를 주차해 보기로 했다. 차를 움직일 수 없게 되면 연락을 하지 않을까.

그런데 아무리 기다려도 정웅 씨의 휴대전화는 조용하기만 했다. 답답한 마음에 밖으로 나온 정웅 씨는, 건물 앞에서 경찰과 마주쳤다.

"혹시 여기 뒤쪽 차의 주인이십니까? 신고를 받고 왔습니다. 차량을 이동하시죠."

정웅 씨는 곧바로 차를 다른 곳으로 옮겼지만, B가 '정웅 씨 때문에 차를 사용하지 못해, 아내가 지하철을 타고 퇴근했으니 처벌해 달라'고 했다. 정웅 씨는 결국 재물손괴죄로 처벌받고 말았다.

그 사건 이후 B는 건물 관리비나 전기세를 일절 내지 않았고, 정웅 씨와 세입자들이 나누어 내기로 되어 있는 수도 요금도 제대로 주지 않았다. 다른 가게 주인들의 불만이 폭주했다. 모두들 입을 모아 말했다.

"B 때문에 너무 불편해요. 조금만 신경을 건드리면 소리를 지르고, 문 앞에다 계속 차도 대놓고. 도저히 장사를 할 수가 없어요. 사장님이 대신 말 좀 해주시면 안 될까요?"

그러나 B의 반응은 한결같았다.

"여기는 내가 내 돈 들여 인테리어하고 들어온 내 가게야. 내가 쓴 인테리어 비용을 다 물어주기라도 할 거야? 그게 아니면 가라고!!"

그가 흥분하며 소리를 질러대는 통에, 제대로 대화할 수 없었다.

언제부턴가 B는 정웅 씨를 마주칠 때마다 인상을 쓰고 작은 소리로 욕을 하기 시작했다. 계단에서 실수인 척 몸을 부딪쳐 넘어질 뻔한 적도 여러 번이었다. 스트레스 때문이었을까. 정웅 씨에게 가벼운 치매 증상이 나타났다. 설상가상으로 아내의 몸이 아프기 시작했다. 그는 더 이상 건물을 관리할 수 없었다. 결국 먼 데 살던 큰딸 정미 씨가 이사 왔다.

정미 씨는 그간의 일을 알고 화가 나서 견딜 수가 없었다. 그녀는 정웅 씨와 함께 B를 찾아갔다.

"지금 몇 달째 월세가 밀렸는지 아세요? 월세를 주지 않으면 임대차 계약을 해지할 수밖에 없어요. 밀린 관리비도 주세요. 언제까지 주실 거예요? 지금 말씀해 주세요."

B는 대답 대신 욕설을 하더니, 정미 씨를 향해 팔을 휘두르고 발길질하기 시작했다. 정웅 씨는 깜짝 놀라 딸의 앞을 막아섰다. B가 다가

오지 못하도록 손을 휘젓다, 그 손이 B의 얼굴에 닿았다. 문제는 그가 휴대전화를 들고 있었다는 사실이다. B는 또다시 정웅 씨를 고소했고, 정웅 씨는 특수상해죄로 기소되었다.

정웅 씨의 사건 기록을 읽는 내내 가슴이 답답했다. 그에게 상황을 좋게 해결할 다른 방법이 있었을까? 나에게는 그 방법이 떠오르지 않았다.

예전에는 반찬을 많이 하면 이웃과 나누어 먹었고, 늦게 퇴근하는 부모님을 기다리는 아이가 있으면, 옆집에서 불러 함께 저녁을 먹었다. 정겨운 시절이었다. 그렇게 함께 지내던 이웃들은 어디론가 사라져 버렸다. 새로 이사 왔다며 떡을 돌리고, 부모님을 기다리는 아이를 대신 맡아주는 일은 이제 거의 없다.

요즘 우리 주변에 선을 넘는 사람들이 너무 많아졌다. 이웃의 차에 흠집을 내고도 모르는 척 넘어가는 사람, 일부러 층간 소음을 일으키는 사람, 심지어 얼굴도 잘 모르는 이웃에게 흉기를 휘두른 사람들의 이야기가 심심치 않게 들려온다. 예전이 좋았다거나, 그때로 돌아가자는 말을 하고 싶은 것은 아니다. 다만, 세상이 아무리 변했다 한들, 넘지 말아야 할 선은 정해져 있다는 사실을 모두가 기억했으면 좋겠다. A가 동주 씨를 존중했다면, 그리고 B가 정웅 씨와 이웃들을 조금만 배려했다면, 동주 씨와 정웅 씨가 나를 만나는 일은 없었을 것이다.

"국선이라 그래요?"

"…다시 말씀드립니다. 주민 여러분께서는 속히 대피하시기 바랍니다."

새벽 2시, 요란하게 울리는 화재 경보에 잠에서 깼다. 온 집안을 뒤흔드는 사이렌 소리와 함께, 대피하라는 안내 음성이 끊임없이 흘러나왔다. 무슨 상황인지 미처 파악하기도 전에, 내 머릿속에 가장 먼저 떠오른 것은 가족도 지갑도 아닌, 사건 기록이었다. 항소이유서의 제출 기한을 하루 앞둔 사건 기록이 책상 위에 놓여 있었다. 아침에 교도소에서 피고인을 만나 이야기를 나눈 뒤 항소이유서를 작성하려고 사무실에서 챙겨나온 참이었다. 지금 기록이 불타버리면 큰일이다. 기록이 없으면 기한 내에 항소이유서를 제출하지 못할 수도 있고, 그렇게 되면 나의 피고인은 법정에서 다퉈볼 기회도 얻지 못한 채 사건이 끝나버리기 때문이다.

생각할 겨를이 없었다. 나는 옷도 제대로 챙겨입지 못한 채 기록을 짊어지고 밖으로 뛰쳐나왔다. 한 번에 계단을 두세 개씩 건너뛰며 가까스로 1층에 도착한 뒤에야, 뒤늦게 따로 살고 있는 가족들의 얼굴이 떠올랐다. 집에 두고 온 소중한 물건들도 하나둘 생각났다. 그 모든 것을 남겨두고 들고 나온 것이 사건 기록이라니. 허탈한 마음에 웃음이 나왔다. 화재 경보기가 오작동한 것이라는 안내를 받고 다시 집으로 올라오는 동안 많은 생각을 했다.

국선변호인에 대한 세간의 인식은 좋지 않다. 영화 〈부당거래〉에는 국선변호인에 대한 대중의 인식을 적나라하게 보여주는 인물이 등장한다. 국선변호인인 그는 내내 무성의한 태도로 일관하다, 역정을 낸다.

"제가 국선변호하면 얼마 받는 줄 아세요? 30만 원 받아요, 30만 원!!"

다른 영화나 드라마에 나오는 국선변호인의 모습도 이와 크게 다르지 않다. 그들은 무기력하고 성의가 없다. '국선 사건은 돈이 되지 않는다'고 말하는 그들이 사건 수행을 제대로 할 것이라는 생각은 도무지 들지 않는다.

국선변호사는 사선 사건을 수행하면서 국선 사건을 병행하는 일반 국선변호사와, 법원에서 월급을 받으며 법원에서 선정하는 국선 사건만을 수행하는 국선전담변호사로 나뉜다. 일반 국선변호사는 한 건당 정해진 보수를 받지만, 국선전담변호사는 수행하는 건수와 상관없이 매월 일정한 급여를 받는다.

국선전담변호사는 평균적으로 매월 25건의 새로운 사건을 받는다. 법정 영업일 기준으로 단순 계산하면, 하루에 한 건 이상을 소화해 내야 하는 것이다. 특별한 사정이 없다면 사건이 종결될 때까지 계속 재판을 수행한다. 한 사건이 끝날 때까지 짧으면 2개월, 길게는 몇 년이 걸린다. 자연히 맡고 있는 사건의 수는 계속 누적된다. 결국 진행 중인 사건의 개수는 80건이 될 수도, 100건이 될 수도 있다.

하나의 사건을 처리하기 위해서는 우선 사건 기록을 검찰이나 법원에서 복사해 온 뒤, 읽고 정리해야 한다. 보통은 300~500쪽짜리 한 권, 많게는 수십 권에 달하는 경우도 있다. 사실관계와 중요 쟁점을 파악하고 나면 피고인을 만난다. 불구속 피고인이라면 전화로 면담하거나 사무실 방문 일정을 잡고, 구속 피고인이라면 시간을 내어 교도소로 접견을 가야 한다. 피고인과 이야기를 나누며 변론 방향을 정하면, 최종적으로 의견서를 제출한다. 피고인이 합의를 원할 경우, 피해자에게 연락하여 합의 과정을 논의한다. 피해자는 한 명일 수도 있지만, 사건에 따라 수십 명일 수도 있다. 피해자가 피고인과의 연락을 원치 않는다면, 그와 연락하여 합의서를 받고 피고인으로부터 합의금을 받아 전달하는 일까지 모두 변호인의 일이다. 이 모든 일은 재판을 준비하고 법정에 출석하는 시간을 제외하고 남는 시간에 끝내야 하는 것이다. 사정이 이렇다 보니, 한 건마다 들일 수 있는 시간이 제한적일 수밖에 없는 것은 사실이다.

그런 상황에서도, 나를 비롯한 국선전담변호사들은 각자가 피고인을 보호하는 최후의 보루라는 사명감으로 최선을 다해 일하고 있다. 거의 매일 야근하고, 주말 내내 사건 기록을 검토하는 동료도 있다. 하지만 열심히 일해도 어떤 피고인은 우리에게 '당신은 내가 낸 세금으로 월급 받는 사람'이라거나, '어차피 국선은 나 같은 사람을 위한 존재들'이라고 말하며 그 노력을 당연하게 여긴다. CCTV에 범행 장면이 고스란히 담겨 있음에도 '그 영상은 조작되었다'고 변명하는 피고인에게, 그런 주장을 하면 오히려 불리할 수 있다고 안내하면, 대뜸 '국선이라 그러냐. 당신이 검사냐 변호사냐' 하며 호통을 치기도 한다. 그럴 때마다 찬물을 뒤집어쓴 기분이 된다.

"당신, 지금 이거 폭행이야"

성호 씨는 이웃들과 사이가 좋지 않았다. 그의 땅이 대로변에 붙어 있었는데, 마을 사람들이 모두 그 땅을 통행로로 삼아 지나다녔기 때문이다. 처음 사람들이 걸어서 지나다닐 때는 괜찮았지만, 차츰 차량 통행이 늘어나 흙먼지가 자주 일기 시작했다. 주변이 개발되어 주택 공사가 시작되자 상황은 악화되었다. 하루에도 여러 번 흙과 자재를 실은 화물차량이 지나는 통에 먼지와 소음이 더욱 심해졌기 때문이다. 그는 생각 끝에 큰길에서 자기 땅으로 통하는 진입로에 60cm 높이의 모래주머니를 쌓아두었다가 일반교통방해죄로 기소되었고, 1심에서 벌금형이 선고되었다.[3]

나는 그의 항소심 변호를 맡게 되었다. 사건 기록을 검토해 보니, 그는 진입로에 모래주머니를 쌓아둔 사실을 모두 인정하였고, 경찰의 조사가 끝나기 전 모래주머니를 모두 치운 상태였다. 무죄를 다툴 사안은 아니라는 생각이 들었다.

세 번의 시도 끝에 성호 씨가 전화를 받았다. 나의 신분을 밝히고 항소한 이유를 확인했다. 나는 그가 무죄를 다투지는 않고, 다만 벌금을

....

3 자기 소유의 땅이라도, 다른 사람들의 유일한 통행로로 사용되는 길을 막으면 처벌의 대상이 된다.

깎기 위해 항소했을 것이라 생각했다. 그러나 그 예상은 보기 좋게 빗나갔다. 그는 벌컥 화를 내었다.

"아니, 거기는 내 땅이라니까, 왜 자꾸 사람들이 다니냐고 물어? 내 땅에 모래주머니를 쌓은 게 왜 잘못이냐고? 내가 내 땅을 어떻게 쓰든, 누가 뭐라고 할 자격이 있어? 그리고, 나는 그 모래주머니 다 치웠다니까. 그럼 된 거 아니야?"

그는 잠시 숨을 고르고는 다시 말했다.

"1심 판사도 말이야, 사건 현장에 한 번을 오질 않고 말이야. 그쪽도 마찬가지야. 사건을 맡았으면 직접 와서 얼굴을 보고 얘기를 해야 할 거 아니야. 나 전화로는 더 할 말 없어. 언제 올 거요?"

난감했다. 그의 집까지는 꽤 거리가 있었고, 무엇보다 사건이 있은 지 2년이 지나, 현장에 간들 새롭게 얻을 수 있는 정보는 없을 것이기 때문이었다. 나는 현장에 가지 않겠다고 대답했다.

"쯧. 국선이라 그래요? 나 그냥 돈 주고 다른 변호사 구할 겁니다."

그는 인사도 없이 전화를 끊었다.

이후 항소이유서 제출 기한이 다 될 때까지도 사선변호인의 선임계는 제출되지 않았다. 나는 고민하다, 우선 피고인의 입장을 정리한 항소이유서를 제출했다.

시간이 흘러 공판 기일이 되었지만, 그의 변호인은 여전히 나였다. 그는 결국 사선변호인을 선임하지 않은 것이다. 재판장이 사건번호와 성호 씨의 이름을 불렀다. 찜찜한 마음으로 변호인석에 앉았다. 사건을 진행하기 위해 재판장이 이름과 생년월일을 물었는데, 성호 씨는 대답을 하지 않고 질문을 했다.

"그런데요 판사님, 제 변호사님이 대체 누굽니까?"

재판장은 어리둥절한 표정으로 나와 성호 씨를 번갈아 보았다.

"지금 피고인 옆에 앉아 계시는 분이 피고인의 변호인이에요."

그러자 성호 씨는 나를 잠시 훑어보고는 다시 말했다.

"저는요, 이분 한 번도 만나본 적도 없고요, 얘기도 해본 적 없어요. 저는 변호사 없이 재판받는 줄 알았는데, 변호사가 있다고 하시니 좀 황당하네요."

당황스러운 쪽은 오히려 나였다. 결국 다음번에 다시 재판을 진행하기로 했다.

나는 서둘러 법정 밖으로 나가, 잰걸음으로 멀어지는 성호 씨를 불렀다. 그는 나를 살짝 돌아보더니, "당신과는 더 할 말이 없다"며 그대로 돌아가려 했다. 다급한 마음에 그의 소매를 잡았다. 그가 갑자기 몸을 돌리더니, 큰 소리로 말했다.

"어어? 당신 지금 이거 폭행이야. 알지?"

그는 곧바로 휴대전화를 꺼내 경찰에 신고했다. '법원에서 변호사로부터 폭행을 당했으니 빨리 출동해 달라'는 것이었다.

경찰은 처음부터 법원 경내에 있었던 것처럼 빠르게 도착했다. 먼저 신고자인 성호 씨와 이야기를 나눈 뒤, 경찰이 나에게 다가왔다.

"폭행을 당했다기에, 남자 변호사님인 줄 알았어요. 잘 아시겠지만, 소매만 잡아도 폭행이 맞지 않습니까. 왜 그러셨어요?"

"마음이 급해서요."

"국선변호인이시라 들었는데요."

"맞습니다."

"참… 신고가 들어온 이상, 조사를 해야 해서요. 나중에 조사받으시라고 연락이 갈 거예요."

일을 마치고 돌아가는 경찰과 성호 씨의 뒷모습을 물끄러미 바라보았다. 내가 변호하는 피고인이 나를 경찰에 신고하다니. 좀처럼 마음이 진정되지 않았지만, 자리를 벗어날 순 없었다. 출석해야 하는 다른 사건이 더 있었기 때문이다.

이 사실을 알게 된 지인 변호사들은 혹시라도 기소된다면 기꺼이 변호를 맡아주겠다고 나섰다. 유례없이 큰 규모의 호화 변호인단이 꾸려질 수도 있었지만, 다행히 내가 경찰에 출석하는 일도, 폭행죄로 기소되는 일도 없었다. 담당 경찰이 성호 씨를 설득해 이 일을 사건화하지 않도록 해준 덕분일 것이다.

"하는 거 봐서 돈 좀 주고 맡기려고 했는데"

민지 씨는 서울에 있는 4년제 대학을 졸업하고, 누구나 알 만한 직장에 취직했다. 밝고 순탄한 인생이 펼쳐질 것이라는 기대에 잔뜩 가슴이 부푼 상태로 출근한 첫날, 그녀가 장밋빛으로 칠한 미래는 검게 변했다. 업무가 익숙하지 않은 탓에 크고 작은 실수를 저질렀다. 실수를 하지 않으려 애써보았지만, 마음대로 되지 않았다. 하는 일마다 지적을 당했고, 상사의 폭언이 계속됐다. 매일 이어지는 야근은 덤이었다. 그 상태로 반년이 지나자, 불면증이 시작됐다. 민지 씨는 낮에는 회사 일로, 밤에는 불면증으로 괴로웠다.

그러던 어느 날, 남자친구가 '잠이 잘 오는 약이 있다'며, 함께 먹자고 했다. 아무런 의심 없이 먹었던 그 약은 마약이었다. 그녀는 첩보를 받고 출동한 경찰에 현행범으로 체포되었다. 그녀는 구속 상태로 조사를 받고 기소되었다. 재판이 시작되기 전, 그녀는 몸이 아프다며, 법원에 '구속의 집행을 정지해 달라'는 신청서를 제출했다. 법원은 이를 받아들이지 않았다.

민지 씨는 몸이 몹시 마른 상태였다. 대기실에서부터 금방이라도 넘어질 것처럼 걸어오더니, 접견실 문을 힘겹게 열었다. 그녀의 눈으로 시선이 갔다. 모든 것이 작고 가냘픈 가운데, 커다랗고 새까만 눈동자가 존재감을 과시하고 있었다. 그 큰 눈이 나를 응시했지만, 어쩐지 나를 바라보는 것 같지 않았다. 기묘한 느낌이었다.

그녀는 내가 미처 입을 떼기도 전에 빠르게 말을 쏟아내었다.

"변호사님, 저 몸이 아파요. 법원이 구속집행정지신청을 기각했어요. 이거 불법 아닌가요?"

"민지 씨 입장에서 부당하다고 생각할 수는 있겠지만, 불법은 아니에요."

"왜요?"

"어디가 어떻게 아파요? 따로 진단받거나, 쓰러진 적 있어요?"

"그건 아닌데, 저 지금 아프다니까요?"

"구속집행정지는 정말 중한 병에 걸렸거나, 부모님 상을 당한 것 같은 급박한 사정이 있을 때가 아니면 받아들여지기 어려워요."

민지 씨의 입술이 동그랗게 벌어졌다가, 곧 일자로 다물어졌다. 그녀가 냉랭한 목소리로 말했다.

"변호사님, 솔직히 저 오늘 변호사님 하시는 거 봐서, 괜찮다 싶으면 돈 좀 드리고 계속 사건 맡기려고 했거든요? 그런데 말씀 들어보니까, 제 사건을 제대로 이해하지도 못하고 계신 것 같아요. 국선이라 그런가. 어차피 이런 식이면 더 말해 봤자 소용없을 것 같아요. 갈게요."

그녀는 말을 끝마치기 무섭게 변호인접견실 밖으로 나갔다. 그녀를 어디서부터 어떻게 설득해야 할지 도무지 알 수 없었다.

성호 씨와 민지 씨 말고도 '국선이라 그렇냐'고 말하는 피고인은 많다. 피고인뿐 아니라 그 가족 중에도 있다. 나는 그 말을, 조금 더 자기 사건을 신경 써달라는 의미로 새긴다. 그렇게 생각하면서도 막상 그 말을 들으면 사건을 위해 들였던 숱한 시간이 허무해진다. 어쩔 수 없이 화가 난다. 국선도 열심히 한다는 것을 보여주겠다는 오기는 나지 않는다. 기대에 맞춰 의욕 없이 일해 볼까, 하는 생각도 들지만, 차마 그렇게 하지는 못한다. 동료들에게 하소연하며 슬픈 마음을 서로 다독이는 수밖에.

이 아이들을 어떻게 해야 할까

"변호사님, 저는 진짜 아니에요. 믿어주세요."

민준이는 벌써 두 번째 바닥에 무릎을 꿇었다. 눈물을 흘리며 두 손을 싹싹 비는 아들을 바라보는 그 어머니의 눈시울도 붉어졌다.

"민준이 너, 정말로 잘못한 거 아니지? 잘못했으면 벌을 받아야 하는 거야."

"아니야. 나 진짜 안 했어."

"변호사님, 애가 거짓말을 하는 애가 아니에요. 좀 도와주세요."

민준이 어머니의 부탁을 듣는 내 심경은 복잡했다. 기록상 민준이가 잘못한 것이 명백했기 때문이다.

민준이의 이중생활

민준이는 평소 집에서 부모님과 대화도 많이 하고, 곧잘 장난을 치는 밝은 아이다. 학업 성적도 훌륭하고, 어른들께 싹싹하기로 칭찬이 자자하다. 엄마에게는 어디에 내놓아도 자랑스러운 아들일 테다. 전적인 믿음. 나는 민준이 어머니에게서 그 믿음을 보았다.

그런데 집 밖에서의 민준이는 사뭇 달랐다. 선생님들께는 예의 바르게 행동했지만, 어른이 없는 곳에서는 친구들을 때리고 윽박지르기를 일삼았다. 자연히 아이의 곁에는 질이 나쁜 친구들이 모여들었다. 그 무리의 우두머리는 당연히 민준이었다. 어른들의 믿음을 무기로 한 그를 당할 친구는 없었다. 말 한마디면 친구들을 마음대로 부릴 수 있다. 그것이 대단한 권력처럼 느껴졌던 모양이다. 그 기분에 취한 민준이는 선을 넘고 말았다.

민준이와 같은 학년에 유진이라는 여학생이 있었다. 그 아이는 새로 나온 휴대전화를 가지고 싶었지만, 부모님이 사주지 않아 거의 매일 부모님과 다투는 상태였다. 사정을 안 민준이가 접근했다.

"너 용돈 필요하지 않아? 내가 아는 형들이랑 쉽게 돈 버는 법을 알거든. 같이 할래?"

"무슨 일인데?"

"뭐 대단한 일은 아니야. 형들이 SNS에다가 조건만남 글을 올리면, 그걸 보고 남자들이 연락을 해올 거란 말이야. 그러면 너는 그 남자들이랑 같이 모텔에 올라가는 거지. 그리고 방 안에 들어가면, 나랑 형들이 들이닥쳐서 그 남자한테서 돈을 뜯어내는 거야."

유진이는 겁이 났다.

"그거 범죄 아니야?"

"어차피 미성년자랑 성매매하겠다고 오는 것부터가 범죄야. 절대 신고 못 해."

민준이는 불안해하는 유진이를 '절대로 피해 보지 않게 하겠다. 용

357

돈도 부족하지 않게 나눠주겠다'고 설득했다. 돈이 필요했던 아이는 망설임 끝에 제안을 받아들였다.

방학이었기 때문에 등교할 필요는 없었다. 민준이는 어머니에게 '친구 집에서 며칠 놀고 오겠다'고 거짓말했다. 어머니는 의심하지 않았다.

민준이는 자기 핸드폰으로 SNS를 이용해 조건만남 글을 올리고, 차를 가진 아는 형과 함께 유진이를 만남 장소로 데려갔다. 유진이가 낯선 남자와 모텔로 올라간 뒤 휴대전화로 호실을 알려주면, 민준이와 아는 형이 그 호실로 들어갔다. 낯선 남자를 협박해 돈을 뜯어낸다. 생각보다 손쉬웠다.

유진이는 다섯 번째로 모텔에 들어갔다. 민준이에게 자신이 있는 호실을 알려줬지만, 민준이는 그 방으로 가지 않겠다고 말했다.

"뭐라고? 그러면 나는 어떡해?"

"뭘 어떡해, 그냥 자. 돈 잘 챙겨서 나와라."

유진이는 낯선 아저씨와 같은 방에 있는 것이 무서웠다. 싫다고 말하면 무슨 일을 당할지 모른다는 생각에, 결국 잠자리를 하고 말았다. 그렇게 받은 돈은 민준이가 모두 가져갔다. 유진이는 이제 일을 그만두겠다고 말하고, 지금까지 번 돈을 나누어 달라고 했지만, 돌아오는 것은 폭력뿐이었다. 민준이는 집으로 보내달라는 유진이를 차에 가두고, 휴대전화로 계속 조건만남을 원하는 남자들을 구해 왔다.

유진이네 집에서는 난리가 났다. '친구 집에서 하룻밤 자고 오겠다'던 딸이 사흘째 연락이 닿지 않았기 때문이다. 딸이 묵는다던 친구네 집에서는 유진이가 온 적도 없다고 했다. 유진이의 어머니는 경찰에 신고했고, 유진이의 휴대전화 위치를 추적한 경찰이 곧 유진이를 찾아냈다.

민준이는 경찰에서 "모든 것은 형이 시킨 일이고, 나는 형이 무서워서 어쩔 수 없이 따른 것뿐"이라고 진술했다. 그의 휴대전화를 이용해 올린 조건만남 글 역시 모두 함께 있던 형이 올린 것이라고 했다.

그러나 그 '아는 형'은 말했다.

"민준이가 어떤 아이인데, 저를 무서워하겠어요. 오히려 제가 걔 눈치를 얼마나 봤는데요. 저야말로 민준이가 하자는 대로 한 것뿐이에요."

유진이 역시, 모든 일을 주도한 것은 민준이라고 말했다.

민준이는 어머니와 함께 면담하러 왔다. 동그랗게 뜬 눈을 도르르 굴렸다. 민준이의 어머니가 먼저 입을 열었다.

"변호사님, 제가 아이한테 들어보니, 전부 아는 형이 시킨 일이라고 하더라고요. 우리 애는 이런 짓을 할 아이가 아니에요."

나는 증거기록을 펼쳐 민준이에게 보여주었다.

"자, 여기를 보면 본인이 친구들에게 보낸 문자메시지가 있어요. '조건만남을 하러 간다'는 내용인데, 이건 뭐예요?"

"전부 다 같이 있던 형이 보낸 거예요."

"그런데, 이 친구는 민준 학생 친구잖아요? 방금 한 말이 사실이라면, 이 친구는 '그게 무슨 말이냐'고 했을 것 같은데, 이 친구는 '너 또 조건하냐?'고 답을 보내왔어요. 이건 뭐예요?"

그러자 민준이는 갑자기 통곡하며 바닥에 무릎을 꿇었다.

"저는 진짜 아니에요, 변호사님, 저는 아니에요. 살려주세요."

이후 의문 나는 점을 물어볼 때마다, 그는 대답 대신 울며 억울하다는 말을 반복할 뿐이었다. 그의 어머니는 엄한 얼굴을 하고 있지만, 아들의 말을 믿는 눈치였다. 어쩌면 아들이 그런 일을 했다고 믿고 싶지 않은 것일 수도. 아이를 양육하는 데 믿음과 지원은 무엇보다 중요하다. 그러나 도대체 어디까지 아이를 믿어야 한다는 말인가. 만약 민준이의 엄마가 아들의 말을 한 번쯤 의심해 보았다면 어땠을까? 함께 지낸다는 친구가 누구인지 확인해 보았다면, 아니면 일단 민준이를 집으로 들어오게 했다면, 유진이에게 일어난 끔찍한 일은 일어나지 않았을지도 모른다.

엄마의 전화

예원이는 수빈이한테서 연락을 받았다. 갑자기 남자친구로부터 이별 통보를 받았다고 했다. 영문을 몰라 괴로웠는데, 헤어진 남자친구가 곧바로 A와 사귀기 시작했다는 사실을 알게 되었단다. 수빈이가 말했다.

"A가 남자친구를 유혹한 게 분명해."

도저히 A를 용서할 수 없으니, 도와달라고 했다.

수빈이가 친구들을 불러 모았다. A를 '혼내주는' 일에 예원이와 민서가 함께하기로 했다. 아이들은 A를 동네 골목 어귀에 있는 오래된 창고로 불러냈다. 밤 9시가 넘은 시각, 아무도 없는 창고 안에서, 수빈이가 A를 추궁했다. 휴대전화를 빼앗아 문자메시지를 보기도 했고, 저장된 사진을 살펴보기도 했다. 세 명이 A를 둘러싸고 윽박지르는 동안 밤 11시가 넘어갔다.

예원이의 휴대전화가 울리기 시작했다. 전화를 받지 않자, 계속 전화벨이 울렸다. 창고에 머무는 시간이 길어질수록 전화벨이 울리는 주기도 짧아졌다. 예원이의 어머니에게서 온 전화였다.

"너는 지금이 몇 시인데 집에 안 들어오니? 걱정시키지 말고, 지금 바로 들어와."

결국 예원이는 친구들을 뒤로하고 자리를 떠났다.

예원이가 돌아간 뒤, 수빈이는 A와 자신의 남자친구가 사귀게 된 과정을 듣다가 화를 참지 못했다. 민서도 덩달아 흥분했다. 아이들은 A의 뺨을 때리고 머리채를 잡아 흔들다, 나중에는 A를 쓰러뜨리고 온몸을 사정없이 밟기 시작했다. 피우던 담배를 A의 몸에 비벼 끄기도 했다. 그렇게 한참의 시간이 지나서야 수빈이의 분이 풀렸다. 겨우 놓여난 A가 집으로 돌아갔고, 귀가한 딸의 처참한 모습을 본 아버지는 곧바로 경찰에 아이들을 신고했다.

예원이와 수빈이, 민서는 모두 기소되었다. 다만 형사 처벌을 받은 수빈이, 민서와는 달리, 일찌감치 귀가한 예원이만은 형사 처벌을 면하고 소년부송치결정을 받았다.[4] 엄마의 전화가 딸의 운명을 가른 것이다.

해맑은 아이

준서는 청소년보호센터에서 지내는 동안 B와 C를 알게 되었다. 시설에서 나온 뒤에도 친하게 지내며 곧잘 어울리던 준서는, B와 C로부터 '마약을 이용해서 사기를 치자'는 제안을 받았다. 그들은 말했다.

---

[4] 소년부송치결정을 받으면 사건이 가정법원 소년부로 송치되어 소년보호재판을 받게 된다. 법원은 소년의 성격과 행동을 바르게 하기 위한 보호처분을 행하게 되는데, 일반 형사 재판과는 달리 전과가 남지 않는다.

"마약을 판다고 사기를 치자. 마약을 사려고 했던 사람들은 자기들도 처벌받으니 신고를 못할 거야. 그러면 돈을 쉽게 벌 수 있어."

준서는 그 제안을 거절했다. 이후로도 B와 C가 같은 제안을 했지만, 준서의 태도는 단호했다. 그러자 B가 다시 제안했다.

"그러면 휴대폰만 빌려주라. 네 휴대폰으로 글만 좀 올릴게. 나랑 C는 휴대폰이 없잖아. 절대로 너한테 피해가 없게 해 줄게."

준서는 평소 친하게 지냈던 형들의 부탁을 계속 거절하기가 미안했고, 절대로 피해를 받지 않게 해주겠다는 말에 B에게 자신의 휴대전화를 건네주었다. B와 C는 준서의 휴대전화를 이용해서 공개된 게시판에 '마약을 사고판다'는 글을 게시했다.

마약을 직접 사고팔거나 이를 투약하는 행위뿐 아니라, 마약류의 매매에 관한 글을 공개된 인터넷 게시판에 올리는 것만으로도 마약류관리에관한법률에 의해 처벌된다. 경찰의 수사가 시작되었고, 가장 먼저 준서가 붙잡혔다.

준서를 만나러 교도소에 갔다. 준서는 가벼운 발걸음으로 변호인접견실로 들어오더니, 산뜻하게 말했다.

"변호사님, 저는 무죄를 주장하지는 않아요. 제가 하고 싶은 말은 이미 서신으로 보냈는데, 혹시 받아보셨어요?"

아직 서신을 받지 못했다고 대답하자, 준서가 다시 말을 이었다.

"아, 어제 보낸 거라 아직 도착 안 했을 거라고 생각하긴 했어요. 제가 하고 싶은 말은 다 거기에 씌어 있어요. 그것만 읽으시면 돼요. 변호사님은 바쁘시니까, 이렇게 말로 하는 것보다 글로 정리해 드리면 편하실 거라고 생각했어요."

어이없을 만큼 해맑았다. 내가 미처 뭐라 말하기도 전에 곧장 일어나 접견실의 문을 앞으로 밀며 싱긋 웃었다.

"엄청 일찍 끝났네요!"

아이의 등 뒤로 닫히는 문을 바라보았다. 여느 고등학생과 다를 바 없이 밝은 모습이 오히려 씁쓸한 뒷맛을 남겼다.

중요한 것은 예방이다

우리나라의 범죄 발생 건수는 감소하는 추세지만 미성년자들의 범죄는 증가하고 있다. 2022년 법원에 접수된 만 19세 미만의 소년범 사건은 4만 2082건인데, 이는 5년 전보다 25% 늘어난 수치다. 살인, 강도, 성폭행 등 흉악범죄의 경우는 35%나 증가했다. 형사 처벌을 받지 않는 만 14세 미만 촉법소년의 범죄는 같은 기간 58%나 급증했다. 2023년 한해 촉법소년의 범행은 총 1만 6,435건이었고, 죄목 역시 절도 7,874명, 폭력 4,075명, 강간·추행 557명, 방화 58명, 강도 15명 등으로 그 정도가 심각하다.

이에 법무부에서는 2023. 3. 22. 살인·강도·강간 등 촉법소년의 강력범죄 형사 처벌 연령을 13세로 낮추는 형법 및 소년법 개정안을 국회에 제출했고, 국회 내에서도 촉법소년의 연령 기준을 낮추고 처벌 수위를 높이는 내용의 법안이 다수 발의되었다.

위의 저 숫자 중에는 민준이도 있고, 준서도 있다. 가정에서 부모가 조금만 관심을 기울였다면 범죄를 저지르지 않았을 아이들이다.

어린 나이에 교도소나 소년원에 들어가게 되면, 범죄를 배워 오히려 더 큰 범죄자가 될 우려가 있다. 자물쇠를 여는 방법을 공유하는 등 새로운 범행 수법을 알게 되는 경우도 있다. 서로가 인맥이 되어 새로운 범죄를 함께 저지르기도 한다.

마음을 다잡고 사회로 나와도, 사회와 단절된 기간이 길어진 탓에 일자리를 구하지 못하고 결국 다시 범죄를 저지르는 경우도 있다. 사회의 구성원으로 살아갈 길이 요원해지는 것이다. 그러니 중요한 것은 우리 아이들이 애초에 잘못된 길로 들어서지 않도록 주의 깊게 보살피는 일이다.

내가 만난 소년들은 궁지에 몰리자 엄마 앞에서 '살려달라'며 울거나, 자기 때문에 마음고생하는 부모님께 죄송하다며 눈물을 흘렸다. 앞으로 다시는 잘못하지 않을 거라고, 앞으로 제과제빵을 배워 파티쉐가 되겠다며 눈을 빛내는 아이도 있었고, 준서처럼 자신이 얼마나 큰일을 겪고 있는지 실감하지 못해 그저 해맑기만 한 아이도 있었다. 여느 아이들과 다를 바 없는 모습이었다. 주변 어른들이 조금만 관심을 기울이면, 많은 아이들을 바른길로 이끌 수 있다. 늦게 귀가하는 딸에게 전화를 걸었던 예원이의 엄마처럼 말이다.

"저 사실은 요원이에요"

"뇌 속에 국정원이 심어놓은 칩이 있어요!"

사무실에 앉아 서면을 쓰다가 옆방에서 들려오는 소리에 손을 멈췄다. 피고인의 목소리가 낯익었다. 내가 1심 변호를 맡았던 재철 씨가 분명했다. 흥분한 목소리가 벽을 넘어왔다. 굳이 귀를 기울이지 않아도 대화 내용을 들을 수 있었다.

재철 씨는 운전면허를 갱신하기 위한 적성검사를 받지 않아 운전면허가 취소되었는데, 그 사실을 알지 못한 채 운전하다가 기소되었다. 1심 과정에서 그는 회사에서 중요한 프로젝트를 맡게 되어 연일 밤샘 작업을 하느라 미처 운전면허를 갱신할 생각을 하지 못했다며, 다시는 이런 실수를 하지 않겠다고 했다. 그가 항소장을 제출한 이유도 벌금을 감액받기 위해서였다.

항소심은 내 옆방에서 근무하는 변호사가 맡게 되었다. 재철 씨는 항소심을 준비하기 위해 다시 우리 사무실을 찾은 것이었다. 예의 바르던 그는 몇 달 새 완전히 다른 사람이 되어 있었다. 차분하던 말투는 온데간데없고, 연신 흥분하며 소리치다시피 말을 쏟아냈다.

"적성검사를 받으라는 안내장을 받은 적이 없다니까요!! 이건 나를 잡아넣으려는 수사기관의 함정이라고요!! 지금 내 뇌 속에 국정원이 심어놓은 칩이 있어요! 이걸 법원에 알려야 돼요. 제거하게 도와주세요!!"

변호사가 기록을 보여주며 사실관계를 정리하려 노력했지만, 그의 심기만 건드릴 뿐이었다. 나중에 그는 변호사가 수사기관의 사주를 받은 것이 틀림없다고, 법원에 항의하러 가야겠다며 문을 나섰다.

머릿속에 칩이 있다는 망상은 조현병의 전형적인 초기 증상이다. 지나친 스트레스로 인해 뭔가 문제가 생긴 것이 분명했다. 그는 다행히 직장을 다니고 있는 것 같았지만, 이대로 증상이 진행되면 더 이상 회사를 다닐 수 없게 될 것이다. 그에게는 가족이 없으니, 그렇게 되면 생계를 잇는 일이 쉽지 않을 것이다. 나는 그가 진심으로 걱정됐다.

"릴레이 스토킹이에요"

현주 씨는 지구대에서 유명한 민원인이었다. 그녀가 하루에도 몇 번씩 112로 신고 전화를 하였기 때문이다. 그 내용은 대부분 '귀가해 보니 누군가 들어왔다 나간 흔적이 있다. 와서 확인해 달라'거나, '길을 걷고 있는데 누군가 계속 따라오는 것 같으니, 출동해 달라'는 것이었다. 현주 씨는 늘 자신을 따라다니는 알 수 없는 시선을 느꼈고, 귀가할 때마다 묘하게 물건들의 위치가 바뀌어 있다는 생각이 들었다. 그녀가 신고할 때마다 경찰들이 출동해서 주변을 샅샅이 살펴보았지만, 수상한 사람은 발견되지 않았다고 했다. 범인이 잡히지 않으니, 현주 씨는 점점 더 두려워졌다.

현주 씨는 주말이면 보육원에서 봉사활동을 한다. 그날도 여느 주말과 다름없이 보육원에 가기 위해 집을 나섰다. 버스정류장에서 버스를 기다리고 있자니 문득 시선이 느껴졌다. 재빨리 주변을 둘러보자, 맞은편 도로 갓길에 주차된 검은 차량이 눈에 들어왔다. 그 옆에는 낯선 남자가 선글라스를 쓴 채 서 있었다. 현주 씨는 평소에 자신을 따라다니는 알 수 없는 시선의 주인이 바로 저 남자라는 확신이 들었다. 갑자기 심장이 뛰고 식은땀이 흘렀다. 당장 경찰에 전화하고 싶었지만, 존재를 눈치챘다는 것을 상대방이 알게 되면 해를 입을까 무서웠다. 버스를 기다리는 짧은 시간이 마치 천 년처럼 느껴졌다. 언제까지고 버스를 기다릴 수는 없었다. 현주 씨는 지나가는 택시를 다급히 잡아탔다.

"아저씨, 저 지금 스토킹을 당하고 있어요. 저기 건너편 검은 차예요. 빨리 여기를 벗어나서, ○○보육원으로 가주세요!"

깜짝 놀란 택시 기사가 서둘러 출발했다. 현주 씨는 룸미러로 그 검은 차를 살펴보았다. 택시가 출발하기 무섭게 남자가 차 안으로 들어가는 모습이 보였다. 그녀는 곧바로 112에 신고한 다음, 보육원에 도착하자마자 알 수 없는 두려움에 휴대전화의 전원을 껐다.

신고를 받은 경찰이 현주 씨가 말한 장소에 도착했지만, 현주 씨와 검은 차량은 보이지 않았다. 현주 씨에게 다시 전화를 걸어보았다. 전원이 꺼져 있는 상태였다. 지구대가 발칵 뒤집혔다. 현주 씨가 범죄의 피해를 당했을 가능성을 배제할 수 없었기 때문이다. 최소한의 인력을 제외하고 동원할 수 있는 인력이 총동원되었다. 경찰들은 그 일대를 수색했고, 주변의 CCTV 영상을 모두 확인하여 문제의 그 차량을 찾아냈다.

검은 차의 주인은 깜짝 놀랐다. 자신은 그저 여자친구를 기다리고 있던 것뿐이라고 했다. 여자친구가 사는 동네이기 때문에 자주 방문하기는 하지만, 남자의 기억 속에 현주 씨는 없었다. 그가 범죄를 저질렀다는 흔적도, 평소 현주 씨를 스토킹했다는 증거도 없었다.

경찰은 다른 범인이 있을 가능성을 열어두고 다시 수색을 이어나갔지만, 어떤 단서도 찾을 수 없었다. 그렇게 5시간여가 지난 뒤, 현주 씨 휴대전화의 전원이 켜졌다. 천신만고 끝에 연락이 닿은 경찰은 그녀가 무사하다는 사실에 크게 안도했지만, 경찰 행정력의 낭비를 초래한 잘못을 용서하지는 않았다. 경찰에 허위신고를 하면 경범죄처벌법 위반에 해당한다. 그녀는 경범죄처벌법 위반으로 기소되었다.

현주 씨는 한눈에 보아도 대단한 미인이었다. 윤기 나는 생머리를 곱게 빗어 넘긴 그녀는, 옹달샘에 목을 축이러 나온 사슴처럼 가만히 걸어왔다. 그녀가 눈을 깜빡일 때마다 기다란 속눈썹에서 바람이 이는 것 같았다. 그녀는 그날 건너편에 서 있던 검은 차의 주인이 스토킹범이 아니었다는 사실에 오히려 놀랐다고 했다.

"변호사님, 제가 생각해 보았는데, 그 사람이 스토킹범이 아니라면, 아마 저를 스토킹하는 범인이 릴레이 스토킹을 시킨 게 분명해요."

"릴레이 스토킹이 뭐예요?"

"다른 사람들을 시켜서 제가 뭘 하고 있는지 번갈아 감시하게 하는 거죠. 아무래도 저를 하루 종일 따라다니기는 힘들 테니까요."

그녀가 스토킹으로 신고할 때마다 경찰이 출동했지만, 수상한 사람이 발견된 적이 없었다는 점을 지적하자, 그녀가 답답하다는 듯 말했다.

"한 사람이 계속 스토킹하는 게 아니라, 릴레이로 하니까요. 그러면 아무리 주변을 조사하고 CCTV를 봐도 범인을 찾을 수 없는 게 어쩌면 당연하죠. 그 사람은 보이지 않는 곳에서 다른 사람을 조종하고 있으니까."

조심스럽게 일전에 정신과 치료를 받은 적이 있느냐고 묻자, 그녀는 화를 냈다. 자신은 정신적으로 아무런 문제가 없고, 실제 스토킹 피해를 입고 있다는 것이었다. 그 검은 차의 주인이 자신을 계속 감시하고 있는 것을 똑똑히 느꼈으니, 허위신고는 아니라고 했다. 자신은 정신이 이상한 사람이 아니라고 완강히 주장하는 사람에게 치료를 권하거나 정신감정을 해보자고 말할 수는 없었다.

현주 씨를 돌려보낸 뒤, 나는 고뇌에 빠졌다. 그녀는 이미 오래전에 가족들과 연락이 끊겨, 도와줄 사람이 아무도 없었기 때문이다.

"저 사실은 요원이에요"

성수 씨는 친한 친구와 함께 술을 마시는 자리에서 친구가 한 말에 기분이 상해 주먹질을 했다가 폭행죄로 기소되었다. 그는 합의금을 마련할 수 없었고, 동종 전과도 많았다. 결국 실형을 받고 교도소에 구금되었다.

처음 그와 이야기를 나누기 시작했을 때만 해도, 나는 전혀 이상한 점을 느끼지 못했다. 그는 질문을 제대로 이해하며 대답했고, 사건의 경위나 이후의 경과에 대해서도 시간의 순서에 따라 조리 있게 말했기 때문이다. 문제는 합의금을 마련할 수 있겠는지 확인하는 과정에서 드러났다. 그는 합의금을 2,000만 원 정도 마련할 수 있을 거라고 말했다. 기초생활수급자인 그가 그렇게 큰돈을 마련할 수 있다니, 믿어지지 않았다. 누군가 도와주는 사람이 있는지 묻자, 그가 대답했다.

"변호사님, 제가 변호사님께만 살짝 말씀드리는 건데요, 저 사실은 CIA 요원이에요. 이건 비밀입니다. 저는 미합중국 영주권이 있고요, 미국 대사관에 존 F. 케네디 대통령의 아들이라고 신고되어 있어요. 그러니까 미국 대사관에 요청하면, 합의금 2,000만 원 정도는 넉넉하게 마련할 수 있어요."

갑자기 머릿속이 혼란스러워졌다. 말문이 막힌 나에게, 그는 비밀을 더 털어놓았다.

"그리고 저는 사실 박정희 대통령의 숨겨진 아들이고, 영국 엘리자베스 여왕의 친척이에요."

가족관계를 설명할 때를 제외하고는 전혀 이상한 점이 없었다. 당연하게도 그 역시 정신과 치료를 받은 적이 없었다. 사무실로 돌아와 다시 기록을 살펴보았지만, 그의 정신 상태를 알 수 있는 자료는 없었다. 나는 일단 그의 상태를 상세히 적은 의견서를 제출했다. 정신 감정을 신청할지 고민만 하다가 시간이 흘러 공판 기일이 되었다.

그는 재판장의 물음에 조리 있게 대답했다. 그를 본 누구도 그가 어딘가 이상하다는 생각을 하지는 못했을 것이다. 나조차 그에게 무슨 문제가 있다는 생각이 들지 않을 정도였으니까. 결국 그의 항소는 기각되었다.

"정신병원에 입원시켜 줘"

우진 씨는 유복한 집안의 3대 독자다. 온 집안의 기대와 사랑을 한 몸에 받고 태어났다. 금지옥엽으로 어른들의 보호를 받았지만, 어린 시절 사고로 머리를 크게 다치고 말았다. 우진 씨의 부모님은 그를 치료하기 위해 갖은 노력을 다했지만, 결국 뇌전증이 발병하고 말았다. 우진 씨는 자라면서 신장 기능에도 이상이 생겨, 물을 많이 마시면 쓰러지거나 경기를 일으키곤 했다. 물을 많이 마시면 안 된다는 사실을 잘 알면서도 그는 물 마시는 일을 자제하기가 어려웠다. 결국 그의 부모님은 그를 정신건강의학과에 입원시켜 치료받게 했다.

우진 씨는 병원에서 치료받고 증상이 나아져 집으로 돌아왔지만, 며칠 만에 다시 물을 마시고 싶다는 충동을 느꼈다. 그는 저녁을 먹은 뒤 방으로 들어가 한꺼번에 커피 30잔과 물 10잔을 들이켰고, 곧 경기를 일으켜 정신을 잃고 말았다. 몇 시간이 지나 자정이 될 무렵에서야 가까스로 깨어난 그는, 당장 입원하지 않으면 죽을 수도 있겠다는 생각이 들었다. 그는 서재에서 일하고 있던 어머니에게 병원에 보내달라고 말했다.

"지금은 시간이 너무 늦어서 병원에 입원할 수가 없어. 조금만 참았다가 낮에 입원하자."

우진 씨는 그 말을 듣고 갑자기 참을 수 없는 충동을 느꼈다. 그는 부엌에서 식칼을 가지고 나와 어머니를 협박했다.

"정신병원에 보내줘. 지금 당장!!"

어머니는 비명을 질렀고, 그 소리를 들은 아버지가 안방에서 뛰어나왔다. 우진 씨는 특수존속협박죄로 기소되었다.

우진 씨는 이 사건 이전에는 단 한 번도 폭력적인 성향을 드러낸 적이 없었다. 돌발 행동에 놀라 신고하긴 했지만, 부모님은 아들에 대한 처벌을 원하지 않았다. 본인 스스로 치료받기를 원하고 있었고, 사건 직후 다시 병원에 입원하여 안정을 찾은 상태라는 점이 유리한 정상으로 참작되어, 그는 집행유예의 선처를 받았다.

정신질환자 범죄에 대한 오해와 진실

몇 년 전, 한 아파트에서 정신질환을 앓던 사람이 방화를 저지른 사건이 있었다. 그는 불을 놓은 뒤, 대피하는 주민들에게 흉기를 휘둘러 살해했다. 이 일은 전 국민의 공분을 샀다. 사건이 있은 지 불과 일주일 뒤에는 18세의 조현병 환자가 위층에 살고 있던 할머니를 살해한 일이 일어났다. 이후로도 지하철역 일대에서 흉기 난동을 벌이는 사건이 일어나는 등, 정신질환자들의 범죄가 끊이지 않고 있다. 그때마다 사회는 커다란 충격에 빠지고, 정신질환자들에 대한 사법당국의 엄중한 대처를 요구하는 목소리도 점점 더 커지고 있다.

그러나, 세간의 인식과는 달리 정신질환자의 범죄율은 일반인의 범죄율보다 낮다. 경찰청에 따르면 2022년 정신질환 범죄자는 9,875명으로 전체 범죄자 125만 330명 중 0.7%를 차지했고, 살인 등 강력범죄자로 좁혀도 그 비율은 전체의 2.2%에 불과했다. 2017년 정신질환 국내 유병률(4.5%)을 기준으로 했을 때 일반범죄의 발생률은 인구 10만 명당 68.2명인 반면, 정신질환자의 경우는 33.7명으로, 정신질환

자가 범죄를 저지를 확률이 일반인의 경우보다 낮다는 연구도 있다.[5]

일반인이 인식하는 정신질환자의 범죄 위험성은 실제보다 과장되어 있다. 대중은 연간 발생 범죄의 26%, 우발범죄의 40%를 정신질환자에 의한 것으로 추정하는데,[6] 이는 실제 발생하는 정신장애 범죄 비율인 0.7%와 비교하면 수십 배 높은 수치다.

정신질환에 대한 일반인들의 부정적 인식이 높아지면 정신질환자들은 치료를 기피하게 된다. 내가 만난 피고인들도 마찬가지였다. 정신질환이 의심되는 피고인을 만났을 때 조심스레 병력을 물어보면, 하나같이 화를 내며 자신은 정신이 이상한 사람이 아니라고 말했다. 현주 씨와 성수 씨도 마찬가지다. 정신질환이 감기처럼 일상적인 질병으로 여겨지는 사회였다면, 그들은 범죄자가 되기 전에 이미 치료받고 평범한 일상을 지내고 있었을지도 모른다.

게다가 두 사람은 가족들과의 인연이 모두 끊어졌고, 주기적으로 연락하며 지내는 지인도 없는 상태였다. 그나마 현주 씨는 보육원에 봉사를 다니니 사회적 관계가 완전히 단절되었다고 보기는 어려웠지만, 성수 씨는 말 그대로 고립무원의 처지였다. 그래서 더욱 자신의 병세를 눈치채지 못한 것일 수도 있다.

우진 씨 사건과 다른 사건들의 차이점은, 바로 옆에 그를 돌보아 주는 부모님이 있었다는 사실이다. 비록 범죄를 저지르긴 했지만, 그는

....

5 "조현병 범죄 예방방안 연구"(손선화, 2022).
6 "공식 통계와 비교해본 정신질환 범죄자에 대한 인식"(박지선, 2016).

자신이 치료받아야 한다는 사실을 정확히 인지하고 있었다. 그의 부모님이 끊임없이 치료의 필요성을 일깨워 준 덕분일 것이라고 나는 생각한다. 그가 다시 범죄를 저지를 가능성은 그리 높지 않을 것이다.

그런 의미에서 나는 성수 씨에게 커다란 마음의 짐을 가지고 있다. 어쩌면 그가 이상하다는 사실을 가장 먼저 알게 된 사람이 나일 수도 있다. 내가 좀 더 적극적으로 그에게 정신 감정을 받아보자고 설득했다면 어땠을까. 만약 제대로 치료받을 수 있도록 도왔다면, 그가 이미 저지른 잘못은 어쩔 수 없더라도, 앞으로 할지도 모르는 잘못을 막을 수 있었던 것은 아닐까. 나는 그에게 미안한 만큼, 진심으로 그가 다시는 죄를 저지르지 않기를 바라고 있다. 다음에 정신질환 피고인이 나를 찾아오게 된다면, 이번에야말로 후회가 남지 않는 변론을 할 것이라 다짐하면서.

CCTV가 없는 곳에서

　국선전담변호사로 일한 지 어느덧 4년 차가 되었다. 흐르는 세월만큼 나를 거쳐 간 피고인도 차곡차곡 쌓였다. 나보다 훨씬 오랜 시간 일하고 있는 선배 변호사들에 비하면 아직 햇병아리 수준이지만, 피고인의 거짓말을 알아채고 웃으며 대처할 수 있을 정도가 되기에는 충분한 시간이다. 4년 전의 나와 지금의 나는 스스로도 신기할 만큼 완전히 다른 사람이다. 처음 위촉되었을 때는 감정에 북받쳐 우는 피고인이나 무리한 요구를 하는 피고인을 어떻게 대해야 할지 몰라 쩔쩔맸지만, 이제는 백 년의 현자라도 된 듯 여유로운 체할 수 있다. 짧은 시간 동안 700건이 넘는 사건을 수행하며 단련되어, 어지간한 사건에는 필요 이상으로 몰입하지 않게 된 덕분이다. 그러나 여전히 과도하게 몰입되고 결과가 두려워지는 사건이 있다. 피고인이 억울함을 호소하는 사건, 그중에서도 당사자의 진술만 있을 뿐 CCTV 같은 객관적인 증거가 전혀 없는 사건이 그렇다.

　형사 재판에서 가장 중요한 원칙 중 하나는 '무죄추정의 원칙'이다. 모든 피고인 또는 피의자는 유죄의 판결이 확정되기 전까지는 무죄로 추정된다는 원칙이다. 그러므로 피고인이 유죄라는 사실은 수사기관이 증명해야 하고, 그 증명은 피고인이 어떤 범죄를 저질렀다는 사실이 합리적인 의심이 없는 정도로 해야 한다. 만약 검사가 제출한 증거가 법관에게 공소사실이 진실한 것이라는 확신을 가지게 하는 정도에 이르지 못한다면, 설령 피고인이 죄를 저질렀다는 의심이 든다고 하더라도 유죄로 인정하여서는 안 된다.

그런데 실무에서는 무죄추정의 원칙이 엄격하게 지켜지지 않는다고 느껴질 때가 있다. 특히 성범죄 사건에서 피해자가 피해 사실을 일관되게 진술하는 경우, 사실상 피고인 스스로 자신이 무죄임을 입증해야 한다. 당시 상황이 찍힌 CCTV가 있다면 다행이지만, 범행 당시 그 자리에 피고인과 피해자만 있었다면 이야기는 달라진다.

도형 씨는 10년 전 선으로 아내를 만나 결혼했다. 나이 차가 많이 났기 때문에 처음에는 다툼이 많았지만, 차곡차곡 시간이 쌓이면서 서로 이해하며 별다른 문제 없이 잘 지내왔다. 아이가 초등학교에 입학하자, 아내는 '집에서 살림만 하는 것이 답답하니, 취업하겠다'고 했다. 도형 씨는 그런 아내를 응원하며 필요한 지원을 아끼지 않았고, 결국 아내는 취업에 성공했다. 사회생활을 시작한 아내는 행복해 보였다. 눈을 빛내며 회사에서 있었던 일을 재잘대는 아내를 볼 때마다 도형 씨도 덩달아 행복했다. 넉넉하지 않은 형편이었지만, 남부럽지 않았다.

그런데 언제부터인가 퇴근하고 돌아온 아내의 얼굴이 어두워지기 시작했다. 이유를 물어도 대답하지 않던 아내는, 도형 씨와 다툴 때마다 "돈도 제대로 못 버는 주제"라는 말을 하기 시작했다. "회사에 가면 젊은 남자들이 얼마나 다정한 줄 몰라. 당신도 나한테 더 잘해야 할 거야"라는 말을 하기도 했다. 두 사람 사이에 다시 다툼이 생겨났다. 도형 씨는 다른 사람과 자신을 비교하는 아내가 답답하기만 했다.

도형 씨는 아내와 다시 사이좋게 지내기를 원했지만, 어떻게 해야 아내의 마음을 돌릴 수 있을지 알 수 없었다. 나름대로 노력했지만, 그럴수록 아내가 점점 멀어지는 것 같다는 생각이 들었다. 그러던 어느 날, 집으로 이혼 소장이 날아왔다. 도형 씨는 충격에 휩싸였다. 바로 전 날까지도 아내는 아무런 내색이 없었기 때문이다. 도형 씨는 영문을 몰라 괴로워하다, 이내 생각했다.

'설마 아내에게 진짜로 이혼할 생각이 있는 건 아닐 거야. 그렇다면 매일 밤 나와 함께 잠을 잘 리가 없어. 요즘 우리 사이가 예전 같지 않아서, 일종의 충격 요법으로 소송을 하려는 것일 거야.'

그다음부터 도형 씨는 아내에게 더 많이 말을 걸었고, 밤에는 스킨십을 시도했다. 관계를 되돌리기 위한 절박한 몸부림이었다. 그런데 아내는 더 이상 그와 함께하기를 원하지 않았다. 도형 씨의 손길을 밀쳐 내고 베개와 이불을 챙겨 거실로 나가는 아내의 뒷모습을 바라보며, 그는 어디서부터 잘못된 것일까 생각했다.

아내가 거실에서 잠을 자기 시작한 지 한 달여가 지났을 무렵, 도형 씨는 이대로 아내와 헤어질 수는 없다는 생각이 들었다. 어떻게 해서든 아내의 마음을 돌리고 싶다는 생각이 간절했던 그는, 용기를 내어 거실로 나갔다. 잠을 청하려는 아내의 어깨를 어루만지며 '그러지 말고 방에서 같이 자자'고 말해 보았으나, 아내는 단호하게 거절했다.

"이러지 말자고 했잖아. 같이 살고는 있지만, 이제 우리는 남이나 마찬가지야."

도형 씨는 그제서야 이제 예전으로 돌아갈 수 없다는 것을 깨달았다. 방으로 돌아오는 짧은 길이 낯선 나라로 떠나는 것처럼 느껴졌다.

그로부터 얼마 후, 도형 씨는 경찰서로 오라는 연락을 받았다. 그의 아내가 그를 고소했다고 했다. 고소장에는 '도형 씨가 밤에 자려고 거실에 누워 있는 아내의 몸을 움직이지 못하게 누른 다음, 억지로 추행하였다'고 씌어 있었다.

도형 씨는 나를 보자마자 억울하다고 말했다. 아내와의 관계를 회복하려 애쓰는 중이었는데, 억지로 그런 행동을 할 이유가 없지 않겠느냐는 것이다. 그의 아내가 수사기관에서 진술한 내용을 보아도 이상한 점이 있었다. 그의 아내는 도형 씨가 자신의 몸을 눌러 움직일 수 없었다고 말하면서도, 구체적으로 어떻게 제압당한 것인지, 제압 당시 어떤 자세로 있었는지 제대로 설명하지 못했다. 그 일이 있었던 자리는 초등학교 1학년생인 아이가 쓰는 방문 바로 앞이었는데, 아이가 아직 잠들지 않은 때, 방문을 열고 나오면 바로 보이는 자리에서 그런 일을 당했다는 말도 믿기 어려웠다. 결국 도형 씨의 아내를 법정으로 불러 당시의 상황을 물어볼 수밖에 없었다.

도형 씨의 아내는 결혼 생활이 불행했다며 눈물을 흘렸다. 검찰에서는 자신이 어떻게 제압당했는지 잘 기억나지 않는다고 말하던 그녀는, 증인석에 앉아 문제가 있던 날 밤 도형 씨가 어떻게 했는지를 자세히 묘사했다. 어떻게든 진술에 모순이 있다는 점을 밝혀보려 애썼지만, 그녀는 눈물로 피해를 호소할 뿐이었다.

결국 도형 씨는 유죄를 선고받았다. 그의 아내가 일관하여 피해 사실을 진술하고 있고, 몸 안에 상처가 있다는 점이 중요한 증거가 되었다. 판결문을 읽으며 도형 씨를 생각했다. 증인신문을 마치고 법정 밖으로 나왔을 때, 그는 나에게 열심히 다투어 주어서 고맙다고 말했다. 결과가 어떻게 나오든 아내에게 물어보고 싶었던 말을 내가 대신 물어봐 주어서 큰 위안이 되었다고도 했다. 그 말을 떠올리니, 증인신문 때 입 안에만 맴돌다 차마 밖으로 꺼내지 못했던 질문들이 떠올랐다. 만약 내가 좀 더 모질게 질문했다면 결과가 달라졌을까. 그 상황을 모두 들었다는 아들을 증인으로 신청해 볼 걸 그랬나, 생각이 꼬리에 꼬리를 물고 이어졌다. 집 안에 홈캠이 설치되어 있었으면 좋았겠다는 생각까지 했다. 그러다 보니, 자연스레 CCTV 영상이 없어 아쉬웠던 또 다른 사건이 떠올랐다.

성진 씨는 생수를 배달하는 일을 하고 있다. 사건이 있던 날은 생수 30팩을 배송해야 했다. 수량이 많아 일찍부터 바지런을 떨었다. 그는 이른 시간에 배송지인 비닐하우스에 도착했는데, 부지가 좁아서 어디에 물건을 두어야 할지 알 수 없었다. 그는 고객에게 전화하여 물건을 어디에 두어야 하는지 물어보았고, 비닐하우스 옆 낮은 돌담 위에 올려 달라는 대답을 들었다. 그런데 15팩을 쌓고 나니, 돌담 위에는 더 이상 물건을 놓을 공간이 남지 않았다. 성진 씨는 잠시 생각하다 나머지 물건은 돌담 아래에 부려놓기로 했다. 환갑이 가까운 나이였기 때문에 허벅지 높이의 돌담 위로 계속 생수 팩을 올리는 일이 버겁기도 했기 때문이다.

트럭에 남은 물이 4팩이 되었을 때, 고객이 나타났다. 그런데 그 고객은 성진 씨를 보자마자 "누가 땅바닥에 물건을 내려놓으라고 했느냐"며 강하게 항의했다. 성진 씨는 돌담에 자리가 없어 어쩔 수 없었다고 대답하면서, 너무 힘드니 나머지 물건을 트럭에서 내리는 걸 도와달라고 했다. 그러자 고객은 "아니, 왜 이런 놈이 왔어, 전에는 젊은 사람이 와서 빠릿하니 일을 잘했는데. 자리가 없으면 그 위에다 쌓으면 될 거 아니야!"라며 소리를 질렀다. 성진 씨는 화가 났지만, 상대방이 자신보다 연배가 훨씬 높아 보이는 데다가 고객이었기 때문에 차마 화를 낼 수 없었다. 그는 고객에게 '그럼 어떻게 해주기를 바라느냐'고 물었고, 고객으로부터 담장 위에 올린 물을 제외한 나머지를 다시 트럭에 싣고 돌아가라는 말을 들었다. 어쩔 수 없이 바닥에 내려놓은 11개의 생수 팩을 다시 트럭에 실어야만 했다.

일을 마친 뒤, 성진 씨는 고객으로부터 물품을 배송받았다는 확인을 받으려 했다. 그런데 고객은 영수증에 사인을 하지 않겠다며, 그냥 돌아가라고 하는 것이었다. 성진 씨는 순간 화를 참지 못하고 혼잣말로 욕설을 내뱉었고, 이를 들은 고객은 그에게 사과하라며 화를 냈다. 처음 마주친 이후 줄곧 하대당했던 성진 씨가 반발심에 사과를 거부하자, 고객은 곧바로 경찰을 부르겠다고 열을 올렸다.

성진 씨는 다른 일도 해야 했고, 그 고객과 더는 같은 자리에 있고 싶지 않았다. 트럭을 타고 시동을 켠 그는, 그대로 자리를 벗어나려 했다. 그 장소는 비탈길이었기 때문에, 차가 뒤로 조금 밀렸다. 그런데 문제는 트럭의 뒤쪽에 고객이 서 있었다는 점이다. 성진 씨가 알아차리지도 못한 새에 고객이 차에 부딪히고 말았다.

그 고객은 성진 씨가 일부러 차를 후진했다고 주장했고, 성진 씨는 차가 비탈길에 밀린 것이지 일부러 후진한 것이 아닐뿐더러, 뒤에 사람이 있는 줄도 몰랐다고 반박했다. 고객이 경찰을 부르겠다고 말한 걸 듣고서도 일부러 사람을 칠 리가 없다고도 했다. 그러나 그 장소에는 CCTV가 설치되어 있지 않았기 때문에 누구의 말이 진실인지 가릴 수 없었다. 성진 씨 역시 유죄를 선고받았다.

최근 화제가 된 드라마 〈굿 파트너〉에는 "어차피 법정 재판이나 언론 재판이나 다 증거에 사실관계 끼워 맞추는 쇼"라는 대사가 나온다. 유명한 이혼 전문 변호사인 주인공이 남편과 자신의 비서가 불륜 관계라는 사실을 알고 난 뒤, 이혼 소송을 진행하는 과정에서 하는 말이다. 다소 거친 표현이지만, 재판의 본질을 꿰뚫는 대사가 아닌가 생각했다. 실제 일어난 일이라도 증거가 없으면, 재판 과정에서 그 일은 없던 일처럼 다루어진다. 재판정은 진실을 밝히는 자리가 아니라, 주어진 증거에 따라 '실제 있었을 것으로 여겨지는' 일을 재구성해 보는 자리에 가깝다. 그러니 무고함을 증명할 증거가 있다면 적극적으로 제출해야 한다. 실제로 범행하지 않았더라도 피해자의 일관된 진술과 그럴듯한 정황이 있다면 유죄로 인정될 가능성이 있기 때문이다. 그런 상황에서 '나는 하지 않았다'는 외침은 공허하다.

판결 선고가 있던 날, 도형 씨가 나를 찾아왔다. 모두들 새해를 맞이한 기쁨으로 한껏 들떠 있을 무렵이었다. 다른 사람들은 새로운 마음으로 이런저런 계획을 세우느라 바쁜데, 그는 얇은 패딩 점퍼를 입고 초라한 모습으로 내 앞에 앉아 있었다. 불혹을 넘긴 사내가 굵은 눈물을 흘리는 모습을 속절없이 지켜보았다. 그는 '애써주어 고맙다'는 말과 '억울하다'는 말을 되풀이하며 한참을 울다 돌아갔다. 내가 그의 변호인인 탓인지, 그 울음이 거짓이라는 생각은 들지 않았다. 나는 그날의 진실이 무엇인지 알지 못하지만, 정말 도형 씨가 무고하다면 항소심에서나마 그 억울함을 밝힐 수 있기를, 그리고 부디 도형 씨와 성진 씨 같은 일로 눈물을 흘리는 사람들이 없기를 간절히 바랐다.

교도소의 담장 밖

　오전 재판에 참석하기 위해 법정에 들어갔다. 방청석이 사람들로 가득 차 있었다. 오전에는 심리가 필요한 사건을 진행하기에 앞서 판결을 선고하는데, 아직 선고가 다 끝나지 않았던 것이다. 방청석에 있던 사람들은 선고를 늘으러 온 피고인이거나 그 가족이었다.
　법정 뒤편에 콩나물처럼 빽빽하게 서 있는 사람들을 헤치고, 겨우 빈 의자를 찾아 조용히 앉았다. 판결이 선고되는 사건의 수가 많기 때문에, 선고가 끝날 때까지 제법 오랜 시간이 걸린다. 평소라면 맡은 사건이 호명될 때까지 기록을 읽거나 소설책을 꺼내 들었을 테지만, 그날만은 그러지 않았다. 옆자리에 앉은 방청인이 나의 시선을 빼앗았기 때문이다.
　그녀는 환갑이 훨씬 넘어 보였다. 누가 보아도 피고인의 어머니가 분명했다. 재판장이 선고받을 피고인을 호명할 때마다 두 손을 꼭 쥐고 불안한 눈빛으로 두리번거렸다. 마침내 그녀가 기다리던 이름이 불렸다. 그녀의 아들이었다. 법정에 딸린 대기실에서 교도관들과 함께 나오는 아들의 얼굴을 보자마자, 그녀는 탄식을 내뱉었다. 재판장이 판결문을 낭독하기 시작했다. 짧은 탄식은 깊은 한숨이 되고, 이내 울음으로 변했다. 아들에게 실형이 선고되었다. 그녀는 자리를 박차고 일어났다가 다리에 힘이 풀려 바닥에 풀썩 주저앉았다.

"아이고 판사님, 안 됩니다. 안 돼요! 우리 아들 한 번만 용서해 주세요!!"

어머니를 보는 아들의 얼굴도 눈물범벅이었다. 그는 차마 대기실로 돌아가지 못하고 어머니를 바라보았다. 피고인의 어머니는 자리에서 일어나 아들에게 다가갔다. 법정 경위가 제지하자, 그의 팔에 매달려 애원했다.

"한 번만, 제발 한 번만 아들을 안아보게 해주세요."

재판을 마치고 법정 밖으로 나왔을 때, 나는 그 피고인의 어머니를 다시 마주쳤다. 그녀는 법원 경내에 주차된 호송 버스의 주변을 서성이고 있었다. 한 번이라도 더 아들의 얼굴을 보고 싶었던 모양이다. 그 모습을 보고 있자니 떠오르는 얼굴이 많았다.

피고인의 가족들

우진 씨는 중고 물품을 거래하는 사이트에 허위 매물을 올려 물품 대금을 송금받은 뒤 물건을 보내지 않는 방식으로 총 11명으로부터 도합 450만 원을 받았다는 사실로 기소되었다. 그는 이미 고등학생이던 무렵부터 같은 방식으로 여러 차례 범행을 저질렀던 터라 1심에서 실형을 받고 구속되었다.

우진 씨를 대신하여 피해자들에게 용서를 구하고 합의를 한 것은 그의 어머니였다. 그녀는 어려운 형편이지만 어떻게든 합의금을 구해 왔다. 하나뿐인 아들이기 때문에 할 수 있는 것은 다 해주고 싶다고 했다. 합의를 하면 형기가 얼마쯤 줄어드냐고 물어볼 때마다 '나는 판사님이 아니라서 모른다'고 대답할 수밖에 없었다. 내 잘못이 아닌데도 괜히 미안해질 정도로 그녀는 절박했다.

우진 씨 어머니 말고도 구속된 식구를 위해 애쓰는 사람들이 많았다. 그들은 피고인이 도저히 선처받을 수 없는 상황이라도, 혹시나 하는 실낱같은 희망을 품고 피해자들에게 고개를 숙였다. 남들에게는 범죄자일 뿐이지만, 그들에게는 무엇과도 바꿀 수 없는 가족이기 때문일 것이다.

그러나 그런 가족의 헌신도 영원히 지속될 수는 없다. 아무리 사랑하는 가족이라도, 마치 성해진 계절이 되면 고향을 찾아 떠나는 철새처럼 반복해서 교도소로 들어가는 모습을 보면 누구라도 지칠 것이다. 가족들은 합의금을 마련하려 발을 동동 구르다가 불어나는 빚에 한숨을 쉬고, 결국에는 피고인이 갱생할 것이라는 희망의 끈을 놓게 된다.

"아버지가 나오실까 봐 걱정돼요"

영길 씨는 동네를 돌아다니면서 마을 사람들의 물건을 허락 없이 가져갔다. 문 앞에 놓인 감귤 상자를 통째로 가지고 가는가 하면, 자전거나 리어카, 파라솔, 심지어 그물까지 가져갔다. 어느 날 감기 기운을 느낀 그는 병원에 갔다. 볼일을 마치고 그대로 집으로 왔으면 좋았으련만, 그는 병원 건물의 계단실로 통하는 철문에 붙은 금연 표지판에 라이터 불을 갖다 댔다. 검은 연기가 피어올랐다. 마침 그곳을 지나던 경비원이 있어, 불꽃이 일어나기 전에 진압되었다. 영길 씨는 현주건조물방화미수의 현행범으로 체포되어 구속되었고, 구속되어 있는 동안 앞서 저지른 절도 범행이 드러나, 한꺼번에 재판을 받게 되었다.

영길 씨는 나를 보자마자 소리 높여 말했다.

"요즘 젊은것들은 말이야, 인정머리가 없어. 그 감귤 말이야. 나 혼자 먹은 것도 아니고 동네 사람들이랑 다 같이 나눠 먹었는데, 그걸 신고해? 예전 같으면 상상도 할 수 없는 일이야!"

"어르신, 70년 전이랑 지금을 비교하시면 어떡해요. 요새는 그렇게 하면 큰일나요."

"아니, 변호사 선생님은 서리도 몰라? 이게 잘못이면, 나랑 같이 귤 먹은 사람들 다 잡아 와야지!"

그는 다른 물건을 가져온 것에 대해서도 할 말이 많았다.

"자전거랑 리어카는 다 돌려줬어. 그물은 꼭 버리는 물건처럼 보여서 농사지을 때 쓰려고 가져온 건데, 쓰레기가 아니라고 하길래 그것도 돌려줬고. 파라솔은 훔치려고 한 게 아니라, 모양이 비뚤어져 있길래 내가 바로 잡으려 했던 것뿐이라니까. 주인이 하도 난리를 치길래, 그것도 그냥 두고 나왔단 말이야."

금연 표지판에 불을 붙인 이유를 묻자, 그는 순전히 호기심 때문이었다고 대답했다. '금연'이라고 씌어 있는 물건에 불을 놓으면 어떻게 될지 궁금했다는 것이다. 그러다 정말로 불이 붙으면 어쩌려고 그랬느냐 묻자, 그는 태연하게 대답했다.

"사실 소싯적에 그런 물건 만드는 공장에서 일한 적이 있는데, 그거는 불이 붙을 만한 물건은 아니었어."

영길 씨를 만난 지 며칠이 지나, 그의 딸로부터 전화를 받았다. 아버지를 접견하고 돌아오는 길이라고 했다. 그녀는 이것저것 묻더니, 조심스러운 목소리로 말했다.

"저어 변호사님, 합의를 해야 할까요? 제가 형편이 넉넉하지 않아서 합의금을 구하기가 어렵거든요. 아버지가 이전에도 여러 번 문제가 있으셨어요. 그때마다 합의금을 드렸고요. 그런데 또 이렇게 되고 보니 남편 볼 면목도 없고…."

영길 씨로 인한 실질적인 피해는 거의 없었지만, 그는 실형을 선고받을 수밖에 없는 상황이었다. 딸이 어렵사리 합의금을 구해서 합의한다 해도 실형을 피할 수 없는 것은 마찬가지였다. 그래서 나는 그의 딸에게 무리해서 합의금을 마련할 필요는 없을 것 같다고 말해 주었다. 그녀는 혹시 합의금을 마련하게 되면 연락을 주겠다고 했지만, 이후 별다른 소식은 없었다.

영길 씨의 판결선고기일이 하루 앞으로 다가왔을 때, 그의 딸이 다시 나를 찾았다.

"저… 변호사님, 합의를 하지 않았는데, 혹시 아버지가 풀려나실까요?"

난감했다. 아버지가 실형을 선고받을 거라는 말을 어떻게 전하면 좋을지 잠시 생각하다, 최대한 간결하게 사실을 전달했다. 딸은 잠시 뜸을 들이더니 말했다.

"그러면 아버지가 내일 못 나오신다는 말씀이지요? 이상하게 생각하시겠지만, 사실 저는 내일 아버지가 나오실까 봐 걱정되어서 전화드린 거예요. 아버지가 자꾸만 여기저기 문제를 일으키고 다니셔서 너무 힘들었거든요. 교도소 안에 계시면 최소한 그동안에는 문제를 일으키시지 않을 테니까요."

그녀는 나에게 감사하다고 말하며 전화를 끊었다. 그녀의 힘없는 목소리가 오래도록 귓가에 맴돌았다.

"이번에는 또 어디예요?"

광수 씨는 중고차 딜러로 일하다가 직장을 그만두었다. 새로운 일자리를 구해 보려 했지만, 마흔이 넘은 나이에 취업은 쉽지 않았다. 그는 친구들에게 돈을 빌려 생활비를 충당하였는데, 돈을 제때 갚지 못하자 친구들도 하나둘 떠나갔다.

그러던 어느 날, 예전 고객으로부터 연락이 왔다. 고급 외제 승용차를 좋은 가격에 판매해 달라는 요청이었다. 그는 고객의 차량을 인도받아 좋은 가격에 판매한 다음, 대금으로 받은 5,000만 원을 개인적인 용도로 모두 써버렸다.

이후 그는 지인에게 '중고차 매수 자금을 빌려주면 그 돈으로 중고차를 구입하고, 새로 산 중고차를 담보로 캐피탈에서 대출받아 변제하겠다'고 거짓말하여 1,000만 원을 받았고, 다른 지인에게는 '중고차 사업을 하려 하는데, 자금이 필요하다. 최대한 빠른 시일 내에 이자와 원금을 갚겠다'고 거짓말하여 3,500만 원을 받기도 했다. 새로 사귄 여자친구에게는 큰 회사를 운영하는 CEO라고 거짓말했다. 결혼을 꿈꾸는 여자친구에게 '요즘 회사 사정이 좋지 않으니, 일단 위기를 넘기면 결혼하자'고 말하고는, 급한 자금을 빌려달라고 했다. 여자친구가 의심하자, 계약에 문제가 생겼다며 변호사 비용을 달라고도 했다. 그렇게 받은 돈이 1억 원을 넘어갔다.

광수 씨의 거짓말은 오래가지 않았다. 그에게 돈을 빌려준 사람들은 빚을 갚으라고 독촉하다가, 돈을 돌려받지 못하자 그를 고소했다.

광수 씨를 만나러 교도소에 갔다. 그는 자기 집 거실에서 손님을 치르는 것처럼 나를 맞이하고는, 별일 아니라는 듯 말했다.

"변호사님, 제 어머니 전화번호를 드릴 테니, 합의금을 좀 달라고 전해주세요. 아마 주실 거예요."

뻔뻔한 태도에 말문이 막혔지만, 별수 없이 그의 어머니에게 전화를 걸었다. 신호가 한참 지나서야 통화가 연결되었다. 광수 씨의 변호인이라고 밝히자, 수화기 너머로 긴 한숨이 들려왔다.

"이번에는 또 어느 지역이에요?"

피고인이 형사 재판을 받는 사실을 모르는 가족에게 전화하면, 대개 놀라며 무슨 일인지 묻는다. 그런데 그의 어머니는 내가 어느 지역에서 일하는지부터 확인했다. 대답을 들은 광수 씨의 어머니는 한참 동안 말이 없었다.

"생판 알지도 못하는 변호사님께 드릴 말씀 아닌 줄은 압니다. 제 아들이지만, 그만 콱 죽어버렸으면 좋겠어요. 이게 벌써 몇 번째인지 세는 것도 포기했습니다. 전국에서 전화가 와요. 보나 마나 또 합의금 달라는 말일 텐데, 이제 그놈 줄 돈 없습니다."

일흔이 넘은 그의 어머니는 혼자 살고 있었다. 남편을 여의고 남은 것은 광수 씨와 그의 여동생뿐이었다. 그런데 광수 씨가 계속 사고를 치고 다녔다. 소년 시절부터 시작된 그의 범죄 전력은 화려했다. 처음에는 살림을 허물어 합의금에 보탰다. 더 보탤 살림이 없자, 여동생이 오빠의 합의금을 구해 왔다.

"그동안은 아들이라고 내 불쌍한 딸 돈 받아다 해줬는데, 그 애도 이제 자기 인생 살아야지 않겠어요? 이런 말씀드려서 죄송하지만, 다시는 전화하지 않으셨으면 좋겠습니다."

차마 아무 말도 할 수 없었다. 그 어머니가 진심으로 아들이 죽기를 바란 것은 아니었을 것이다. 가난한 어머니는 만 갈래로 찢어지는 마음을 부여잡고, 아들만큼이나 소중한 딸을 지키려 일부러 모진 말을 한 것인지도 모른다. 가엾은 노모에게 밤잠을 설칠 소식을 전했다는 생각에 마음이 무거웠다.

형사사건에서 합의는 중요하다. 합의는 단순히 합의금이라는 금전적 차원의 문제가 아니라, 피고인이 잘못을 뉘우치고 피해자에게 진심어린 사과를 하여 피해자로부터 용서받았다는 것을 의미하고, 이로써 피해자의 피해가 실질적으로 회복되었다고 보기 때문이다. 그래서 합의 여부는 가장 영향력이 큰 정상참작의 요소가 된다. 얼마나 충실히 합의하였는가에 따라 감형의 정도도 달라진다. 그래서 피고인과 그 가족들은 최대한 피해자와 합의하려 노력한다.

그러나 합의에 이르기까지의 과정은 녹록지 않다. 피해자들은 자신이 당한 범죄로 인한 억울함에 고소 과정에서 받은 스트레스가 더해져 그 상처와 분노가 크기 때문이다. 다시는 피고인과 마주하고 싶지 않은 피해자들은 합의할 의사가 있더라도 변호인에게만 연락처를 공개

한다. 이런 이유로 나 역시 피고인을 대신하여 피해자와 합의하는 일을 여러 번 해보았다.

그렇게 나와 만나는 피해자들은 미처 상처가 아물지 않은 경우가 대부분이다. 그래서인지 피고인과 나를 동일시하여 비난하는 사람도 종종 있고, 간혹 '변호인인 나에게도 이렇게 무례한데, 피고인의 가족은 어떻게 대할까' 하는 생각이 드는 경우도 있다. 피고인은 보기 싫으니, 변호사가 직접 찾아와 머리 숙이고 사과하라는 사람, 합의금을 추가로 받아오라고 하루에도 몇 번씩 재촉하는 전화를 하는 사람도 있었다. 물론 피해자는 피고인 때문에 피해를 입은 사람이니, 그를 비난하거나 원망하고 싶지는 않다. 그래서 피해자와 합의하느라 힘들었던 날이면 내게 이런 고난을 준 피고인을 미워하다, 이내 피고인의 가족들을 떠올리기도 했다. 나는 업무로서 합의를 하지만, 피고인의 가족들은 오직 피고인에 대한 사랑으로 모든 어려움을 감내하는 것이리라. '아버지가 계속 교도소 안에 있었으면 좋겠다'던 영길 씨의 딸과 차라리 아들이 죽기를 바라던 광수 씨의 어머니는 각자 아버지와 아들을 대신하여 고개 숙인 오랜 시간 많은 상처를 받았을 것이다. 그런데 잘못을 고치지 못하고 계속 범행을 반복하다 교도소 안으로 들어가는 그들의 뒷모습을 보면서 결국 마음의 문을 닫아버리게 된 것이 아닐까.

판결이 선고되면 피고인의 가족들은 나에게 묻는다. 합의를 했다면, 혹은 합의금을 더 구했다면, 교도소 안의 가족이 조금이라도 일찍 밖으로 나올 수 있었겠느냐고. 그들은 그렇게 교도소 담장 밖을 언제까지나 서성이고 있다. 그런 이들에게, 당신은 할 수 있는 한 최선의 노력을 다

한 것이라고, 피고인이 선처받지 못한 것은 당신의 잘못이 아니라고 말해 주고 싶다. 오래도록 맴돌다 결국 담장 주변을 떠난 가족에게도, 그동안 고생했다는 말만큼은 꼭 전하고 싶다. 그들이 받았을 상처를 감히 헤아릴 수는 없지만, 그 한마디가 조금이나마 위안이 되기를 바라면서.

다시는 만나는 일 없기를

나는 올빼미형 인간이다. 아주 어린 시절부터 그랬다. 세상의 재미있는 일은 모두 깊은 밤에 일어났다. 어린 시절에는 여동생과 같은 방을 썼기 때문에 밤늦도록 이야기하곤 했다. 이불을 뒤집어쓴 채 손전등 불빛으로 소실책을 읽을 때면 날이 밝아오는 줄도 몰랐다. 주중에는 학교에 가야 하니 새벽 한 시쯤 억지로 잠을 자지만, 학교에 가지 않는 주말이면 새벽 네 시가 넘은 시간까지 깨어 있었다. 늦게까지 잠을 자지 않으니, 아침에 일어나기 힘든 것이 당연했다. 나는 아침마다 억울한 마음으로 '일찍 일어나는 새가 벌레를 잡아먹는다'는 속담을 들었다. 반박하고 싶었지만 딱히 생각나는 말이 없었다. 그래서 개그맨 박명수 씨가 방송에서 '일찍 일어나는 새가 피곤하다'고 말했을 때, 나는 그의 열렬한 팬이 되었다.

아침마다 '일찍 일어나 부지런히 살아야 한다'는 가르침을 들었지만, 나는 끝내 새벽녘에 잠들고 오후가 되어서야 일어나는 어른이 되고 말았다(나는 밤새도록 잠든 부족민들을 지켰던 파수꾼의 후예임이 분명하다). 아침에 커피를 마시지 않으면 오후까지 정신이 들지 않는다. 나에게 커피는 기호식품이 아니라, 없어서는 안 되는 필수 식품이다. 반쯤 감긴 눈으로 원두를 갈다 보면 '일어난 지 30분이 지나기 전에는 커피를 마시지 말라'던 무슨 무슨 박사님의 말씀이 떠오르지만 어쩔 수 없다. 그걸 마시지 않으면 일을 할 수 없으니까.

원두를 가는 요란한 전동 그라인더 소리와 함께 고소한 커피향이 집 안을 가득 채우면, 머릿속을 채웠던 안개가 서서히 걷힌다. 아테나 여신에게 제를 올리듯 천천히 커피를 내린다. 뜨거운 커피가 혀끝에 닿으면 비로소 반쯤 감겼던 눈이 떠진다. 그제서야 오늘 할 일이 무엇인지 생각할 여유가 생긴다. 그러다 오전 재판이 있는 날이라는 사실이 떠오르면 평소보다 준비를 조금 서두른다.

사무실에 들러, 전날 미리 챙겨놓은 사건 기록을 챙겨 들고 법원으로 향한다. 오전에는 대개 판결 선고가 있다. 선고는 여러 건이라, 시간에 맞춰 법정에 도착해도 판결 선고가 한창이다. 대부분은 내가 알지 못하는 피고인들이지만, 내가 아는 얼굴도 끼어 있다. 그들의 이름이 불리면 고개를 들어 피고인석을 바라본다. 긴장된 얼굴로 선고를 듣는 피고인에게 마음속으로 인사를 건넨다.

그날은 마약을 투약하였다가 기소된 피고인의 선고가 있는 날이었다. 그는 이전에도 몇 번 마약을 한 적이 있었기 때문에 선처를 기대하기는 어려웠다. 그가 아버지 이야기를 하며 눈물을 흘리던 모습이 떠올랐다. 그의 아버지는 평소 무릎에 심한 통증이 있어 움직이는 데 제약이 많았지만, 심폐 기능에 문제가 있어 마취를 할 수 없었기 때문에 무릎 수술을 받을 수 없었다. 그러다 무릎 통증이 심해졌고, 나중에는 일상생활도 할 수 없는 지경에 이르렀다. 그의 아버지는 의사들의 만류에도 수술을 감행했고, 결국 폐에 이상이 생겨 수술한 지 이틀 만에 사망하고 말았다.

당시 피고인은 교도소에 수용된 상태로 출소를 불과 2주 앞두고 있었다. 그는 아버지가 황망히 세상을 떠나셨다는 소식에 하늘이 무너지는 것 같은 슬픔을 느꼈다. 그의 아버지는 여러 번 마약을 하는 아들을 끝까지 포기하지 않았고, 아들이 언젠가는 잘못을 끊고 성실하게 살아갈 것이라고 믿어주었다. 피고인이 혹여나 교도소에서 알게 된 사람들과 어울리지 않도록 곁에서 계속 관심과 애정을 쏟던 다정한 아버지였다.

피고인은 뒤늦게나마 마약으로 인생을 낭비한 것을 뉘우치고, 아버지 대신 홀로 남게 된 어머니를 지키겠노라 결심했다. 그는 정말로 새사람이 된 것처럼 보였지만, 너무 때늦은 뉘우침이었다. 그에게는 실형이 선고되었다. 그는 한 번만 봐달라고, 홀로 남은 어머니를 돌볼 수 있게 해달라고 울며 사정했다. 그 모습이 사뭇 처절했다. 그와 눈이 마주칠까 봐 나도 모르게 황급히 시선을 거두었다. 면담할 때 보았던 그의 눈물과 판결을 선고받고 선처를 구하는 절규가 머릿속에서 어지럽게 뒤섞였다. 이후 재판이 어떻게 진행되었는지 잘 기억나지 않는다. 교도관들에게 끌려 나가던 그의 뒷모습만이 남았다.

씁쓸한 마음으로 재판을 마치고 사무실로 돌아오는 길이었다. 멀리서부터 큰 소리가 들려왔다. 국선전담변호사 사무실에서는 으레 있는 일이다. 또 어떤 피고인인가 생각하며 사무실 안으로 들어서는데 "아니, 나 같은 사람 도와주라고 있는 곳 아니야? 이러지 말고 변호사 나오라고 해!" 하는 소리가 날아들었다. 일흔 살은 족히 되어 보이는 손님과, 그 앞에서 쩔쩔매는 직원들의 모습이 눈에 들어왔다. 무슨 일인가 물으며 살펴보니, 그는 단단히 뿔이 나 있었다.

"여기 국선변호사 사무실 아니야?"

"예. 맞아요. 어느 변호사님을 찾아오셨어요?"

"여기 변호사가 누가 있는지 내가 어떻게 알아?"

순간 무언가 잘못되었음을 감지했다. 특별한 경우를 제외하면, 자신의 변호인이 누구인지 모르는 피고인은 있을 수 없다. 법원은 국선변호인을 선정한 뒤, 변호인이 선정된 사실과 그 변호인이 누구인지를 반드시 피고인에게 통지하기 때문이다. 그 손님은 답답하다는 듯 말을 이었다.

"내가 지금 사기를 당해서, 고소를 해야 된다니까. 그래서 국선변호사를 찾아왔더니만. 여기 아가씨들이 자꾸만 여기로 오면 안 된다고 하잖아."

"예에. 여기가 국선 사무실은 맞는데요, 저희는 고소를 도와드릴 수는 없고요, 법원에서 주시는 사건만 할 수 있어요."

"아니, 국선이면 나를 도와줘야지, 왜 자꾸 안 된다는 거야? 아니 아가씨는 됐고, 변호사 불러줘."

"어르신, 제가 변호사예요. 저희가 국선변호사는 맞는데, 저희는 나라에서 범죄를 저질러서 재판받는 사람만 변호하라고 일 맡긴 사람들이에요. 어르신은 죄를 지은 '나쁜 사람'이 아니잖아요? 그래서 저희가 도와드릴 수 없는 거예요."

손님은 막무가내였다. 그는 국선이면 당연히 국민을 도와야 하는 것 아니냐며 성을 냈고, 변호사가 아닌 젊은 여자가 응대한다며 분통을 터뜨렸다. 그는 한참을 더 항의하다, 대한법률구조공단으로 가는 약도를 받아 들고 나서야 사무실을 나섰다.

그를 내보내려 애썼지만, 막상 그가 떠나고 나니 제대로 도움을 받았을지 마음이 쓰였다. 이럴 줄 알았으면 그와 실랑이를 벌일 게 아니라, 차라리 같이 법률구조공단에 가거나 전화라도 할 걸 그랬나 뒤늦은 후회가 밀려왔다. 그가 법원 앞을 헤매다 끝내 법률구조공단 사무실을 찾지 못하고 돌아오면 제대로 도와줘야겠다고 생각했지만, 다행히 그는 돌아오지 않았다. 친절한 누군가가 그를 도왔을 것이다.

국선전담변호사 사무실을 방문하는 사람은 모두 도움이 필요한 사람들이다. 법원에서 정식으로 보낸 사람도 있지만, 어디에 도움을 청해야 할지 몰라 지푸라기를 잡는 심정으로 방문한 사람도 있다. 그날 오후의 방문객처럼 내가 직접 도와줄 수 없는 사람은 어쩔 수 없지만, 피고인이라면 최대한 도우려 노력한다. 그들이 의지할 수 있는 사람은 변호인뿐이기 때문이다.

국선변호인의 선정을 요청하는 피고인은 대개 형편이 어려워서 사선변호인을 선임할 수 없는 사람들이다. 그들을 변호하며, 나는 내가 모르던 세상을 보았다. 그 낯선 세상에서 사람들은 노숙하다 떨어진 신용카드를 주워 자판기에서 음료수를 뽑아 마셨고, 사업 자금을 빌렸다가 경영 상태가 악화되는 바람에 돈을 갚지 못해 고소를 당했다. 돈을 빌리려다 보이스피싱 범죄에 연루되거나, 환청에 시달리다 집에 불을 지른 사람도 있다. 어떤 사람은 나쁘고, 어떤 사람은 그저 평범한 우리의 이웃이었다. 그들은 서로 다른 환경에서 전혀 다른 죄질의 범죄를 저질렀지만, 국선변호인인 나를 의지하고, 내게 고마워했다는 점은 같았다. 정말로 도움이 필요한 사람들에게 힘을 보탠다는 감각은 단순한 보람 이상이다. 그들은 내가 일하는 이유이자 목적이다.

법정에서 구속되는 피고인을 본 날, 나는 쉽게 잠에 들 수 없었다. 그가 구속된 것은 나의 잘못이 아니라는 생각과, 나의 도움이 모자랐던 것일지도 모른다는 두려움이 교차했기 때문이다. 그날의 일은 나무의 나이테처럼 나에게 새겨져, 시간이 제법 흐른 지금도 불현듯 떠오르곤 한다. 그러면 나는 잠시 숨을 고르고 그가 다시는 재판받는 일이 없기를 기원한다. 그리고 다시 생각한다.

그뿐 아니라 나를 만났던 피고인들 모두 다시는 나를 만나는 일이 없기를.

에필로그

오랜만에 친구들을 만나려 제법 먼 거리까지 나갔다 돌아오는 길이었다. 가을비가 부드럽게 차를 때렸다. 해는 이제 막 지평선 너머로 사라졌다. 그림자가 천천히 빛을 삼키고, 사물의 경계가 흐릿해졌다. 만물이 조용히 잠자리에 들 준비를 시작하고 있었다. 스피커에서는 조슈아 하이슬롭(Joshua Hyslop)의 노래가 흘러나왔다. 빗소리와 잔잔한 음악으로 가득 채워진 작은 공간에 앉아 있자니, 세상에 오직 혼자만이 존재하는 것 같은 기분이 들었다. 나는 심해를 유영하는 고래처럼 도로 위를 달리고 있었다.

어느덧 하늘이 어두워졌다. 집에 가까워질수록 주변의 차들도 줄어들었다. 이제 사거리를 지나 조금만 더 가면 된다는 생각에 긴장이 풀어지려던 찰나, 눈앞으로 시커먼 형체가 뛰어들었다. 나는 놀라 있는 힘껏 브레이크 페달을 밟았다. 급제동 소리가 요란했다. 심장이 갑판 위의 생선처럼 펄떡거렸다. 그 검은 형체는 검은 후드티를 뒤집어쓴 중년의 사내였다. 그는 비가 오는 밤에 왕복 6차선 도로를 무단횡단하며 달리던 중이었다. 그는 태연히 나를 한 번 쳐다보더니, 남은 도로를 가로질러 사라졌다. 만약 내가 조금만 더 빠르게 달리고 있었다면, 그는 틀림없이 내 차와 부딪치고 말았을 것이다. 하마터면 사람을 칠 뻔했다고 생각하니 모골이 송연했다. 그간 맡았던 수많은 교통 사건 피고인들의 얼굴이 하나둘 떠올랐다. 짧은 순간 미처 어쩌지 못한 채 사고를 내고 재판정에 선 사람들. 내가 그들과 같은 자리에 서지 않은 것은 순전히 운일지도 모른다.

하루에도 수십 건의 사건 사고가 포털 뉴스를 장식한다. 언론을 통해 보도되는 형사 사건은 대개 살인, 방화, 아동학대 같은 강력범죄여서, 보통 사람들은 자신과 형사 재판이 전혀 무관하다고 여길지도 모른다. 그러나 내가 일하며 만난 피고인 중에는 '이런 것도 죄가 되는 줄 몰랐다'고 말하는 사람이 제법 있었다. 그들은 우리 주변에서 흔히 볼 수 있는 평범한 사람들이었지만, 서로 옥신각신하다 홧김에 휴대전화를 던지거나, 빌려준 돈을 갚으라고 여러 번 문자메시지를 보냈다가 기소되기도 했다.

형사 법정은 생각보다 멀리 있지 않다. 이런 이야기를 나누고 싶었다.

글솜씨와 경험 모두가 부족한 나와 기꺼이 함께해 주신 손영현 변호사님, 박유영 변호사님, 책이 출간되기까지 애써주신 장혜원 팀장님을 비롯한 모든 박영사 직원분들께 깊이 감사드린다. 그리고 늘 곁에서 응원해 준 가족들, 특히 나보다도 더 열심히 원고를 읽고 용기를 북돋워 준 남편에게도 사랑과 감사의 마음을 전한다.